politisch bilden
Hustedter Beiträge zur politischen Bildung
Band 4

Harald Kolbe, Dietrich Burggraf, Peter Straßer (Hg.)

Von der Arbeiterkultur zur Kultur der Arbeit?

Das kulturelle Erbe der Arbeiterbewegung und politische Kulturarbeit heute

Bildungszentrum HVHS Hustedt

FSC
www.fsc.org
MIX
Papier aus verantwortungsvollen Quellen
Paper from responsible sources
FSC® C105338

Herausgeber:
Bildungszentrum HVHS Husted e. V.,
Zur Jägerei 81, 29229 Celle
Tel.: 05086-9897-0
info@hvhs-hustedt.de

Herstellung und Verlag: BoD – Books on Demand, Norderstedt

Satz und Layout: Karsten Meier, Braunschweig

Bibliografische Information der Deutschen Nationalbibliothek
Die Deutsche Nationalbibliothek verzeichnet diese Publikation in der Deutschen Nationalbibliografie; detaillierte bibliografische Daten sind im Internet über *www.dnb.de* abrufbar.

Printedt in Germany, 2016

ISBN 9-783-741-294-129

Inhalt

Vorwort

Die Arbeiterbewegung hat ein reiches, heute weitgehend verschüttetes kulturelles Erbe: Der Kampf um gesellschaftliche Teilhabe und politische Emanzipation wäre ohne kulturelle Ausdrucksformen, ohne den Zusammenhalt in gewerkschaftlichen, bildungs- und kulturorientieren Vereinen – ohne Musik und Theater, Literatur, Bilder und Plakate – kaum denkbar gewesen. Dennoch ist die Auseinandersetzung mit kulturellen Fragen im politischen Diskurs jenseits der Feuilletons und kulturwissenschaftlichen Zirkel heute ein Rand- und Nischenthema. Dies gilt auch für die innergewerkschaftliche Meinungsbildung, die kulturelle Fragen in der Regel ausblendet. Die Zeiten einer neuen Kulturpolitik mit der Forderung nach einer „Kultur für alle“ sind lange vorbei.

Die soziale Frage, die der klassischen Arbeiterbewegung zugrunde lag, ist heute freilich drängender denn je. Insbesondere die sich radikalisierende gesellschaftliche Mitte sieht sich immer wieder mit Sozialabbau konfrontiert und in ihrer Existenz bedroht. Auch nach Auflösung der traditionellen Arbeitermilieus ist Arbeiterbewegung überall dort, wo sich in Lohnarbeit abhängig Beschäftige bewegen – in ihren Organisationen, im Betrieb und in der Gesellschaft. Dies gilt auch für moderne Angestelltenmilieus, die sich in besonderer Weise kulturell interessieren und politisch engagieren.

Eine kritische Auseinandersetzung und damit eine angemessene Pflege des kulturellen Erbes der Arbeiterbewegung verkommt freilich in „Sonntagsreden“, in den „Museen“ oder in ehemals basisorientierten, heute nicht selten in die Jahre gekommenen Chören, Geschichtswerkstätten oder auch informellen Treffen der Gewerkschaftssenioren. Eine kritische Auseinandersetzung blitzt dennoch in künstlerischen Einzelleistungen auf und prägt gelegentlich ein alternatives Festival oder ein soziokulturelles Zentrum. Eine Erzählung jedoch, eine große breitenwirksame identitätsstiftende Erzählung der Kämpfe, der Niederlagen und der Errungenschaften der Arbeiterbewegung als soziale Demokratiebewegung, als Bewegung der lohnarbeitenden Mehrheit für bessere Lebens- und Arbeitsbedingungen und ihrer unabgegoltenen Geschichte ist weitgehend unbekannt. Mit diesem Verlust an historischer und kultureller Kompetenz verkümmert freilich auch die Utopiefähigkeit, ohne die politisches Handeln perspektivisch kaum möglich ist.

Vor diesem Hintergrund hatte die Tagung „Von der Arbeiterkultur zur Kultur der Arbeit?“ (29. bis 31. Januar 2014) die Aufgabe, historische und aktuelle Formen der Breitenkultur, widerständigen Kultur und die „feinen Unterschiede“ neu zu entdecken. Der hier vorliegende Band der „Hustedter Beiträge zur politischen Bildung“ spiegelt diese Suchbewegung wieder:

Im *ersten Teil* werden Beiträge zum Wandel der Arbeiterkultur, zur Arbeits- und Sportkultur, zum politischen Lied, zu Fotografie und Literatur sowie zu den Perspektiven kultureller Bildung vorgestellt. Diese Beiträge beschreiben und analysieren in einem weiten Spektrum einzelne Aspekte und zentrale kulturpolitische Perspektiven – Traditionen, Engführungen und Chancen der politischen Kulturarbeit.

Im *zweiten Teil* werden Basistexte, historische Beschlüsse und Erklärungen zur gewerkschaftlichen Kulturarbeit dokumentiert. Viele dieser Fundsachen sind heute nach wie vor aktuell. Diese Sammlung ist unvollständig und spiegelt dennoch wesentliche Meilensteine und Weichenstellungen gewerkschaftlicher Kulturarbeit wieder. Sie nicht „abzuspeichern“ sondern heute wieder gezielt einzubringen und die Möglichkeit zu geben, sie produktiv „nach vorne“ zu erinnern, ist die Absicht dieser Dokumentation.

Die vorliegenden „Hustedter Beiträge“ verstehen sich damit nicht als Tagungsband. Über die damalige Tagung hinaus geht es uns um die Wiederaufnahme einer notwendigen kulturpolitischen Diskussion:

Wir erhoffen uns von der Veröffentlichung über die von den Autoren gezeichneten Beiträge hinaus einen Impuls für die Diskussion gewerkschaftlicher Kulturarbeit und einer Kultur, die notwendige gesellschaftliche Veränderungen mit künstlerischen Mitteln (mit-)gestaltet. Es geht um kulturelle Teilhabe heute – weder als unverbindliches „Jeder-kann-mitmachen-Projekt“ noch als kulturwirtschaftliche Eventkultur. Wir suchen Ansätze einer engagierten, skandalösen, kritischen, ermutigenden Kultur, die sich mit den gesellschaftlichen Verhältnissen in einem ganz umfassenden Sinn auseinandersetzt. Eine zentrale Bedeutung hat dabei die soziale Frage – im Blick auf gute Arbeit und gutes Leben, soziale Demokratie und Gerechtigkeit, Teilhabe und Mitbestimmung.

Eine neue Kultur der Arbeit und der sozialen Gerechtigkeit entsteht freilich nicht im kulturpolitischen Diskurs. Kunst und Kultur können soziale Auseinandersetzungen begleiten, deuten und stärken und werden von ihnen – in Wechselwirkung – geprägt. Dazu bedarf es immer wieder neuer Anlässe und Impulse.

Im Bildungszentrum HVHS Hustedt finden im Rahmen der arbeitnehmerorientierten politischen Bildung in loser Folge Projekte und Workshops zur kulturellen Bildung statt. Daraus ergibt sich noch kein programmatischer Ansatz. Neben der authentischen künstlerischen Auseinandersetzung verbleiben aber künstlerische Objekte als „Hingucker" und „Gesprächsanlässe" auf den weitläufigen Parkgelände des Bildungszentrums: Stelen aus Granit in Erinnerung an die Opfer eines Todesmarsches, der 1945 über das Gelände des Bildungszentrums nach Bergen-Belsen führte (Kolbe/Allmendinger, 2015); jenes unübersehbare Rad der Großplastik „Transport" (Künstlergruppe Kontakt, 1978); eine Stahl-Sandsteinskulptur zum Thema Leben und Arbeiten (Torsten Paul, 2013); eine Installation aus original Asse-Fässern thematisiert die verfehlte Atom-Politik (IG Metall Anti-Atomkreis WOB, 2015); eine kleine Marx-Figur aus Vinylkunststoff: ein leger gekleideter älterer Herr, dessen Größe im umgekehrten Verhältnis zur Bedeutung seines politischen und wissenschaftlichen Werkes steht – Teil der damaligen großen Installation aus 500 Marx-Figuren des Konzeptkünstlers Ottmar Hörl auf dem Areal der Porta Nigra in Trier (2013); Variationen und Alltagsikonografie jenes weltberühmten Motives „Die Freiheit für das Volk" von Delacroix ergänzt durch einen Lichtdruck „Solidarität" von Willi Sitte (2006/1977) und nicht zuletzt die Arbeiten von Teilnehmenden aus den alljährlichen Fotokursen zu Arbeiterfotografie (Ewen/Straßer).

In diesem Umfeld kann eine weitere Initiative zum Singen der Lieder der deutschen Arbeiterbewegung praktische Bedeutung erlangen. Das Liedgut selbst ist als UNESCO-Weltkulturerbe von der deutschen Kommission anerkannt worden. Entsprechende Seminare werden in Kooperation mit der Initiative um Werner Kraus und Joachim Hetscher (Beverungen) in Hustedt angeboten. Das ist ein traditionsbewusstes, aber kein rückwärtsgewandtes Projekt. Es reiht sich ein in eine Vielzahl von eher jugendlich getragenen Musikinitiativen, alternativen Festivals und gewerkschaftlichen

Jugendtreffen, die von der Öffentlichkeit kaum wahrgenommen (wieder) mit wachsender Resonanz durchgeführt werden, so auch das kreativ bunte, politische Jugendcamp des IG Metall Bezirks Niedersachen/Sachsen-Anhalt auf dem Gelände des Bildungszentrums Hustedt. Das Bildungszentrum versteht sich als Ort für neue Anregungen und Impulse und ist auf Kooperation angelegt.

Die hier nun vorliegenden Beiträge wurden weitgehend in der von den Autorinnen und Autoren vorgetragenen Form belassen und geben damit, zuweilen auch assoziativ-fragmentarisch oder steil-deduktiv, über die jeweilige kulturpolitische Position Auskunft. Offensichtlich werden dabei neben kulturwissenschaftlichen Analysen auch persönliche und politische Brüche und Widersprüche im Theorie-Praxis-Verhältnis. Insbesondere die Ableitung aktueller politischer Kulturarbeit aus politischen Positionen des frühen 20. Jahrhunderts im Rückgriff auf sozialistische oder kommunistische Klassiker werfen Fragen nach der heutigen Grundlegung, der Entwicklungs- und Vermittlungsfähigkeit auf, sind freilich, wie sich zeigt, als historische Bausteine und unabgegoltenes Erbe bei einigen Akteuren präsent und identitätsstiftend.

Mit der Veröffentlichung schließlich der biografisch geprägten „Anmerkungen zur gewerkschaftlichen Kulturarbeit“ von *Udo Achten* verneigen wir uns vor dem Autor und Kollegen und seinem Lebenswerk. Udo Achten prägt als Publizist, Künstler und Pädagoge die gewerkschaftliche Kulturarbeit in besonderer Weise. Dass sein Engagement in den 60er Jahren im Bildungszentrum HVHS Hustedt als Teilnehmer der langen Grund- und Aufbaukurse zur politischen Bildung seinen Ausgang nahm, ist für uns heute eine besondere Verpflichtung.

Mit Blick auf zukünftige Aufgaben deutet sich in den Beiträgen bei aller Unterschiedlichkeit der Fragestellungen, Themen und Kontexte eine Erkenntnislinie an: Die Entwicklung kultureller Ausdrucksformen ist nicht in erster Linie eine ästhetische, sondern eine politische Frage (Degenhardt), keine Frage der Delegation an die „Bildungsabteilung“, sondern abhängig von den politischen Zielen und Aktionen, hier der IG Metall, also abhängig von größeren Anlässen, wie es z.B. die Auseinandersetzung um die Arbeitszeitverkürzung ist, in denen Kultur einen großen Raum einnehmen muss (Obermayer). Und letztlich ist es immer wieder, auch spielerisch und sportlich, ein Kampf um die Deutungshoheit (Krankenhagen) und schließlich eine Frage des richtigen Handelns (Reinwand-Weiss).

> *„Kulturelle Bildung ermöglicht ästhetische Erfahrungen: Sie alle werden es vielleicht schon einmal erlebt haben, dass Sie gestaltet haben oder auch rezeptiv etwas wahrgenommen haben, etwas gehört oder gesehen haben, was Ihnen ein Aha-Erlebnis beschert hat. Wo Sie anschließend sagen: Ah ja, jetzt stimmt`s! Ja, jetzt ist mir dies klargeworden. Und in dem Moment war Ihnen vielleicht vollkommen klar, so ist das richtige Handeln.*" (Reinwand-Weiss)

Politische Kulturarbeit, wie wir sie verstehen, handelt, indem sie sich an den sozialen Auseinandersetzungen und Kämpfen um die Sicherung und Verbesserung der Lebens- und Arbeitsbedingungen beteiligt. Damit wird Kunst und Kultur nicht vereinnahmt oder instrumentalisiert. Politische Kulturarbeit unterstützt und gestaltet und erkämpft vielmehr damit jene Voraussetzungen, die künstlerisches Handeln aus sich selbst heraus nicht leisten kann, aber zur eigenen Entfaltung zwingend benötigt, nämlich die „Freiheit der Kunst". Sie ist, wie sich aktuell immer wieder zeigt, ein hohes Gut, das immer wieder neu politisch gelebt und erstritten werden muss.

Heute sind das Elend des Neoliberalismus und die Spaltung der Gesellschaft, politische Apathie und Rassismus offenkundig. Wir benötigen eine neue große Demokratiebewegung, die die Verunsicherung und Ängste breiter Bevölkerungsgruppen aufnimmt und die Demokratisierung aller Lebensbereiche einfordert. Demokratie braucht Demokratie in einem richtig verstandenen, republikanisch umfassenden Sinn. Dazu bedarf es auch kultureller Ausdrucksformen, um sich neu und mit künstlerischem Eigensinn impulsgebend zu artikulieren – dazu kann politisch kulturelle Arbeit in besonderer Weise beitragen.

Die Tagung, auf der diese hier vorliegende Veröffentlichung basiert, wurde vom Bildungszentrum HVHS Hustedt in Kooperation mit der Friedrich-Ebert-Stiftung und der Bundesakademie für kulturelle Bildung Wolfenbüttel durchgeführt. Unser kollegialer Dank für die gute Zusammenarbeit gilt *Prof. Dr. Vanessa-Isabelle Reinwand-Weiss*, Direktorin der Bundesakademie und *Urban Überschär*, Leiter des Landesbüros Niedersachsen der Friedrich-Ebert-Stiftung, sowie *Udo Achten* für die hilfreiche Beratung und kenntnisreiche Unterstützung bei der Tagungsvorbereitung.

Die kulturpolitischen Fundsachen, Basistexte und Beschlüsse im zweiten Teil wurden nach umfangreicher Recherche von *Harald Kolbe* zusammengestellt. Redaktionell werden die „Hustedter Beiträge" von Dr. Peter Straßer betreut; die Texterfassung erfolgte durch *Inge Brauer*, *Petra Georgi* und *Prisca Michaelis*.

Ganz besonders danken wir den Autorinnen und Autoren, ohne die diese „Hustedter Beiträge" nicht möglich wären.

Celle/Hustedt, August 2016

Dietrich Burggraf [1] *Harald Kolbe* [2]

---

1 Dietrich Burggraf, Leiter und Geschäftsführer des Bildungszentrums HVHS Hustedt 2009-2016, ehrenamtlicher Vorsitzender des Trägervereins der Bundesakademie für kulturelle Bildung Wolfenbüttel e. V.

2 Harald Kolbe, Leiter und Geschäftsführer des Bildungszentrums HVHS Hustedt

I. Beiträge

Prolog – drei persönliche Stellungnahmen

„Ich möchte gerne eine Frage stellen, wenn ich darf. Reden wir jetzt nicht im Moment ein bisschen zur sehr über allgemeine Politik. Und ein bisschen zu wenig über die Frage, wie kombinieren wir das mit Arbeiterkultur, worüber wir sprechen. Und da will ich mal aus meinem sehr langen Leben etwas berichten, vor 1933 hatten wir in der kleinen Stadt Emden einen Arbeiterradfahrerclub, wir hatten einen Arbeiterkanuclub, wir hatten einen Arbeitersegelverein, wir hatten einen Arbeiterradioclub, wir hatten eine Arbeitervolkstanzgruppe, einen Arbeitergesangsverein und auch einen Arbeiterschachclub. Der Vater meiner Frau hat bis an sein Lebensende in seinem Selbstbewusstsein davon gelebt, dass er mal in einer Auseinandersetzung mit dem bürgerlichen Schachclub den Vorsitzenden des bürgerlichen Schachclubs geschlagen hat. In einer Auseinandersetzung am Brett. Das alles gibt es heute nicht mehr. Und jetzt habe ich die Frage, warum haben wir das heute nicht mehr? Vor 33 war es der Ausdruck einer Klassensituation, jetzt gibt es diese Arbeiterkultur nicht mehr, können wir daraus schließen, wir haben auch den Klassencharakter dieser Gesellschaft nicht mehr? Wenn ich zu dem Ergebnis komme, die Klasse ist noch da, aber die Kultur nicht mehr, dann muss man die Frage stellen warum nicht“. (Johannes Bruns[3], Meldung aus dem Publikum)

„Ich habe bei Krupp in der Gießerei gearbeitet, als Werkstoffprüfer. Ich habe nicht in einem Labor meine Pause gemacht, sondern bin immer raus in die Halle gelaufen und habe mit den Leuten von dem Sandstrahlgebläse mein Butterbrot gegessen. Die Leute im Labor wussten gar nicht, warum geht der immer in die Halle. Das wusste ich damals auch noch nicht. Bis ich dann plötzlich die Möglichkeit bekam mit dem alten Johannes, Baujahr 1903, zu reden. Der war 17 Jahre als er die Märzrevolution 1920 mitgekriegt hat, und wo vor seinen Augen Reichswehr Freikorps Soldaten jemanden erschießen, der als Aufpasser in der Siedlung geblieben ist, als die anderen an der Front gewesen sind und in der Roten Ruhrarmee

3 Johannes „Joke“ Bruns, ehem. Nds. SPD-Landesvorsitzender/Vorsitzender der SPD-Landtagsfraktion

gekämpft haben. Der hat mit 17 Jahren angefangen Texte und Lieder zu machen und da bin ich hingegangen und habe das Tonband mitlaufen lassen und habe gehört und gehört und gehört. Und der hat gesungen und erzählt und gesungen und erzählt und daraus haben wir dann eine CD gemacht, die heißt „Lieder der Märzrevolution 1920" und die haben wir nach draußen geschickt. Wir haben erst gedacht, die will kein Schwein hören, was wollen die mit so einer Platte „März 1920", was wollen die heute? Das war 2005 oder 2006. Und auf einmal merkten wir, die ist weg die CD. Das war eine wichtige Produktion für mich, um rauszukriegen was hat der Johannes als 17 Jähriger mitgekriegt und wie hat der das immer noch in seinem Kopf, schwer verarbeitet und holt sich da so einen Liedermacher und sagt, „Du musst das singen!" und dann fing ich an und wir sangen diese Lieder der Märzrevolution von 1920". (Frank Baier, Liedermacher)

„Ich habe im vergangenen Jahr in Zusammenhang mit dem 150-jährigen Jubiläum der SPD alte Texte der Arbeiterbewegung wieder aus dem Schrank geholt. Die hatte ich jahrzehntelang nicht gelesen – Kautzki, Bernstein und Wilhelm Liebknecht. Man sieht die ganzen Formen von kultureller Betätigung, die ja aus der Illegalität gegen das Sozialistengesetz kam. Solidarität zum Beispiel übt man, indem man sich kulturell betätigt, ein Lied singt, eine Sportart betreibt, eine Wanderung organisiert oder ein gemeinsames Essen – und dabei kann man dann auch politisieren. Diese Formen haben sich dann in Vereinen konkretisiert und dabei ist eine Kultur entstanden, die nach meinem Eindruck verschiedene Charakteristika hat: So sind wir stolz auf das, was wir als Arbeiter darzustellen haben. Man vergisst heute bei den ganzen Debatten um Ziele der Sozialdemokratie, der Linken oder der Gewerkschaften, dass es nicht nur um Geld ging, es ging auch um die Ehre des Arbeiterstandes, um die Verachtung, die damals aus dem bürgerlich-adligen-militärischen Leben gegenüber der arbeitenden Bevölkerung kam. In Hannover ist gerade eine Ausstellung über den Simplicissimus. Und da gibt es eine tolle Karikatur, da ist eine vornehme Dame zu Besuch in Leipzig und sagt: „Ich höre, Leipzig hat 500.000 Einwohner? Nein, 50.000, die anderen sind Arbeiter". Man muss wissen, dass die Spaltung der deutschen Gesellschaft in die Herrschenden, den Adel und die bürgerliche Gesellschaft, also das Bürgertum gegen die

Arbeiter so tief war, dass es kaum möglich war kulturell miteinander zu kommunizieren. Trotzdem ist in Arbeiterbildungsvereinen immer auch ein Teil dessen, was wir bürgerliche Kultur nennen, hochgehalten worden; Schillers Glocke konnten fast alle Arbeiter auswendig, weil Schiller eben auch als Befreiungsdichter galt. Eben Bildung zu haben und teilzuhaben an der Gesamtheit der Kultur, nicht nur der Herrschaftskultur, sondern Kultur als eine Möglichkeit menschlicher Entfaltung zu verstehen. Und für sich auch zu reklamieren. Und dieser Aspekt, das ist mir erst in den letzten Jahren deutlich geworden, hat mich schon in meiner Jugendzeit fasziniert. Deshalb habe ich gerne Volkstanz gemacht, auch beim 1. Mai in der DDR, das hat mir Spaß gemacht, warum soll ich das nicht sagen. Wenn ich bei Gewerkschaften oder bei der SPD Arbeiterlieder höre, dann habe ich immer das Gefühl, das hast du alles in der DDR gelernt. Man muss fragen, was bedeutet eigentlich diese Tradition in der gegenwärtigen kulturellen Landschaft. Ich habe unter Bildung immer verstanden, dass die Menschen, das was sie sagen, auch verstehen. Und das bedeutet nicht, dass man alles Mögliche auswendig kann, sondern dass man Herr seiner Selbst wird. Das kann sehr unterschiedliche Aspekte haben und wenn man das erkannt hat, bekommt man auch einen Zugang zu den neuen Formen der Kultur. Alles was mit Internet und Youtube zu tun hat, das sind ja ganz andere Formen als die der traditionellen Arbeiterbewegung. Wie können moderne Formen mit politischen Inhalten verbunden werden, so dass die Menschen bei sich bleiben und sich nicht nur ständig kommerziell verwirren lassen? Das ist mein Impetus dabei. Und was ich bei den alten Arbeitern in Stöcken, wo ich seit 1969 wohne, gelernt habe. Das hatte ich an der Hochschule nicht gelernt, auf dem Dorf schon lange nicht und in Seminaren auch nicht, nämlich dass man sich auf einander verlassen kann, das ist schon eine Erfahrung“. (Rolf Wernstedt, Nds. Kultusminister a.D.)

Ulrike Obermayr

Arbeiterkultur im Wandel aus der Sicht der Gewerkschaften

Liebe Kolleginnen und Kollegen,

ich bedanke mich für die Einladung zu Eurer Tagung und freue mich, hier sprechen zu dürfen. Freilich möchte ich eingangs etwas Bescheidenheit üben. Ich kann euch weder eine historisch-politische Untersuchung zum Thema vorlegen, noch werde ich den Versuch wagen, einen neuen programmatischen Anlauf zu unternehmen. Denn die Kulturdebatte in den Gewerkschaften stagniert, wie ihr wisst. Ich kann nur als Praktikerin der gewerkschaftlichen Bildungsarbeit, die eigentlich – systematisch gesehen – Teil einer gewerkschaftlichen Kulturarbeit sein müsste, ein paar Überlegungen vorstellen, ein paar Anstöße geben, von denen ich hoffe, dass sie helfen Perspektiven zu öffnen.

Ich beginne mit einem Frankfurter Denkmal, das man eigentlich kennen müsste (und ihr vielleicht auch kennt), weil es so spektakulär ist. Dennoch erregt es außerhalb der kleinen Minderheit von Kultur-Engagierten und Kunst-Interessierten wenig Aufsehen. Vor dem Eingang der Frankfurter Messe, nicht eben ein unbedeutender Platz, steht seit zwei Jahrzehnten eine 23 Meter hohe und 32 Tonnen schwere schwarze Figur, der „Hammering Man“. Der Rücken des hageren Mannes ist gebeugt, er schaut mit gesenktem Kopf nach unten und bearbeitet mit einem motorgetriebenen Hammer ein Werkstück. Der Hammer be-

Abb. „Hammering Man“

wegt sich langsam herunter und wieder hoch. Er ist nicht der aus der sozialistischen Kunst bekannte Skulpturentyp[4], der *aufsteigt, stetig aufsteigt, unaufhaltsam aufsteigt, bis in die Fingerspitzen aufsteigt*, und den Wolf Biermann unsanft landen ließ, indem er ihn dem allgemeinen Gelächter preisgab, siehe sein Gedicht „Der Aufsteigende".

Der Aufsteigende *(Wolf Biermann)*

„Mühsam aufsteigender – Stetig aufsteigender – Unaufhaltsam aufsteigender Mann.
Mann, das iss mir ja'n schöner Aufstieg: Der stürzt ja! Der stürzt ja fast!
Der sieht ja aus, als stürze er. Fast sieht der ja aus, als könnte er stürzen.
Steigt aber auf – Der steigt auf – Der steigt eben auf!
Der steigt aber mächtig auf! Der hat Newtons berühmten Apfel gegessen:
Der steigt einfach auf. Noch nicht die kralligen Zehen,
aber die Hacke riss er schon vom Boden
Über das Knie zerren die Sehnen das Bein
Auf Biegen und Brechen zur Geraden
Das wieder stemmt hoch ins Becken
Die Hüften wuchten nach oben
Aufwärts auch quält sich der massige Bauch.
Die den Brustkorb umgürten: Die Muskelstränge,
sie münden – Vorbei am mächtig gebeugten Kopf
In jener Schulter. Ergießen sich dann in jenen Arm.
Und stürzen weiter bis in die Hand.
Schnellen hoch in die Fingerspitzen. Ja!
Dieser Fleischklotz strebt auf
Dieser Koloss steigt und steigt – das ist eben ein Aufsteigender!
Der steigt unaufhaltsam auf
mühsam auch, ich sagte es schon –
Diesen Mann da nennen wir zu Recht: DEN AUFSTEIGENDEN
Nun sag uns nur noch das: Wohin steigt dieser da?
Da oben, wohin er steigt
was ist da? Ist da überhaupt oben?
Du, steigt der auf zu uns? Oder steigt er von uns auf?

---

4 Vgl. hierzu die Bronze „Aufsteigender" von Fritz Cremer z. B. https://de.wikipedia.org/wiki/Aufsteigender

Geht uns der voran? Oder verlässt er uns?
Verfolgt er wen? Oder flieht er wen?
Macht er Fortschritte – Oder macht er Karriere?
Oder soll er etwa, was wir schon ahnten
– ein Symbol sein der Gattung Mensch?
Steigt das da auf zur Freiheit, oder, was wir schon ahnten
zu den Fleischtöpfen?
Oder steigt da die Menschheit auf im Atompilz zu Gott
und, was wir schon ahnten, ins Nichts?

Nein, der Hammermann ist kein *Held* der Arbeit, sondern ein Mensch der Arbeit. „Der Arbeiter in uns allen", sagt sein Erschaffer Jonathan Borofsky. Freilich hat der US-Künstler von der Figur her kaum sich selbst porträtiert, sondern eher einen Arbeiter der 3. Welt. Oder sogar einen Zwangsarbeiter aus einem KZ. Mühsal der Arbeit, Monotonie der Arbeit, Unterwerfung unter die Arbeit – aber auch Beherrschung der Tätigkeit, Verwandlung des Rohstoffs in ein Produkt, Nachdenklichkeit beim gemessenen Gebrauch des Werkzeugs, Leben und Überleben. Der Hammermann ist der biblischen Genesis näher als dem Klassenkampf: „Im Schweiße deines Angesichts sollst du dein Brot essen, bis dass du wieder zu Erde werdest, davon du genommen bist."

Aber das Monument steht vis-à-vis vor dem Eingang zur Frankfurter Messe, einem Tempel von Handel, Konsum und Kapitalismus. Eine andere Version steht übrigens in Basel vor der Zentrale der Schweizer Großbank UBS. Also ist die Platzierung kein Zufall. Die schwarze Silhouette vor den glänzenden Fassaden, der gebeugte Mensch vor den aufsteigenden Symbolen von Macht und Reichtum. Krasser – und mit Verlaub: klassenkämpferischer – kann der Widerspruch mit künstlerischen Mitteln kaum inszeniert werden. Deutlicher kann man kaum darstellen, wer den Reichtum schafft und wer ihn sich aneignet.

Ist das nun *Arbeiterkultur*? Eher nein. Die Aufstellung der Skulptur hat mit den Gewerkschaften, soweit ich informiert bin, nichts zu tun gehabt, und was man über Jonathan Borofsky in Erfahrung bringen kann, macht nicht den Eindruck, das er in irgendeinem Bezug zur Arbeiterbewegung steht. Das Kunstwerk ist also weder aus der Arbeiterbewegung entstanden noch für sie geschaffen worden. Und doch: Wenn die IG Metall in der

Frankfurter Messe einen Gewerkschaftstag abhält, was sie im November 2013 und im August 2003 gemacht hat, und wenn wir an der Skulptur vorbei zum Eingang laufen, dann denke ich: Ist er nicht aus Metall geformt? Formt er nicht Metall? Der Hammermann ist doch ein *Metaller.* Das ist unser Denkmal. Und es hat uns keinen Cent gekostet, wenn mir die Bemerkung gestattet ist, die Bildungsarbeit gehörte bei der IG Metall nämlich sechs Jahre lang zum Hauptkassierer.

Kultur der Arbeit ist es sicherlich, und auch so gemeint. Nun die spannende Frage: Ist es auch *Unternehmenskultur*? Im wohlverstandenen Sinne: Ja – wenn Unternehmenskultur nicht nur in dem Sinn verstanden wird als Beweihräucherung von Unternehmen oder Unternehmertum. Die Frankfurter Messe AG tut gut daran, ihre Angestellten dezent, aber kontinuierlich mit nicht virtuellen Realitäten zu konfrontieren.

Ich habe dieses Beispiel natürlich gewählt, um deutlich zu machen, wie schwer mir die Abgrenzung zwischen Arbeiterkultur, bürgerlicher Kultur, Kultur der Arbeit und Unternehmenskultur (im wohlverstandenen Sinn) manchmal fällt. Das scheint nicht immer so gewesen zu sein. Arbeiterkultur war im 19. Jahrhundert zunächst einmal nichts anderes als die Bereitstellung elementarer kultureller Angebote für die Arbeiterinnen und Arbeiter und ihre Familien. In Walter Köppings Aufsatz, der in den Tagungsunterlagen nachgedruckt ist, wird zu Recht daran erinnert, dass die Gewerkschaften und Arbeiterorganisationen in anhaltenden Kämpfen erst einmal die Voraussetzungen für eine kulturelle Betätigung der Arbeiter schaffen mussten: Eine sinnvolle Freizeitgestaltung setzt voraus, dass Freizeit überhaupt vorhanden ist. Dieser Raum musste dem Kapitalismus in der Phase der ursprünglichen Akkumulation erst abgetrotzt werden.

Es ging also zunächst einmal darum, kulturelle Angebote zu machen, die von der Arbeiterschaft auch angenommen werden können und ebenso darum, Arbeitern die Gelegenheit zu geben, selbst aktiv zu werden, in Musikkapellen, Theatergruppen, Vereinen unterschiedlichster Art.

Wir assoziieren Schalmeienkapellen, Arbeitersport und Kaninchenzucht und nicht wenige finden das heute altbacken und überholt. Aber das ist es nicht, ganz und gar nicht! Es ist ein *Erfolgsrezept par excellence* – nur dass es sich von uns entfernt hat. Es markiert den Anfang der Massenkultur. Die Rockmusik beispielsweise erinnert immer wieder an ihre proletarischen Wurzeln und kommt ohne diesen Bezug gar nicht aus, auch wenn er für die Biographien vieler heutiger Musiker nicht mehr zutrifft. Sie ist so erfolgreich, dass sich eine Menge Geld damit verdienen lässt, also wurde sie kapitalisiert. Dadurch hat sie sich von ihrer Herkunft so weit entfernt, dass einem der Begriff Arbeiterkultur nicht mehr über die Lippen kommen mag. Und der Fußball erst! War er nicht ursprünglich ein Arbeitersport?

Mit dieser Interpretation stimme ich natürlich nicht mehr mit Walter Köpping überein, der meint, typisch für die bürgerliche Kultur sei, dass sie der Zerstreuung diene, während die Arbeiterkultur eine Sammlung zum Ausdruck bringe. Unterhaltung und Zusammenhalt, Spaltung und Vereinigung, Zerstreuung und Sammlung – und das so gut wie nie innerhalb der realen oder gedachten Bahnen von Klassenbewegungen – sind das Kennzeichen jeder neuen Kultur, also jeder Kultur.

Woran die Arbeiterbewegung ursprünglich einmal großen Anteil hatte, das ist also keineswegs überholt oder unzeitgemäß, sondern es geschieht ständig aufs Neue und wiederholt sich immer wieder. Aus Arbeitermilieus, oder allgemeiner: Aus den Milieus ausgebeuteter, unterdrückter, diskriminierter Menschen entstehen ständig neue kulturelle Ausdrucksformen, kreativ, ausdrucksstark, vielseitig, reichhaltig. Was Erfolg verspricht, wird von den Unterhaltungskonzernen buchstäblich in jedem Winkel der Erde aufgespürt, aufgekauft und aufgehoben: Es wird von der Straße aufgehoben, und dann gehört es nicht mehr zur Straße. Das ist nicht immer, aber meistens mit kultureller Regression verbunden. Die ursprünglichen Inhalte werden bagatellisiert, die Formen genormt, bis sie sich zur Vermarktung eignen. Verzweifelt versucht der zum Star gewordene Künstler den Nimbus einer sogenannten Aufrichtigkeit oder Authentizität aufrechtzuerhalten, wobei man sich immer wieder fragt, was das eigentlich sein soll. Dieser Prozess ist so eingefahren, funktioniert so gut und wird von der Medienindustrie derart perfekt beherrscht, dass wir uns zum Teil enttäuscht davon abgewandt haben. Nur selten und mit mäßigem Interesse wenden sich Gewerkschaften und andere gesellschaftlichen Verbände denjenigen zu, die der Markt an den Rand drängt, weil sie sich für seine Mechanismen nicht eignen oder weil sie sich nicht vollständig unterwerfen.

Kehren wir zur Arbeiterkultur zurück. Mit der Entfaltung der Arbeiterbewegung, dem Erstarken ihrer Organisationen, mit der Theoriebildung gewinnt die Arbeiterkultur Konturen, die sie für rund hundert Jahre prägen sollten: Vom letzten Viertel des 19. bis zum letzten Viertel des 20. Jahrhunderts. Die herrschende Kultur wird als Kultur der herrschenden Klasse verstanden. Folglich muss die Arbeiterklasse der bürgerlichen Kultur ihre eigene Kultur entgegensetzen. Darin spiegelt sich das neue Selbstbewusstsein der Beherrschten; sie beanspruchen ihren Platz auf allen gesellschaftlichen Terrains, also auch im geistigen Leben. Dieser Anspruch bleibt immer ein bisschen ambivalent, er wird zum Thema ständiger Diskussionen. Wollen wir an der bürgerlichen Kultur teilhaben, um sie durch eigene Beiträge zu bereichern und zu entwickeln? Oder wollen wir ihr eine Gegenkultur entgegensetzen? Verbirgt sich hinter dem Wunsch nach Teilhabe eine Anpassung an die bürgerliche Ideologie? Oder verbirgt sich hinter dem Wunsch nach Gegenkultur die Verdrängung einer tiefsitzenden Intellektuellenfeindlichkeit, die ja nicht grundlos ist: Was den Menschen jahrhundertelang vorenthalten wurde, was ihnen allzu oft feindlich gegenübertrat, das lehnen sie ab. Dieser Widerspruch wird auch durch synthetische Formulierungen nicht gelöst, wie sie die IG Metall in einer programmatischen Entschließung 1986 wählte, wonach man beides tun müsse, nämlich die herrschende Kultur erobern, aber auch Gegenkultur entwickeln.

Auf der Seite der Kulturschaffenden waren es vor allem Schriftsteller, die das neue Interesse der Arbeiterbewegung aufnahmen, ja zum Teil begierig aufgriffen, und in gesellschaftlichen und politischen Themen den Stoff für großartige Werke fanden und immer noch finden. Ihre Arbeit nahm einen parteilichen Standpunkt ein, was nicht bedeutet, dass sie für eine politische Partei arbeiteten, sondern dass sie Partei für die sozial und politisch unterdrückten Menschen ergriffen. Der „engagierte Intellektuelle“ wurde hegemonial, das heißt er prägte den Stil und das Denken in Literatur, Theater, Film, Musik und bildender Kunst, in den Humanwissenschaften und schließlich sogar in den Naturwissenschaften, wo wir die Ökologie durchaus als Antwort auf die Atombombe begreifen können. Mit diesem engagierten Selbstverständnis sahen sich besonders die Schriftsteller in der Tradition der europäischen Aufklärung. Wie die Aufklärer durch ihre Abwendung von der Religion neue Kontinente der Freiheit entdeckten und den Boden für die französische Revolution bereiteten, so wollten die modernen Intellektuellen durch die Abkehr von der Klassengesellschaft am Aufbruch in eine bessere Zukunft teilnehmen.

Wahllos nennen ich ein paar Namen, wie sie mir gerade einfallen: Brecht, Hemingway, Adorno, Sartre, Camus, Simone de Beauvoir, Charlie Chaplin, John Lennon, Alfred Hrdlicka, Jurek Becker – was für eine glanzvolle Epoche. Wer von uns möchte sie nicht gern zurückholen, so sehr wir uns mitunter geärgert haben, wenn ihre Werke manchmal weniger unserer Sammlung dienten? Doch das wird nicht funktionieren, denn die gesellschaftliche Entwicklung ist weitergegangen, und für die Gewerkschaften war es schwer genug, sich gegen den Neoliberalismus zu behaupten und die anhaltenden Mitgliederverluste zu stoppen.

Für eine neue Besinnung auf unsere kulturellen Aufgaben und Chancen habe ich vor allem bei dem Querdenker Gramsci Anregungen gefunden. Bei einer Kritik intellektuellenfeindlicher Tendenzen in der italienischen Arbeiterbewegung findet er erstaunlicher Weise zu einem Satz der alten griechischen Philosophie zurück: *Erkenne dich selbst.* Ist das ein individualistischer oder subjektivistischer Ansatz? Nicht bei Gramsci. Erst wenn man sich selbst erkennt oder zu erkennen versucht, meint Gramsci, könne man diese Erkenntnis mit Anderen teilen, und *das Teilen* solcher Erkenntnisse sei eben das, was Kultur ausmacht. *Erkenne dich selbst*[5] habe beispielsweise ein paar Jahrhunderte später im alten Rom eine revolutionäre Bedeutung gehabt: Indem sie sich selbst erforschten, erkannten die Plebejer, dass sie den Bürgern Roms ebenbürtig sind.

Genau diesen Gedanken finde ich in einer Rede des japanischen Schriftstellers Haruki Murakami wieder. Er hielt sie am 11. Juni 2011 anlässlich einer Preisverleihung in Barcelona, und selbstverständlich spricht er darin über das gerade ein Vierteljahr zurückliegende Atomunglück von Fukushima, und wie diese Nuklearkatastrophe ausgerechnet einem Land passieren konnte, das schon Hiroshima und Nagasaki erfahren hat. Murakami sieht sich als „unrealistischen Träumer“: *„Es ist eine der Aufgaben eines Schriftstellers zu träumen. Die wichtigere Aufgabe eines Schriftstellers ist es aber, diese Träume mit anderen Menschen zu teilen. Man kann ohne den Drang zum Teilen kein Schriftsteller sein.“* [6]

5 Antonio Gramsci, Gefängnishefte Band 6, S. 1376

6 Unrealistischer Träumer: Dankesrede von Haruki Murakami zur Verleihung des International Catalunya Prize am 11.06.2011

Die kulturelle Maxime des Teilens untereinander soll mir ein bisschen zur Sublimierung, also zur Veredelung der mehr praktischen Erfahrungen und Lehren dienen, die ich in der gewerkschaftlichen Bildungsarbeit mache und zu denen ich jetzt übergehen möchte. Denn damit scheint mir ein für uns wesentliches Moment festgehalten zu werden.

Erfahrungen und Wissen miteinander zu teilen, ist eine der zentralen Aufgaben gewerkschaftlicher Bildungsarbeit. Wir stehen für ein emanzipatorisches Menschenbild. Die Kolleginnen und Kollegen sollen in die Lage versetzt werden, selbstbestimmt sich Problemstellungen und Inhalten zu nähern und Selbstwirksamkeit im Bildungsprozess erleben.

Dieser Zusammenhang der Selbstbestimmung und Selbstwirksamkeit wurde uns erst unlängst auf unserer internen Jahresarbeitstagung des Bildungsbereiches von einem Gesundheitswissenschaftler verdeutlicht und könnte in gewisser Weise als Gradmesser für die Gewerkschaftsarbeit insgesamt dienen. (Es ging um Konzepte betrieblicher Gesundheitsförderung, die bei gelungener Umsetzung den Grad der Selbstbestimmung und Selbstwirksamkeit in zahlreichen Studien bei den Beschäftigten evident erhöhen.) Das setzt eine demokratische Lernkultur voraus, für die wir als Bildungsarbeiterinnen und Bildungsarbeiter Verantwortung tragen. Demokratische Lernkultur beinhaltet, in Abgrenzung zum institutionalisierten Lernen, welches nach wie vor an festgelegten Curricular ausgerichtet ist, dass wir uns in einem gemeinsamen Aushandlungsprozess auf die Lerninhalte bzw. Gegenstände verständigen und das Lernen beteiligungsorientiert gestalten.

Dies ist Ausdruck für eine kulturelle Entwicklung bezogen auf das Selbstverständnis in der IG Metall über das, wie der Mensch lernt und sich Welt erschließt. Das schließt Orientierung als Angebot ausdrücklich mit ein.

Die Bildungsarbeit mit ihren Bildungshäusern ist darüber hinaus natürlich Kulturträger und Kulturvermittler. In die Seminare werden Gedichte, Prosa, Musik, Filme und manchmal sogar Theaterarbeit integriert. Die regelmäßig und unregelmäßig durchgeführten Kulturveranstaltungen in den Bildungszentren – wenn auch konsumtiv – ergänzen das Bestreben nach Vermittlung anderer kultureller Erfahrungen jenseits des Mainstreams.

Es fehlt – bis auf wenige Ausnahmen wie z. B. der Sommerschule in Sprockhövel – die eigene aktive Aneignung bzw. das Einüben und Praktizieren von kulturellen Techniken und das Herstellen von entsprechenden Produkten.

Dies würde – solange die gesamte Organisation das nicht für bedeutsam hält – eine Überforderung der bestehenden Ressourcen in der Bildungsarbeit bedeuten. Anlassbezogen gelingt es, wie z. B. in der Kooperation mit der Initiative „Respekt-Kein Platz für Rassismus", die eine Vielzahl von kulturellen Aktivitäten in den Betrieben ausgelöst hat. Der Bildungsbereich trägt und koordiniert im vierten Jahr diese Aktivitäten. Darüber hinaus haben wir in dem letzten Jahr einen Impuls mit der Neuauflage des Arbeiterliederbuchs aufgegriffen, um unsere Kolleginnen und Kollegen zum Singen zu motivieren und sich mit den historischen Texten zu beschäftigen. Aktuell haben wir zwei Quartette entwickelt, mit denen spielerisch historisches Lernen möglich ist.

Dies soll beispielhaft verdeutlichen, dass wir durchaus an einer kulturellen Auseinandersetzung arbeiten. Alle diese Aktivitäten können erst dann wieder mehr Gewicht bekommen, wenn die politischen Aktivitäten und Ziele der IG Metall größere Anlässe schaffen – wir erinnern uns an die Auseinandersetzung um die Arbeitszeitverkürzung – in denen die Kultur größeren Raum einnehmen muss. Das setzt voraus, dass es einer Neuauflage der Debatte z. B. über Lebensqualität bedarf. Wenn die Beschäftigtenbefragung u. a. das Thema Beruf und Freizeit als eines der zentralen Themen der Menschen identifiziert, dann reicht es nicht aus, ausschließlich über die Arbeitswelt zu diskutieren. Das Thema Freizeit und ihre Qualität muss dann gleichberechtigt Gegenstand mitgedacht und diskutiert werden.

Es gibt ein großes Bedürfnis Interessen und Erfahrungen miteinander zu teilen. Eine eigenständige gewerkschaftliche Kulturarbeit kann viel dazu beitragen. Wir sind daher angehalten, dieses „Kraftwerk der Gefühle" (Lothar Pinkall) wieder stärker in den Blick zu nehmen. Die gewerkschaftliche Bildungsarbeit kann Impulse geben, begleiten und auch Initiator von kulturellen Prozessen sein, man kann eine eigenständige gewerkschaftliche Kulturarbeit allerdings nicht an diesen Bereich „delegieren".

Stefan Krankenhagen

Arbeiter- und Sportkultur(en) aus der Perspektive der Kulturwissenschaften[7]

Vielen Dank für die Einladung. Vielen Dank damit für die Möglichkeit, das Verhältnis von Kulturwissenschaften und Arbeiterkulturen genauer in den Blick zu nehmen. Es ist dies, dieses Verhältnis, ein etwas unklares und gleichzeitig distanziertes Verhältnis, wie Sie sich vielleicht denken können. Um diese Distanz besser fassen zu können, werde ich einen Großteil meines Vortrages über Fußball und Fußballkulturen, über Sportkulturen reden und hoffe, dass sich daran auch etwas über die (notwendig beschränkte) Perspektive der Kulturwissenschaften auf die Arbeiterkultur zeigt.

I. Eine biographische Notiz

Ich möchte aber mit einer kleinen biographischen Notiz beginnen, die damit zu tun hat, dass sich mein Vater in den späten 70er und 80er Jahren sehr nachdrücklich mit Arbeiterkulturen beschäftigt hat – und zwar als Ausstellungsmacher: Zuerst in München, dort aber weggegangen ist, sehr bewusst, vom Deutschen Museum nach Dortmund, zur dortigen Bundesanstalt für Arbeitsschutz und Unfallforschung. Und er hat dort 1982 die Ausstellung: „Kinderarbeit ist verboten" in der ehemaligen Zeche „Germania" in Dortmund Marten eröffnet. Ich erinnere mich deshalb sehr gut, weil mein Bruder und ich – obwohl es ja hieß: ‚Kinderarbeit ist verboten' – irgendwelche Werbefilme mitdrehen mussten oder da auftreten mussten. Woran ich mich aber eigentlich erinnere, sind zwei Dinge im Kontext dieser Eröffnung: Zum Einen der Auftritt der Band „Extrabreit" – 1982, da waren die gerade durchgestartet, Neue Deutsche Welle, und ich war in dem Alter, wo ich verstand, dass das was Tolles war. Extrabreit: Das klang schon sehr gut. Das Zweite waren Kurse, Malkurse, mit dem Dortmunder Maler Hans Karl Steffen, die dort gegeben wurden und von denen ich auch einen belegt habe. Also diese Ausstellungseröffnung in

7 Der vorliegende Text ist eine leicht überarbeitete Fassung des transkribierten Vortrages. Aus Gründen der Lesbarkeit wurden vor allem sprachliche Glättungen vorgenommen, ohne dem Text seinen mündlichen Charakter nehmen zu wollen. Außerdem habe ich den Text durch Zwischenüberschriften strukturiert und die bibliographischen Angaben eingefügt. Stefan Krankenhagen, August 2014

jener Zeche in Marten ist sozusagen zwischen Malkurs und Neuer Deutscher Welle biographisch bei mir verortet. Und damit ist für mich auch das Verhältnis zwischen Arbeit und Kultur auf eine merkwürdige Weise so besetzt: als eine Aufführung zwischen Spaßpunk und Kunst.

II. Arbeiterkultur als Kampf

An diese Episode musste ich mich also erinnern als ich mir das Tagungsmaterial durchgelesen habe und mir dabei überlegt habe, wie der Begriff der Arbeiterkultur in dieser Textsammlung[8] mit Texten von 1986 bis 2013 definiert wird; Definitionen, die wenig zu tun haben mit jener gerade geschilderten biographischen Erfahrung. Ich mache das mal an zwei Textauszügen fest, die Ausgangspunkt sind für eine erste Definition und Anlass meiner weiteren Überlegungen. In einem Text von 1986 heißt es: „Gewerkschaftliche Kulturarbeit ist nicht nur persönliche Entfaltung, nicht nur Mittel im Kampf, sondern sie ist selbst Kampf."[9] Und weiter heißt es in einem Interview ohne Jahresangabe – aber wohl relativ aktuell; und da wird dann auf Brecht, Tucholsky, Kollwitz und andere Künstler der klassischen Moderne verwiesen: „Sie sind Teil des kulturellen Erbes der Arbeiterbewegung und spiegeln die Erfahrung jahrzehntelanger Kämpfe".[10]

Arbeiterkultur ist also, wenn ich das daraus lesen darf, und grob zusammenfasse, ein Kampf und drückt dabei mindestens einen Kampf in zwei Richtungen aus: zum einen nämlich den Kampf um Teilhabe an Kultur; in diesem Sinne wird damit ein sehr enger Kulturbegriff etabliert: Man möchte teilhaben an der traditionellen Formen der Kunst und Kultur, an Theater, Museen, Literatur und so weiter. Zum anderen aber ist es ein Kampf, der darin besteht, die Arbeitenden oder die Kultur der Arbeitenden und die Kultur des Arbeitens in einem weiten Begriff überhaupt zu Kultur zu erklären. Dadurch entsteht die Vorstellung einer Kulturhaftigkeit der Arbeit.

Ich denke, oder ich würde argumentieren, dass zumindest der zweite Kampf bereits gewonnen ist; denn Arbeit ist längst zu Kultur erklärt worden. Arbeit ist gesellschaftlich als Kultur legitimiert und ist Teil eines globalen Kulturenverständnisses im Plural. In nuce kann man daraus den

8 Gemeint ist das Tagungsmaterial, hrsg. von Dietrich Burggraf und Harald Kolbe

9 Ebd., S. 60

10 Ebd., S. 4

Wandel der Geisteswissenschaften zu den Kulturwissenschaften ablesen. Denn die Geisteswissenschaften haben in Deutschland natürlich eine dominante und lange, wichtige Rolle gespielt. Noch vor 150 Jahren war für Hegel das Geistige das allein Wirkliche, und diese Sicht auf das Verhältnis von Geist und Welt ist erst in der zweiten Hälfte des 20. Jahrhunderts zu elfenbeinturmartig geworden – selbst in Deutschland. Und es ist tatsächlich eine Kommission gewesen, die 1991 diesen Umschwung von den Geisteswissenschaften zu den Kulturwissenschaften begleitet hat, indem sie zu der wunderbar knappen und präzisen Definition gekommen ist: „[Kultur] ist der *Inbegriff aller menschlichen Arbeit und Lebensformen.*“[11]

Damit ist ein weiter Kulturbegriff etabliert; jene Definition ist, in Deutschland zumindest, der entscheidende Katalysator dafür gewesen, dass die Geisteswissenschaft nach und nach als ein Schlagwort und Überbegriff verschwinden und alles was Theater- und Museumswissenschaften, und so weiter, meint, jetzt Kulturwissenschaften heißt. Der Anfang des Sieges der Kulturwissenschaften gewissermaßen, wissenschaftsintern. Ich verweise immer gerne darauf, dass die Kommission die dort 1991 tätig wurde, vom damaligen Wissenschaftsminister Heinz Riesenhuber, CDU, eingesetzt wurde; der weite Kulturbegriff, in dem sich auch Arbeit als Kultur aufgewertet sieht, ist – polemisch verkürzt – also das Ergebnis einer Kommission, die ein CDU-Minister zu verantworten hat. Das ist doch eine schöne Pointe.

III. Der bürgerliche Blick der Kulturwissenschaften

Die Kultur ist also der Inbegriff aller menschlichen Arbeit und Lebensformen. Damit öffnete das Autorenkollektiv um Wolfgang Frühwald die Geisteswissenschaften für die interdisziplinäre Zusammenschau und für ein Denken, das etwa die Technik als eine technische Kultur, die Medien als Medienkultur, Politik als politische Kultur und nicht zuletzt eben die Arbeit als Arbeiterkultur in ihre Mitte aufnahm. Seitdem ist es selbstverständlich, dass wir von einem pluralen, weiten Kulturbegriff ausgehen.

Dieser plurale Kulturbegriff ist nicht ohne Tücken und nicht ohne Probleme. Zum einen intern, für die Kulturwissenschaften, ist jener ‚Siegeszug

---

11 Frühwald, Wolfgang, et al. (Hrsg.): Geisteswissenschaften heute. Eine Denkschrift, Frankfurt a.M.: Suhrkamp 1992, S. 40, im Original kursiv

der Kulturwissenschaften‘ nicht ohne Probleme. Kurz zusammengefasst, weil wir uns damit gewissermaßen zu Tode gesiegt haben; weil durchaus selbstkritisch, aber auch mit einem Anflug von Resignation gesagt werden muss, dass der Kulturbegriff zu einem Totalbegriff der Gegenwart geworden ist. Niemand muss nämlich mehr fragen, was das denn eigentlich sei, die Kultur? Kultur ist eben alles, der Inbegriff aller menschlichen Arbeit und aller Lebensformen. Und für die Kulturwissenschaften intern bedeutet das: wir sind alles – und haben damit gewissermaßen das FC Bayern Problem: Wir sind uns selbst genug und das, was noch nicht unser ist, das kaufen wir in der nächsten Saison. Irgendeinen der kulturwissenschaftlichen turns kaufen wir uns ein – von denen Sie vielleicht schon mal gehört haben: der memory-turn, der gender-turn, der spacial-turn; der turn ist gewissermaßen die Einkaufspolitik der Kulturwissenschaften. Alles, was noch nicht zu uns gehört, das verleiben wir uns durch den nächsten turn ein. Und wie gesagt, im Moment ist zu beobachten, dass sich die Kulturwissenschaften zu Tode turnen und siegen, aber davon kann ich jetzt nicht reden.

Für die Frage nach dem Verhältnis von Kulturwissenschaften und Arbeiterkultur ist die weite Definition, also dass der Inbegriff aller menschlichen Arbeits- und Lebensformen Kultur sei, auch nicht ganz unproblematisch. Denn der pluralisierte Kulturbegriff verhindert unter Umständen einen klaren Blick auf die Differenzen, die es weiterhin zwischen den Theorie- wie Praxisfeldern Kultur und Arbeit zu beobachten gibt. Differenzen, die sich zum Beispiel daran fest machen lassen, wie unterschiedlich mit der hier vorgeschlagenen Definition ‚(Arbeiter-) Kultur als Kampf‘ umgegangen wird.

Denn der Kampf, von dem in der Materialsammlung so nachdrücklich Zeugnis abgelegt wird, ist aus meiner kulturwissenschaftlichen Perspektive ausschließlich die Darstellung eines Kampfes – und damit auch ein Spiel. Dieser kulturwissenschaftliche Blick auf Arbeiterkulturen als einer Darstellung, als einer spielerischen Darstellung des Kampfes etwa, hat nicht unwesentlich damit zu tun, dass die Kulturwissenschaften sich im 18. Jahrhundert eben als eine bürgerliche Perspektive auf die Welt, auf die Dinge, auf soziale Praktiken entwickelt haben. Die Kulturwissenschaften entwickeln sich aus einer bürgerlichen Perspektive auf die Welt und dazu gehört ganz grundlegend der bürgerliche Blick, wie ihn der britische Kultur- und Museumswissenschaftler Tony Bennet genannt hat; und er hat jenen bürgerlichen Blick an den Organisationsstrukturen, gewissermaßen der Semantik, des Museums entwickelt.

Folgendermaßen: Das Museum der Aufklärung – der Louvre, das British Museum – etablierte durch die Lenkung des Blicks eine hierarchische Beziehung zwischen Experten (Kuratoren, Wissenschaftlern, teilweise Künstlern und Kulturpolitikern) und Besuchern, wobei Letztere, also die Besucher, sich unter die Leitung Ersterer begaben, um damit zur Erkenntnis der vernünftigen Ordnung der Welt geführt zu werden. Es gibt aus dem 18. und 19. Jahrhundert eine Reihe an Karikaturen, in denen immer wieder gezeigt wird, wie diejenige, die diesen Blick, die diesen bürgerlichen Blick nicht besitzen, im Museum scheitern. Die Karikaturen zeigen, wie jene Besucher – Bauern und Proletarier vor allem – unwissend und verunsichert in den Altären der Hochkultur stehen. Diese Inthronisierung des bürgerlichen Blicks, der etwas zu tun hat mit Distanz, mit Kennerschaft, oder der diese Momente eben als entscheidend idealisiert, dem können wir uns gewissermaßen als Kulturwissenschaftler nicht entziehen. Wir können ihn kritisieren, aber wir können nicht so tun, als wenn er nicht grundsätzlich auch (nicht nur) der unsere wäre. Der bürgerliche Blick entwickelt und legitimiert sich über eine hierarchisch strukturierte Logik der Distanz, wie sie in allen klassischen Kunstinstitutionen bis heute sichtbar wird: Nicht anfassen, nicht berühren, nicht husten, nicht reden, nicht zu spät kommen, nicht herumlaufen, und so weiter. Dafür aber: sehen, konzentrieren, sich bilden, passiv genießen, zurückgezogen betrachten.

Wir alle wissen, dass die Kunstinstitutionen für genau diesen Habitus, eben ihren bürgerlichen Kodex, oft vehement kritisiert wurden und werden. Kultur für alle, seit den 70ern das Schlagwort, ist eine der gängigen Antworten darauf. Ich habe oft den Eindruck, dass es dabei weniger um den monetären Zugang für alle geht, darum natürlich auch, aber primär um habituelle Zugänge. Dass man sich gewissermaßen diesem bürgerlichen Kodex nicht so aussetzen muss, oder sich nicht wie im 18. und 19. Jahrhundert abgewertet fühlt, wenn man diese Logik der Distanz nicht durch die eigene Biographie mitbringt. So richtig diese Kritik ist, so halte ich doch alle Versuche, die bürgerliche Logik der Distanz aufheben zu wollen, für verfehlt. Ich sehe sehr deutlich, dass die bürgerliche Kultur ihren Alleinvertretungsanspruch aufgegeben hat – und dass das sehr gut ist so. Dass die bürgerlich kodierte Kultur und damit der enge Kulturbegriff mit Kunst und Literatur und den entsprechenden Praktiken und Erkenntnissen, die im bürgerlichen Blick zusammengefasst sind, anderen Kulturen überlegen sei: Das ist gottseidank an vielen Stellen aufgeweicht. Die Angebote in einer pluralen Gesellschaft unter einem pluralen Kunstverständnis oder Kulturenverständnis sind im Moment so vielfältig, dass eher ein Über- als ein Unterangebot an Kultur besteht. Wenn man den pluralen Kulturbegriff, den man fordert, tatsächlich ernst nimmt, dann ist wirklich alles Kultur: Der Inbegriff aller menschlichen Arbeits- und Lebensformen. Und somit muss niemand mehr ins Theater gehen, um ein kulturell reiches Leben zu führen. Trotzdem: So wenig es heute um höherwertige Kulturen geht, um eine Hierarchisierung, die ich nicht verfolge, so sehr kann es weiterhin um verschiedenartige Kulturen und ihre verschiedenen Zugänge und ihre verschiedenen Definitionsmerkmale gehen, um eine Differenzierung, die ich sehr wohl verfolge.

Von diesen, auch kulturpolitisch gefärbten Fragen abgesehen, halte ich den bürgerlichen Blick auch deshalb für verteidigungswürdig, weil er eben jene spielerische Perspektive der Kulturwissenschaften erst ermöglicht. Erst in der Distanz, jenseits von Verteilungskämpfen und politischer Agenda entsteht ein Blick auf Welt, der in der Darstellung spezifischer Kulturen sein Interesse findet. Aber es gibt diese Perspektive auf spielerische, inszenatorische und performative Momente der Kultur nicht als eine nachgeordnete Perspektive. Die kulturwissenschaftliche Perspektive beschreibt nicht *nur* ein Spiel, nicht *nur* Fiktion oder Medialität. Im Gegenteil, geht meine Disziplin davon aus, dass jede Realität nur in der Vermittlung über ein spezifisches Medium geschieht. Und dieses Medium sind nicht DIE Medien, im Sinne *der* Massenmedien oder *der* Kunst, oder *des* Buches oder *des* Fernsehens, sondern sind eben im Sinne eines weiten Kulturbegriffes alle kulturellen Formen und Praktiken, mit denen sich ein Bild der Gesellschaft gleichzeitig zeigt und verhandelt.

IV. Sportkulturen

Nach dieser langen Vorbemerkung komme ich auf das, was ich angekündigt habe, nämlich die Frage, wie sich im Medium des Sports und spezifisch im Medium des Fußballs möglicherweise das Verhältnis von Kulturwissenschaften und Arbeiterkultur überhaupt zeigt. Ich möchte das anhand folgender drei Punkte verfolgen:

1. Die Regeln des Spieles: Zivilisation und Gewalt,
2. Arbeitersport: ein Missverständnis und
3. Arbeiterkultur: nach unten aufwerten.

Zu meinem ersten Punkt: Viele Szenen, in denen Gewalt und Sport zentral stehen, sind Ihnen natürlich im Kopf, deshalb mag Sie die erste These überraschen: dass Sport vor allem ein Modus der Zivilisierung ist. Dass der Sport also zivilisatorische Funktionen in der Gesellschaft, vor allem in modernen Gesellschaften übernommen hat, und jene ganz entscheidend vorangebracht hat: zivile Gesellschaften. Es klingt, wie gesagt, verwunderlich, bei der Gewalt, die wir in Sportveranstaltungen und primär beim Fußball erleben: auf dem Platz, aber natürlich noch viel mehr die Gewalt neben dem Platz. Dabei dürfen wir nicht vergessen, dass Fußball eine Sportart gewesen ist, die in ihren Urformen regelmäßig Tote produziert hat. Und zwar genau bei diesem Spiel, in dem Zuschauer und Spieler noch nicht getrennt waren. In dem es also zum Beispiel der Funktion des Schiedsrichters überhaupt nicht bedurfte. Es brauchte keinen Schiedsrichter, denn die Zuschauer waren selbst immer auch aktive Teilnehmer, waren selbst aktive Ausführende. Wenn also im Kampf Dorf gegen Dorf eine Schweinsblase an einen spezifischen Stein geschlagen werden musste, nämlich dreimal, und es gibt in England – wo sonst – gibt es bis heute Dörfer, die das nachspielen, mitspielen, weiterspielen. Da sieht man natürlich überhaupt keine klaren Formen des Spiels, sondern man sieht riesige Menschenmassen, die sich gegenseitig, Zentimeter für Zentimeter bewegen. Das Spiel dauert von Morgen bis spät in die Nacht, bis man dann irgendwie unter lautem Gebrüll es schafft, diese Schweinsblase, das, was heute dann der Lederball ist, an einen Stein zu schlagen, dreimal.

Ich habe Ihnen um der Anschaulichkeit willen einen Spielbericht eines englischen Schülers aus dem frühen 19. Jahrhundert mitgebracht; also wir sprechen hier schon von einer relativ zivilisierten Form des Spiels: „Während des Laufs mit dem Ball stellte der Gegner dir ein Bein, trat dich ans Schienbein, rammte dich mit der Schulter, riss dich zu Boden und setzte sich auf dich. In der Tat konnte er außer Mord alles tun, um dir den Ball zu entreißen."[12] Das ist also bei weitem nicht übertrieben, und anstatt diese tatsächlich stattfindende und stattgefundene Gewalt jetzt zu verurteilen, sieht die kulturwissenschaftliche Perspektive das Spiel, die Aufführung, in dem Sinne, dass die Spannung von Gewalt und Nichtgewalt ganz konstituierend zu dem Spiel gehört. Es geht also genau um Gewalt im Sport, beziehungsweise um das Austarieren dieser Gewalt durch zivilisatorische Effekte und ihre Darstellung. Und damit eben um ein Spannungsverhältnis, das grundsätzlich für alle Formen der Unterhaltung steht. Ein Spannungsverhältnis, das an manchen Stellen sehr komplex ist, an anderen Stellen aber auch sehr einfach. Norbert Elias, der den Fußballsport im Prozess der Zivilisation untersucht hat, schreibt: „Das ist nun mal ein Fußballspiel. Im Kern ist es eine Figuration, also von mir eine Form, ein Geformtes, eine Figuration von Menschen, die in einer kontrollierten Spannung zueinander stehen. Und die Frage ist, wie diese Spannung eigentlich unter Kontrolle gehalten wird. Dass die Spannung zwischen zwei Mannschaften so oft unter Kontrolle und in Balance gehalten werden können, das ist mindestens ebenso eine erstaunliche Tatsache, wie die, dass diese Kontrolle eben manchmal zerbricht."[13]

Elias geht also nicht von dem worst case aus, sondern er geht davon aus, dass wir uns eigentlich jeden Samstagnachmittag freuen sollten, dass die Spannung in den meisten Fälle unter Kontrolle gehalten wird, dass es eben nicht mehr zu Toten kommt, sondern höchstens noch zu Schwerverletzten. Entscheidend dafür sind natürlich die Regeln, die Regelung des Sports, das ist ein grundlegender, überhaupt der Modus der Zivilisierung. Über diese Regeln wird zivilisatorischer Fortschritt erwirkt. Und deswegen ist der moderne Fußball erst in dem Moment entstanden, in dem sich im Jahre 1863 die englische Football Association gründete, und dann auf

12 Bausenwein, Christoph: „Vom Raufspiel zum Schülersport. Frühe Fußballspiele in Großbritannien", in: Kicker Sportmagazin (Hrsg.), Kult um den Ball. Auf den Spuren des Fußballs, Hildesheim: Roemer- und Pelizaeus-Museum 2006, S. 54-63, hier S. 57

13 Elias, Norbert: „Der Fußballsport im Prozess der Zivilisation", in: Lindner, Rolf (Hrsg.), *Der Satz ‚Der Ball ist rund' hat eine gewisse philosophische Tiefe: Sport, Kultur, Zivilisation*, Berlin: Transit Verlag 1983, S. 12-21, hier S. 12

einheitliche und verbindliche Regeln einigte. Fußball aus England kommt ja einerseits aus der Rugby Tradition, und andererseits aus der Tradition der Universitätssportarten und es setzten sich gewissermaßen die gemäßigten Akteure durch. 1863, als man sich zusammensetzte und die Frage der Regeln vereinheitlicht festschrieb, kümmerte man sich gar nicht so sehr um das notorische Handspielverbot, was wir heute als das entscheidende Element im Unterschied zwischen Rugby und Fußball ansehen würden, sondern die meiste Zeit nahm die Frage ein, ob Halten eines Spielers und Treten eines Spielers *gleichzeitig* erlaubt sein dürfte. Das Halten und Treten grundsätzlich erlaubt sei, das stand nicht zur Diskussion, das war kein Problem. In den ausgiebig diskutierten Artikeln neun und zehn der sogenannten Laws Adopted by the Football Association on Dec., 8th wird schließlich festgehalten, und ich lese Ihnen hier Artikel zehn vor: "If any player shall run with the ball towards his adversably goal, any player on the opposite site, shall be ad liberty, die charge, hold, trick or head him, or to press the ball from him. But, [...]" und das ist die entscheidende zivilisatorische Komponente, "but no player shall be held and hacked at the same time."[14] Keiner darf also gleichzeitig gehalten und getreten werden, aber erst halten und dann treten – das ist ganz in Ordnung.

Begreift man also den Fußball als eine Darstellung in dieser Logik der Distanz, so wird die Spannung zwischen Gewalt Ausübung und Verregelung und damit das zivilisatorische Potenzial des Sportes erkennbar. Ich hab mich einmal in einer Diskussion soweit hervor gewagt, dass ich behauptet habe, dass die Gewalt außerhalb des Platzes eine Reaktion darauf ist, dass die Gewalt auf dem Spielfeld nicht mehr stattfinden darf. Da haben die entsprechenden Bildungsbeauftragten mir doch einiges zurückgegeben. Aber ich finde, in der Spannungslogik zwischen Gewalt Ausübung und zivilisatorischer Verregelung ist das durchaus eine nicht ganz dumme These.

Der niederländische Kulturhistoriker Johan Huizinga hat den Menschen als *homo ludens*[15], als spielenden Menschen festgehalten, und damit das Spiel als ein Kampf um etwas oder eine Darstellung von etwas beschrieben.

14 Zitiert nach: Kicker Edition 2006, S. 66

15 Huizinga, Johan: *Homo Ludens. Versuch einer Bestimmung des Spielelements der Kultur*, Amsterdam: Pantheon Akademische Verlagsanstalt 1939

Diese beiden Funktionen können zusammen gedacht werden, in der Weise, dass das (Fußball-)Spiel einen Kampf um etwas darstellt. Und dass dieses Spiel tatsächlich einen Kampf um etwas darstellt, möchte ich Ihnen am nächsten Punkt ausführen, nämlich an dem Punkt.

V. Arbeitersport: ein Missverständnis

Gerade vor wenigen Minuten wurde mein Vortrag angekündigt mit der Behauptung, Fußball sei ein Arbeitersport. Und wenn Sie Arbeitersport googlen, einfach mal so, das macht man ja immer, erhält man als erste Treffer die Bilder von Fußballern. Es ist aber ein weit verbreitetes Missverständnis, dass Fußball historisch, zumindest in Deutschland, ein Arbeitersport ist. Das heißt nicht, dass er es nicht auch war, beziehungsweise wurde. Rolf Lindner und Heinrich Breuer haben 1978 ein Buch vorgelegt, das ich immer noch gerne lese; ein Buch, das die Sozialstrukturen des Fußballs im Ruhrgebiet zwischen Arbeiterkultur, Freizeit- und Wohnortgestaltung in den sozialen Praktiken, bei Arbeit und Freizeit hervorragend nachgezeichnet hat. Das Buch heißt: ‚Sind doch nicht alle Beckenbauers‘[16] und es beschreibt wie die sogenannten wilden Arbeitervereine Anfang des 19. Jahrhunderts, Schalke 04 ist der berühmteste, um Anerkennung in einem bürgerlich geprägten Feld der Fußballvereine gekämpft haben. Der Kampf der Arbeiterklasse um Teilhabe, hier ist er ganz deutlich nachzuzeichnen. Es wäre aber falsch, damit zu behaupten, dass der Fußball historisch ein Arbeitersport sei. Ganz im Gegenteil hat es verhältnismäßig lange gebraucht, bis sich die Arbeiterklasse diesem Sport zugewendet hat.

Denn der Fußball ist erst einmal ein Angestelltensport gewesen, ein Sport, der aus England kam, Ende des 19. Jahrhunderts. Dabei spielten die wachsenden Handelsbeziehungen zwischen England und Deutschland eine Rolle, auch begünstigt durch eine steigende Anzahl von Fährverbindungen; die Gleichzeitigkeit von ökonomischen, technischen und dann eben auch populär kulturellen Bedingungen, nämlich die Möglichkeiten und Notwendigkeiten die eigene Freizeit zu gestalten, das alles spielt in diesem Transformationsprozess, in dem Austausch zwischen Insel und Kontinent eine große Rolle. Entsprechend findet Fußball in Deutschland

16 Lindner, Rolf, Heinrich Th. Breuer: *„Sind doch nicht alles Beckenbauers“*. Zur Sozialgeschichte des Fußballs im Ruhrgebiet, Frankfurt a.M.: Syndikat 1982

zuerst Anklang in dem neuen Angestelltenmilieu, im Zentrum der Angestelltenklasse und der Universitätsmilieus. Er wurde verachtet von der Turnergemeinschaft der Deutschen als eine, wie man nachlesen kann, ‚englische Krankheit'.[17] An jenem Titelblatt von 1898 sieht man nicht nur, dass die deutsche Turnergarde ausländerfeindlich, sondern auch antisemitisch war. Ich bin leider Anhänger des TSV 1860 München – ein Fußballverein wird einem ja gegeben – und leider nicht nur deshalb, weil wir seit Jahrzehnten in der zweiten Bundesliga rumtreten, sondern auch deswegen, weil dieser Turn- und Sportverein in der Zeit des Nationalsozialismus eine sehr ungute Rolle gespielt hat; während der Verein, den ich hassen muss, nämlich der FC Bayern München, ein Fußball Club Bayern München, mit seinem Präsidenten Kurt Landauer bis 1942 mit geradem Rücken durch die Zeit des Nationalsozialismus gegangen ist. Also in diesen Konstellationen steht das an manchen Stellen. Turnvereine oder Turnbünde gegen diese englische Krankheit, gegen die Fußlümmelei, die da von außen auf Deutschland eindrang und den guten deutschen Turnerverband bedrohte.

Für die Entwicklung des Fußballs in Deutschland ist deshalb wichtig, dass sich dieser englische Angestelltensport erst durch die Einbindung als Soldatenertüchtigung im Ersten Weltkrieg etablieren konnte. Diese Entwicklung hat das, was wir ein „nationales Körpergedächtnis" nennen könnten, wie es eben im Fußball trainiert und auch transformiert wird, entscheidend geprägt und es hat zu den sogenannten, bis heute diskutierten, deutschen Tugenden geführt, die bis Anfang des 21. Jahrhunderts die Spielweise der Nationalmannschaft geprägt haben sollen. Dafür war natürlich tatsächlich der WM-Titel 1954 entscheidend, also für das Narrativ spezifischer nationaler Tugenden, durch die die spielerisch hochgradig unterlegene deutsche Mannschaft es auf wundersame Weise schaffte, die bereits unter professionellen Bedingungen spielenden Ungarn zu besiegen. Gegen die Künstler aus Ungarn konnten die Deutschen dann entsprechend nur mit Tugenden des Mannschaftsgeistes, der Solidarität, des Durchhaltewillens, also primär Normen und Werten, die man kategorisch eher dem so genannten kleinen Mann zuschreibt, gewinnen. Und Sie wissen vielleicht,

17 Planck, Karl: *Fusslümmelei. Über Stauchballspiel und englische Krankheit*, Münster: Lit Verlag 2004 [1898]

dass die Mannschaft 1954 fast ausschließlich aus der deutschen Provinz kam. Also aus Kaiserslautern, aus Fürth, aus Duisburg, aus Nürnberg. Diese Leistungen und Tugenden wurden mit dem Sieg von 1954 definitiv anerkannt. Mehr noch, sie wurden in das Deutschland der Nachkriegszeit integriert.

Dass noch heute darüber diskutiert wird, dass die deutsche Mannschaft hierarchische Strukturen braucht – Effenberg statt Lahm – liegt an der historischen Logik der Körper-Aufführung, die den Fußball bestimmt. Wenn man das Spiel als eine Aufführung eines Kollektivs versteht – das ist eine Mannschaft: ein Kollektivkörper – und diesen Kollektivkörper wiederum als Aufführung eines sich langsam wandelnden nationalen Körpergedächtnisses, dann erst versteht man vergangene, wie auch aktuelle Debatten um Führungsspieler, Kopfballungeheuer oder auch schwule Pässe. Wohlgemerkt: versteht, nicht: respektiert. Denn die Darstellung des Kampfes zwischen Angestellten- und Arbeitersport, und den entsprechend zugeschriebenen Werten, wiederholt sich jeden Samstag um halb vier. Es geht hier um eine Deutungshoheit, bei dem die Darstellung von Normen und Werten der Arbeiterkultur eine wichtige Rolle spielt. Damit komme ich abschließend und nur mehr kurz zu meinem letzten Punkt:

VI. Arbeiterkultur: nach unten aufwerten

In diesem Kampf, diesem spielerischen Kampf, kommt es zu der relativ seltenen kulturellen Konstellation, dass jene valorisierten Werte der Arbeiterkultur, aber auch deren Habitus, als herrschende Werte anerkannt und performativ nachgespielt werden. Und zwar auf den Tribünen als Teil jeder Fangruppe. Damit meine ich jetzt etwas ganz einfaches, nämlich Folgendes: Jeder hochrangige Angestellte, jeder CEO und auch jeder Universitätsprofessor wird den Teufel tun, sich als solcher auf den Tribünen erkennen zu geben. Er wird sich eine Jeans anziehen und einen Pulli und er wird „Schiri, du dumme Sau" rufen und er wird beim Tor der richtigen Mannschaft, also bei 1860 München in dem Fall, nach Bier stinkende Männer umarmen. Was er sonst ja nicht tut. Warum? Er verstellt sich also. Warum tut er das? Weil bis heute der Fußball, siehe ‚Ein Missverständnis', als Arbeitersport gilt und dieses Missverständnis trotz einer anders lautenden Geschichte unter sich verändernden Bedingungen auf und neben dem Platz, die kulturelle Praxis vorgibt, wie man sich aufführt. Wie man sich selbst aufführt. Wie man sich selbst spielt: Als jemanden, der der bürgerlichen Logik der Distanz entsagt und zum aktiven Teilnehmer wird. Eines der besten Beispiele ist für mich die Entwicklung der Ultras in den letzten zehn bis zwölf Jahren, die ja an vielen Stellen in den Medien, mittlerweile schon auch differenzierter dargestellt werden, aber grundsätzlich immer noch das Bild von Chaoten abgeben müssen, die Pyrotechnik zünden und so weiter. Die Ultras entstanden aus der gleich lautenden Bewegung in Italien in den 70er Jahren, verstehen sich selbst als die wahren Arbeiter des Fußballvereins und letztendlich als die Bewahrer der Tradition. Dieses führt an manchen Stellen soweit, dass sie sich als die Eigentümer des Vereins, also die symbolischen Eigentümer des Vereins sehen. Und sie stilisieren, oder in unserem Sinne muss ich sagen, sie führen sich auf, sie stellen sich dar als diejenigen, die der Kapitalisierung, der Ökonomisierung, der Medialisierung des modernen Fußballs noch die breite Brust entgegenstellen und sind damit Protagonisten einer Darstellung against modern football. Das ist zusammengefasst die Aussage, zu der die meisten Ultras stehen, bei allen Unterschieden, bei allen Differenzen: against modern football schreiben sich alle auf ihre Fahne.

Die Ultras sind dabei aber die hochgradig professionellste Fangruppe im deutschen Fußball, die es überhaupt gibt. Wenn irgendjemand Zeit, ökonomische Mittel, Ressourcen, Arbeit, wirklich Arbeit in die Überzeugung gegen die fortschreitende Professionalisierung des Sports investiert, dann sind es diese hochgradig professionellen und arbeitsteilig arbeitende Gruppen. Also die Ultras sind wie natürlich alle Phänomene in der Moderne seit 250 Jahren massiv gespalten. Es geht gar nicht anders. Um gegen moderne Formen des Fußballs zu sein, muss man modern sein. Und in dem Sinne eben professionell arbeiten. Das ist etwas, was den Fußball meines Erachtens heute ganz entscheidend prägt, dieses nach unten aufwerten und dabei eben aus den Aporien, die der moderne Fußball mit sich bringt, nicht heraus zu kommen.

Zusammenfassung

Mir ging es darum, zu zeigen, warum und wie genau das Verhältnis zwischen Kulturwissenschaften und Arbeiterkulturen ein distanziertes

Verhältnis ist. Es ist schon deshalb distanziert, weil die Kulturwissenschaften traditionell einer Logik der Distanz folgen, die ich zumindest nicht aufgeben möchte. Erst im Blick auf Kultur als eine Aufführung gesellschaftlicher und individueller Launen und Praxen, erfüllt sich die Perspektive der Kulturwissenschaften. Dabei ist zu sehen, dass der historische Kampf der Arbeiterbewegung um Teilhabe an der Kultur selbst zu einem Material der Kultur, jeder Fußballkultur, wird. Beziehungsweise zur Aufführung im Spiel kommt. So führen sich die Arbeiterkulturen selbst auf und kämpfen spielerisch um kulturelle Deutungshoheit.

Kai Degenhardt

Wie viel Bewegung braucht das Lied?[18]

Eine Positionsbestimmung des politischen Liedes in Deutschland anhand seiner Geschichte

Das politische Lied ist mausetot! Jedenfalls findet es dort, wo es hierzulande heute noch zu hören ist, weitgehend unterm Radar statt. Ich meine natürlich das linke politische Lied; das auf gesellschaftlichen Fortschritt und Emanzipation gerichtete. Reaktionäres wird selbstverständlich erschütternd viel geschmettert in diesen Tagen. Dieses Genre ist alles andere als mausetot. Aber darum geht es hier nicht.

Dass ich, wenn ich diesen Befund äußere, oft Widerspruch erfahre, bin ich gewohnt, und der Dissens ist auch meist sehr grundsätzlich. Er hat nach meiner Erfahrung vor allem damit zu tun, dass unter einem linken politischen Standpunkt inzwischen vollkommen Verschiedenes, häufig sogar sich gegenseitig Ausschließendes verstanden wird. Wir meinen vermutlich meist nicht einmal dasselbe, wenn wir dabei „Wir" sagen. Aber wie konnte es dazu kommen?

Neben dem Bezugspunkt einer besseren, weil klassenlosen Gesellschaft erhalten politische Lieder ihren entsprechenden Charakter ja immer dadurch, dass sie einen Standpunkt in den jeweiligen gesellschaftlichen Kämpfen auf dem Weg dorthin beziehen; um die Organisationsform und die Verteilung des gesellschaftlichen Mehrprodukts sowie die gesellschaftliche Gesamtreproduktion. Diese Kämpfe sind in Deutschland untrennbar mit der Traditionslinie einer jakobinischen Linken verwoben, womit die historische Verbindung gemeint ist, die von der Aufklärung über die Französische Revolution, die Vor- und Nachmärzzeit zur Gründung der SPD verläuft. Diese Linke also, die sich dann nach dem Ersten Weltkrieg gespalten und während des deutschen Faschismus in den KZs wieder gefunden hat. Und ihre Lieder, in der Tradition vom Pfeiferhänslein über „O König von Preußen", die „Freie Republik", Herweghs „Bet' und arbeit'" bis zur Microphone Mafia.

18 Vgl.: Degenhardt, Kai in: Z – Zeitschrift für marxistische Erneuerung, Nr. 97, März 2014

Das ermattete Ächzen

Im Folgenden soll nun anhand eines Überblicks über die wechselhafte Geschichte, die das politische Lied hierzulande in den letzten Jahrhunderten genommen hat, mit allen seinen reaktionären Wendungen und Windungen, der Versuch unternommen werden, anhand dieser historisch längeren Wellen ein Muster herauszuarbeiten, welches eine Positionsbestimmung für's politische Lied hier und heute ermöglicht.

Eine Rückverfolgung des politischen Liedes in bzw. auf dem Territorium des heutigen Deutschland durch die Zeiten stößt zunächst auf die Schwierigkeit seiner schriftlichen Überlieferung. Die deutschnationale Germanistik und Volksliedforschung des 19. Jahrhunderts sah in der Schaffung ihrer bürgerlichen Nationalliteratur nämlich eine primär chauvinistische Aufgabe; als ideologische Waffe gegen die „französische Fremdherrschaft", später die so genannte „Kleinstaaterei" während der feudalen Restauration ab 1815.

Der soziale Inhalt, „die Klagen, die Niemand hört, das ermattete Ächzen der Verstoßenen", worauf Herder[19] in seiner Ur-Volksliedsammlung „Stimmen der Völker in Liedern" von 1779 noch hinwies, war für den Großteil der späteren Anthologisten nebensächlich vor dem Hintergrund der nationalen Zielsetzung entsprechend der reaktionär-restaurativen, gegen die Ergebnisse der französischen Revolution gerichteten Tendenzen der deutschen Romantik.

Nach 1848, insbesondere aber mit dem Übergang zum Imperialismus in Deutschland gegen Ende des 19. Jahrhunderts, stellte sich die deutsche Volksliedforschung bis auf wenige Ausnahmen vollends in dessen Dienst und wirkte so mehr oder weniger systematisch an der Verschüttung und Verfälschung fortschrittlichen demokratischen Bewusstseins in der traditionellen Vokalmusik mit.

Dass trotzdem nach 1945, in den 1960ern hierzulande wieder damit begonnen werden konnte, demokratische, deutsche Traditionals zu singen – daran hatte einen herausragenden Anteil der aus der DDR stammende „Große Steinitz" [20]: die zweibändige Sammlung von Liedern, von Wolfgang

19 Johann Gottfried Herder: Volkslieder. Erster und zweiter Theil, Leipzig 1778 und 1779, später berühmt unter dem Titel „Stimmen der Völker in Liedern"

20 Wolfgang Steinitz: Deutsche Volkslieder demokratischen Charakters, 2 Bde. Berlin 1955 und 1962. Die hier verarbeiteten Informationen zur Geschichte des politischen Liedes sind allergrößtenteils

Steinitz mühsam ausgegraben und zusammengetragen unter dem schönen wie treffenden Titel „Deutsche Volkslieder demokratischen Charakters aus sechs Jahrhunderten". Das historische Verdienst von Steinitz kann für das, was hier Gegenstand des Aufsatzes ist, das linke politische Lied, nicht hoch genug veranschlagt werden.

Willst zu meinen Liedern deine Leier drehen

Steinitz und die meisten anderen Autoren und Musiker[21], die sich der Geschichte des politischen Liedes in Deutschland widmen, beginnen damit in der Regel in der Neuzeit, also meistens beim Deutschen Bauernkrieg oder den diesem vorausgegangenen, früheren Bauernerhebungen des 15. Jahrhunderts.

Es soll hier aber auch die ältere Tradition der mittelalterlichen Ballade nicht ganz unerwähnt bleiben, mit ihren Ablegern, z. B. dem Bänkellied, die, nicht nur in formaler Hinsicht, für die Entwicklungsgeschichte auch und gerade des politischen Liedes von nicht unerheblicher Bedeutung sind. Die Ballade selbst geht zurück auf die Troubadours, die ihre Verse musikalisch unterlegten, an den Höfen des provenzalischen Adels sangen und dabei ein ausdifferenziertes Repertoire an Minnepoesie entwickelten. Sie waren Dichter, Komponisten und Vortragskünstler in einer Person, also gewissermaßen die Urahnen der Singer-Songwriter und Liedermacher unserer Tage. Diese frühen Lieder und Balladen waren allerdings sehr artifiziell und ausschließlich für ein exquisites, höfisches Publikum kreiert.[22] Dennoch war neben dem Minnesang (Liebeslyrik) auch Politik darin ein Thema. Genannt seien hier beispielhaft Walther von der Vogelweide (1170–1230) mit seinem frühen Spottlied auf den Papst oder Neidhardt von Reuental (erste Hälfte des 13. Jahrhunderts) mit seinem kreuzzugskritischen „Kreuzlied", das vielleicht als das früheste, bekannte Antikriegslied gelten kann.

Mit Beginn der Renaissance, als die hochkulturelle Dichtung vor allem nach Idealen in der Antike suchte, und die Kunstmusik in erster Linie der Kirche verpflichtet wurde, ging diese Balladen-Tradition gewisser-

diesem Werk entnommen.

21 Z. B. Schmetterlinge, Proletenpassion (1977), 2 CDs (Membran/Sony)

22 Vgl. hierzu ausführlich: Thomas Quasthoff, Ach hört mit Furcht und Grauen, Berlin 2007, S. 28 ff.

maßen in den Untergrund: in die Schänken und Kaschemmen, auf die Landstraßen und Marktplätze, wo sie als Bänkelsang von Spielleuten und Vaganten vorgetragen und so zur Alltagskultur, der Volksballade wurde. Sie „überwinterte" dort während der folgenden Bauernaufstände und deren Verfolgung, der Reformation und dem Dreißigjährigen Krieg.

Dass wir die Pfaffen nicht zu Tod soll´n schlagen

Fragt man die Deutschen nach einem Lied aus dem Bauernkrieg, fällt meist der Titel „Wir sind des Geyers schwarzer Haufen". Das und viele andere sind aber erst Anfang des 20. Jahrhunderts entstanden und wurden dann als Lieder der Bündischen Jugendbewegung bekannt. Hinweise auf Original-Lieder der aufständischen Bauern von 1525 und davor findet man im Grunde nur in der Literatur und in historischen Quellen, die davon berichten. So muss es auch damals ein Lied auf den „Armen Konrad" gegeben haben, und auch aus der frühen Bauernerhebung um den Viehhirten Hans Böhm aus Niklashausen, auch Pfeiferhänslein genannt, wird in den historischen Quellen von einem Lied berichtet, das die Aufständischen sangen, von dem sich nur die Strophe erhalten hat: *„Wir wollens Gott vom Himmel klagen/dass wir die Pfaffen nicht zu Tod solln schlagen."* Sehr viel mehr ist aus der Zeit gar nicht überliefert.

Nach der Niederlage der Bauern im Jahr 1525 wurden ihre Lieder nämlich von den Siegern mit wütendem Hass verfolgt, so dass sich nur Bruchstücke davon in historischen Gerichts- und Folterprotokollen erhalten haben. Von daher ist auch zu erklären, dass zahlreiche die Bauern schmähende Lieder der siegreichen Herren und ihrer Landsknechte überliefert wurden, aber nur ganz wenige der kämpfenden Bauern und städtischen Plebejer. Diese Lieder hatten aber ganz offenkundig eine sehr mobilisierende Rolle für die Kämpfenden gespielt, denn die Fürsten versuchten um jeden Preis die Verfasser der Lieder zu ermitteln und physisch zu vernichten.[23]

Ebenso wie die Landsknecht-Heere die Schlachten gegen die Bauern gewannen, gewannen auch ihre Lieder gegen die revolutionären Lieder, die nicht verbreitet wurden. So entwickelte sich ein Strang deutscher Vokalmusik-Tradition, aufgegriffen von den Romantikern und zur romantischen

23 Wolfgang Steinitz, Deutsche Volkslieder demokratischen Charakters aus sechs Jahrhunderten (Gekürzte Ausgabe), West-Berlin 1978, S. 45

Blüte entwickelt von der deutschen Jugendbewegung. Die Liederbücher der Bündischen sind voll mit Landsknecht-Liedern. Die Sieger haben also nicht nur – wie immer – die Geschichte geschrieben, sie haben auch dem Volk ihre Musik aufgedrückt und die der Verlierer ausgerottet. Wenn man heute originale Töne aus dem Jahr 1525, insgesamt des 16. Jahrhunderts, hört, die sich irgendwo erhalten haben, so sind das die Töne der militärischen Sieger, der Landsknecht-Armeen, oder der ideologischen Sieger, der lutherischen Kirche. Diese hat von Anfang an ihre Lieder in Büchern verbreitet. [24]

Der frühe, revolutionäre „Traum von einer Sache" blieb also auf der Strecke, und es begann eine lange Durststrecke, auch für das politische Lied in Deutschland.

Es geht ein Schnitter

Erhalten und überliefert sind danach zunächst v. a. Bauernklagen, Lieder der Dorfarmut und andere im weitesten Sinne sozialkritische Lieder der städtischen Kleinbürger und Handwerksgesellen. Die machtpolitischen Kämpfe der Aristokratie um die Vormachtstellung in Europa während des Dreißigjährigen Krieges (1618–1648) wurden auf dem Territorium des heutigen Deutschland mit besonderer Brutalität ausgetragen und natürlich immer auf dem Rücken der Bauern und der plebejischen Schichten der Städte. Lebendig blieben aus dieser Zeit einige Lieder der Soldaten gegen Söldnerdienst und Krieg wie „Es geht eine dunkle Wolke" oder „Wir haben im Felde gestanden".

Aus der zweiten Hälfte des 17. Jahrhunderts stammt das Stück „Ich bin ein freier Bauersknecht", in dem es gleich zu Beginn heißt: *„Ich bin ein freier Bauersknecht/ob schon mein Stand ist eben schlecht/so deucht ich mich doch wohl so gutals einer an dem Hofe tut"*[25], was zu dieser Zeit bemerkenswert radikal war.

Die Fürsten der deutschen Kleinstaaten um 1700 herrschten nämlich unumschränkt und weitestgehend ohne ständische Institutionen. Gottesgnadentum des Adels und unbedingter Gehorsam der ländlichen wie

24 Walter Moßmann/Peter Schleunig, Alte und neue politische Lieder, Reinbek bei Hamburg 1978, S. 121ff., 162

25 Z. B. auf: Zupfgeigenhansel, Volkslieder II, CD (Polk/Pool Music)

städtischen Untertanen kennzeichneten diese Epoche des Absolutismus. Auch wenn frei konkurrierende Kapitalisten darin schon ein bisschen ihren Geschäften nachgehen durften, Hof und Noblesse herrschten quasi ohne Einschränkung. Hofstaat und ein eigenes Heer gehörten zur Machtentfaltung jedes Winkelfürsten, der die Gelder dafür von seinen Landeskindern abpresste und diese im Gegenzug mit Folter und Prügel in seine Privatarmee zwang. „O König von Preußen" entstand in dieser Zeit wie auch das Lied „Mit List hat man mich gefangen", das diese Zwangsrekrutierungen beschreibt und anklagt.

An dieser Stelle sei noch einmal daran erinnert, dass die Volksballade in Form des Bänkelsangs durch die Jahrhunderte hindurch weiter wirkte – als eine Art frühes Nachrichtenportal gewissermaßen. Die Bänkelsänger zogen bis ins 19. Jahrhundert von Ort zu Ort, um auf Markplätzen und Jahrmärkten, in den Straßen und Schänken von historischen Ereignissen und Schauergeschichten zu berichten. Während des Vortrages stellte sich der Bänkelsänger auf eine kleine Bank, das Bänkel, und zeigte dabei mit einem langen Stab auf eine Bildtafel mit Zeichnungen, die seine gesungene Moritat (kommt von „Mordtat") illustrierten. Musikalisch begleitet wurde das Ganze mit Drehleier, Violine oder Laute, später auch mit der Drehorgel.

Sicher, eine Ballade ist nur eine Liedform, und es soll hier nicht das Genre als etwas dem politischen Lied Verschiedenes ins Spiel gebracht werden, nur: Die zu Musik erzählten oder gesungenen Geschichten, Reportagen oder Räuberpistolen können, auch ohne explizit-sozialkritischen Inhalt, oppositionellen oder agitatorischen Vortragsgestus, durchaus aufklärend, ja sogar emanzipatorisch-aufrührerisch gewirkt haben.

Ça ira

Das intellektuelle Bürgertum zur Zeit des Absolutismus entwickelte in Opposition dagegen im 17. und 18. Jahrhundert die Philosophie der Aufklärung. Im Unterschied zu Frankreich fehlte aber auf dem Territorium des heutigen Deutschland ein einheitlicher Nationalstaat, so dass die fortschrittlichen Ideen der Aufklärung sich nicht in einer einheitlichen großen Bewegung gegen den Absolutismus verbanden. Erst die Auswirkungen der Französischen Revolution (1789–95) brachten die Dinge – gewissermaßen als Heckwelle – auch im zerstückelten Deutschland in Bewegung: Es kam zu Aufständen von Handwerkern, Lohnarbeitern, Bauern und Bürgern am Ober- und Mittelrhein, in der Pfalz, in Trier, Köln und in Sachsen. In Mainz gründeten die Bürger eine freie Republik.

Diese Rebellionen wurden immer wieder niedergeschlagen, und fürchterliche Strafen wurden gegen die Aufständischen verhängt. Der Gedanke aber von einer nationalen Einigung hatte in diesen Kämpfen Kraft gewonnen. Die Version des Lieds „Die Gedanken sind frei“[26] mit der folgenden Strophe stammt aus dieser Zeit kurz vor 1800: *„Ja fesselt man mich/im finsteren Kerker so sind doch das nur/vergebliche Werke/Denn meine Gedanken/zerreißen die Schranken/und Mauern entzwei/die Gedanken sind frei.“*

Mit dem Sieg der antinapoleonischen Koalition und der Restauration nach dem Wiener Kongress ab 1815 nahm dann aber wieder endgültig die Konterrevolution ihren repressiven Verlauf: Das Metternichsche Unterdrückungs-System wurde installiert und 1819 die Karlsbader Beschlüsse erlassen, die das Verbot der öffentlichen schriftlichen Meinungsfreiheit dekretierten sowie die Überwachung der Universitäten, die Zensur der Presse, Entlassungen und Berufsverbote für liberal und national gesinnte Lehrer und Professoren auslösten. Sehr schlechte Zeiten also mal wieder fürs politische Lied in Deutschland.

33 Jahre

Die Julirevolution in Frankreich 1830 löste in einigen deutschen Staaten im Gegenzug, trotz der starken Unterdrückung, emanzipative, politische Wellen aus: Die demokratische Bewegung wuchs in ganz Deutschland an und fand im Mai 1832 auf dem Hambacher Fest der Republikaner ihren Höhepunkt, auf den dann wieder eine verschärfte Verfolgung durch Metternich und die verschiedenen deutschen Regierungen folgte.

„Fürsten zum Land hinaus!“ [27] heißt ein überliefertes Lied aus dieser beginnenden Vormärz-Zeit kurz vor dem Hambacher Fest, in dem Strophe für Strophe die deutschen Kleinfürsten aufgezählt und bildlich verjagt wurden, bis es heißt: *„Nun ist im Lande Raum:/pflanzet den Freiheitsbaum./Hoch!“*

---

26 Z. B. auf: Diverse, Die Gedanken Sind Frei. One Song, CD (Hörwerk/Buschfunk)

27 Z. B. auf: Dieter Süverkrüp, 1848, Lieder der Deutschen Revolution, CD (Conträr/Indigo)

Unter der Verfolgung Metternichs entstanden in Deutschland Geheimgesellschaften, die zum Teil ihre Kräfte wohl stark überschätzten und sich von einer putschistischen Taktik Erfolg erhofften. Ein solcher Versuch war der Sturm auf die Frankfurter Wache durch eine Studentengruppe am 3. April 1833, der – wie so oft in der Geschichte – vorher verraten und von der Reaktion niedergeschlagen wurde. Die Studenten wurden verurteilt und eingesperrt. Aus diesem Zusammenhang stammt das Lied der „Freien Republik" – „In dem Kerker saßen/zu Frankfurt an dem Main …", das in diversen Varianten überliefert ist. Unter anderem auch in der als „Heckerlied"[28] bekannten Version von nach 1848, in der es heißt: „Ja, dreiunddreißig Jahre/währt die Knechtschaft schon/nieder mit den Hunden/von der Reaktion!" Die 33 Jahre beziehen sich dabei auf die Zeit zwischen dem Wiener Kongresses 1815 und der 1848er-Revolution.

Nur beispielhaft für die Vormärz-Lieder sei hier noch „Das Blutgericht"[29] genannt, das berühmte schlesische Weberlied, dessen wichtige Rolle bei der Auslösung des Weberaufstands in Gerhart Hauptmanns „Die Weber" (1892) herausgearbeitet wurde. Karl Marx bezeichnete das Weberlied als „kühne Parole des Kampfes, worin […] das Proletariat sogleich seinen Gegensatz gegen die Gesellschaft des Privateigentums in schlagender, scharfer rücksichtsloser, gewaltsamer Weise herausschreit."[30] Genau wie nach dem Bauernkrieg wurde von preußischer Seite polizeilich nach dem Verfasser des „Blutgerichts" gefahndet, so dass man die Überlieferung des Texts auch hier nur aus den damaligen Polizeiakten kennt. Der Volksdichter blieb unentdeckt, aber das Lied wurde weiter gesungen.

Den Vormärz-Zyklus gewissermaßen abschließend, schrieb Ferdinand von Freiligrath im Juni 1848 sein bekanntes „Trotz alledem"[31]: *„Das war 'ne heiße Märzenzeit/trotz Regen, Schnee und alledem!/Nun aber, da es Blüten schneit/Nun ist es kalt, trotz alledem!"*

---

28 Z. B. auf: ewo2, Avantipopolo 2, CD (Jump Up/ plattenbau)

29 Z. B. auf: Dieter Süverkrüp, a.a.O.

30 Karl Marx, Kritische Randglossen zu dem Artikel „Der König von Preußen und die Sozialreform. Von einem Preußen", in: Marx-Engels-Werke, Bd. 1, Berlin 1956, S. 404

31 Z. B. auf: Hannes Wader, Singt Arbeiterlieder, CD (Mercury/Universal)

Bet' und arbeit'

Die Lehre aus der niedergeschlagenen Revolution von 1848 war – zumindest für die sozialistischen Kräfte, die sich nun politisch und strategisch vom Bürgertum abzuspalten begannen –, dass es sich ohne eine schlagkräftige eigene Klassen-Organisation nicht erfolgreich kämpfen lässt. Im Mai 1863 schlossen sich elf Arbeitervereine unter der Führung von Ferdinand Lassalle zum „Allgemeinen Deutschen Arbeiterverein" zusammen, der Keimzelle der späteren SPD. Lasalle bat den Dichter und März-Revolutionär Georg Herwegh um ein „kämpferisches, zugkräftiges ‚Bundeslied'", und es entstand „Bet' und arbeit'"[32], das erste Lied der politisch organisierten deutschen Arbeiterbewegung.[33]

Es fehlt an dieser Stelle der Raum, näher auf die Geschichte der Lieder der Arbeiterbewegung einzugehen. Hierzu bedürfte es einer eigenen Abhandlung. Nur *ein* besonderes Lied sei hier noch erwähnt, weil es einfach nicht fehlen darf: Eugène Poitier, der 1871 Mitglied der Pariser Commune war, die nach nur 70 Tagen blutig und brutal niedergeschlagen wurde, schrieb unmittelbar danach das Kampflied der Arbeiterklasse schlechthin: „Die Internationale". Der ursprüngliche, französische Text bezog sich auf die Internationale Arbeiterassoziation, die Erste Internationale, also den ersten länderübergreifenden Zusammenschluss von verschiedenen, politisch divergierenden, internationalen Gruppen der Arbeiterbewegung, die Streiks von London aus koordinierte und auch finanziell unterstützte. Erst etwa 30 Jahre später wurde „Die Internationale" auch außerhalb Frankreichs bekannt. Die bekannte Übersetzung bzw. Nachdichtung ihrer ersten beiden sowie der letzten Strophe ins Deutsche schrieb Emil Luckhardt.

Auf, auf zum Kampf

Nach der historisch einschneidenden Zäsur des Ersten Weltkriegs – 17 Millionen Tote, 20 Millionen Verwundete in vier Jahren Krieg – des „Zusammenbruchs der alten Welt" und der Oktoberrevolution in Russland 1917 ergab sich für viele – nicht nur für die sozialistische Arbeiterbewegung – bald nur noch die Alternative zwischen Sozialismus oder Barbarei.

---

32 Z. B. auf: ewo2, a.a.O.

33 Karl Adamek, Lieder der Arbeiterbewegung, Frankfurt/M. 1981, S. 98

Nach dem Ende des Ersten Weltkriegs 1918 war die Deutsche Revolution mit Hilfe der reaktionären Freikorps, aus denen später SA und SS entstehen sollten, blutig niedergeworfen worden. Die revolutionäre Periode dauerte jedoch noch bis 1923 an. Die wichtigen Brennpunkte hießen: Januarkämpfe in Berlin mit der Ermordung von Liebknecht und Luxemburg, Bremer und Münchner Räterepublik 1919, Kapp-Putsch, Generalstreik und Ruhraufstand 1920, Niederschlagung der Märzkämpfe in Mitteldeutschland („Leunalied") 1921 und Hamburger Aufstand („In Hamburg fiel der erste Schuss") 1923. Weitere wichtige Lieder aus der Zeit sind, um nur einige zu nennen: „Der Kaiser hat in' Sack gehau'n", „Das Büxensteinlied" oder „Auf, auf zum Kampf", allesamt entstanden unter dem starken Einfluss der gerade erst gegründeten KPD. Diese Lieder gingen spontan aus den Kämpfen des Proletariats hervor, entsprangen direkt aus den Bedürfnissen der politischen Aktion und wirkten bei den von den Arbeiterorganisationen geführten Kämpfen, diese unterstützend, unmittelbar zurück – *Agitprop at it's best.*

Besondere Bedeutung in der politischen Auseinandersetzung erhielten dabei die roten Spieltruppen der Arbeiterkultur-Bewegung, die rasch auf aktuelle Ereignisse reagierten und in ihren Liedtexten die Zeit sehr lebendig widerspiegelten. Brecht, Weinert, Mühsam, Tucholsky, Eisler und andere stellten sich an die Seite der Agitpropbewegung und verhalfen ihr zu einer künstlerischen und politischen Wirksamkeit. „Das Solidaritätslied" (Brecht/Eisler) oder „Das Stempellied" (David Weber/Eisler) sind Beispiele hierfür.

Nur am Rande sei angemerkt, dass es gerade in den 1920ern wieder eine enge Wechselbeziehung zwischen dem politischen Lied und dem alten Bänkelsang gab. Kabarettisten und Schriftsteller wie Klabund oder Wedekind griffen auf Stilelemente von Moritat und Bänkelsang zurück und befassten sich mit den aktuellen Kriegsgräueln sowie den sozialen Missständen der kapitalistischen Lebenswelt ihrer Zeit, so z. B. in der „Ballade des Vergessens" (Klabund) oder „Brigitte B." (Wedekind). Auf diesem Weg folgten später Brecht/Weill mit der „Dreigroschenoper". Bei der „Moritat von Mackie Messer" wurden zur Uraufführung 1928 alle Zutaten des Bänkelsangs sogar in Szene gesetzt.

Der Song „Der Rote Wedding“ (1929) von Erich Weinert und Hanns Eisler steht musikalisch beispielhaft für die späte Phase der Weimarer Republik und die Auseinandersetzung der kommunistischen Arbeiter mit der faschistischen Bewegung, die in Italien schon 1922 an die Macht gekommen war. „Das Einheitsfrontlied“ von Bert Brecht und Hanns Eisler markiert inhaltlich bereits den Bruch nach 1933 – den Kampf gegen den Faschismus, der nun auch in Deutschland an der Macht war.

Von „Spaniens Himmel“ zu den „Moorsoldaten“

Aus der Zeit des Faschismus gibt es von linker Seite schon bald – außer den Liedern aus dem Spanischen Bürgerkrieg – nicht mehr viel zu singen. Viele Künstler wurden in die Emigration gezwungen; Bücherverbrennungen, Verfolgung, Verhaftungen, Folter – ich spare die Einzelheiten aus. Es sind zwar einige Widerstandslieder auch aus dieser Zeit überliefert – beispielhaft natürlich das „Moorsoldatenlied“ der politischen Häftlinge aus dem KZ Börgermoor – aber spätestens 1939 mit der Kapitulation von Madrid und dem Beginn des Zweiten Weltkriegs ist eine Niederlage der Linken – der Bürgerlichen wie der Arbeiterbewegung – von historischem Ausmaß besiegelt; mit Verbrechen und Katastrophen, die die Menschheit zuvor so noch nicht gekannt hatte. Der deutsche Faschismus stellt in den folgenden Jahren alles in den Schatten, was es je zuvor an Grausamkeit in der Geschichte gegeben hat.

Aber es ist nicht etwa so, dass während der Nazizeit nicht gesungen oder keine Musik gespielt wurde. Im Gegenteil: Von morgens bis abends – vor allem deutsche Volksmusik und gar nicht mal so viele direkt faschistische Songs. Auch Lieder der Deutschen Jugendbewegung, des Wandervogel oder auch das ein oder andere, nur leicht umgetextete Arbeiterlied. Und: Deutschland war nicht nur „der Ort, an dem es möglich gewesen war, dass es KZ-Kommandanten gab, die wunderbare Bach-Konzerte spielen konnten.“[34] Es ist auch mündlich überliefert, dass Angehörige der Waffen-SS regelmäßig nach ihren Erschießungskommandos gern ein altes Volkslied gesungen haben: *„Es dunkelt schon in der Heide/nach Hause lasst uns geh'n/wir haben das Korn geschnitten/mit unserem blanken*

34 Rolf Clemens Wagner, „Wir wollten den revolutionären Prozess weitertreiben“ (Interview), in: junge Welt vom 18.10.2007, S. 8

Schwert.“ – sechs Millionen ermordete Juden, 25 Millionen Tote allein in der Sowjetunion.

Nach 1945 waren dann sämtliche deutschsprachigen Lieder, welcher Art auch immer – ob Arbeiterlied oder hergebrachtes Volkslied – zunächst nicht mehr singbar. Man spricht in diesem Zusammenhang auch von der „adornitischen Schweigezeit“, benannt nach dem Theoretiker der Frankfurter Schule, der in den 1950ern gegen die Apologeten einer reaktionären „Jugendmusik“ gesagt hat: „Nirgends steht geschrieben, dass Singen not sei.“[35]

Das Neue politische Lied

Es wurde trotzdem – die Geschichte ging ja weiter – schon bald wieder gesungen. Im Westen Deutschlands blühte bald der Wirtschaftswunder-Nachkriegsschlager von Freddy, Peter und Conny – „Brennend heißer Wüstensand“ und „Zwei kleine Italiener“ –, etwas später auch geschmettert vom heute wieder so angesagten blonden Heino mit der dunklen Brille.

In der DDR war das anders. Das überlieferte politische Lied spielte dort im Alltag eine nicht unbedeutende Rolle: In der Schule, der Partei, den Jugendorganisationen, nicht zuletzt bei den öffentlichen Demonstrationen und Festveranstaltungen, die hier keinen protestierenden Charakter hatten, wurde es gesungen. Die Werke der sozialistischen und kommunistischen Emigranten wie Brecht, Becher oder Eisler waren in der DDR lebendig und wurden von offizieller Seite als kulturelles Erbe gepflegt. Das Wirken der so genannten Singbewegung, die in der DDR in den 1960ern entstand, die Biermann-Ausbürgerung und auch die später aus der Singbewegung hervorgegangen dissidenten Sänger und Sängerinnen wie z. B. Bettina Wegner oder Stephan Krawczyk, auch die DDR-Punkrockszene, verdienten sicherlich ein eigenes, umfangreiches Kapitel, das hier aber nicht geschrieben werden kann, weil erstens der Raum dazu fehlt und zweitens ich davon zu wenig Ahnung habe.[36]

Das politische Lied in den 40 Jahren des Bestehens der DDR stellt aber auch eine territorial abgegrenzte und historisch abgeschlossene Sonderpe-

35 Theodor W. Adorno, Kritik des Musikanten, in: Ders., Dissonanzen. Musik in der verwalteten Welt, Göttingen 1956, S. 75

36 Ausführlicher dazu z.B.: Holger Böning, Der Traum von einer Sache, Bremen 2004, S. 185 ff.

riode für das Genre dar. Zum ersten und einzigen Mal in der Geschichte wurde das protestierende, obrigkeitsferne und zumindest tendenziell zum Sturz des Bestehenden aufrufende politische Lied an einen Staat und seine Institutionen gekoppelt. Dies mit allen Abhängigkeiten, Instrumentalisierungen und Schikanen innerhalb der Kulturkämpfe des Kalten Krieges wie der späteren Entspannungspolitik, während sich gleichzeitig eine eigene, oppositionelle Kultur innerhalb des Staatswesens des realen Sozialismus entwickelte. Es bedürfte also wirklich einer ganz eigenständigen Abhandlung.

In der BRD entstanden ab Ende der 1950er mit den ersten Ansätzen einer außerparlamentarischen Bewegung gegen Wiederbewaffnung, Atombombe und NATO-Beitritt auch wieder neue politische Lieder, und zwar aus dem Umfeld der damals bereits verbotenen KPD. Dieter Süverkrüp, Fasia Jansen und Gerd Semmer sind hier zu nennen und natürlich der Song „Unser Marsch ist eine gute Sache“ von Hannes Stütz.

Durch den folgenden Aufschwung der Linken in der APO-Zeit wurde die adornitische Schweigeperiode endgültig beendet und es wurden neue Ansätze einer linken politischen Vokalmusik entwickelt. Einen richtigen Durchbruch fürs politische Lied in der BRD stellten dabei die ab 1964 ausgerichteten Open-Air-Festivals *Chanson Folklore International* auf der Burg Waldeck dar – dem Heimatplaneten der politischen Liedermacherei der BRD: Degenhardt, Moßmann, Hüsch, Süverkrüp, Wader – sie alle hatten ihre frühen Auftritte auf der Burg Waldeck.

1967 radikalisierte sich die Bewegung – auch die Lieder auf der Waldeck –, und als sich die Szene dort während des letzten Festivals 1968 überhitzte, sich spaltete und es zum Eklat kam mit dem berühmten Spruch: „Stellt die Gitarren in die Ecke und diskutiert“, explodierte der Heimatplanet. Nicht aber das politische Lied. Im Gegenteil: Es bekam in der Folgezeit sogar einen erstaunlichen Publikums-Zulauf und färbte dabei ab auf angrenzende Genres: Folk- und Rockmusik mit stark politischen Texten von *Floh de Cologne* bis *Ton Steine Scherben*, die *Schmetterlinge* bis *Lokomotive Kreuzberg*. Auch die Punkbewegung von Ende der 1970er/Anfang der 1980er entwickelte eine bisweilen sehr radikale, aber eher bürgerlich-anarchistische, also klassenindifferente Sprache.

Mit dem Ende der linken Vorwärtsepoche erreichte das politische Lied Anfang der 1980er in Deutschland dann kurzzeitig sogar ein so weder vorher noch danach je dagewesenes Massenpublikum, mit entsprechender Resonanz auch in den bürgerlichen Medien. Die neoliberale Wende, die hierzulande u.a. mit dem NATO-Doppelbeschluss eingeläutet wurde, brachte ein breites, außerparlamentarisches Bündnis – von autonomen Gruppen bis zu bürgerlichen Christen – dagegen auf die Straße. Bei den großen *Künstler-für-den-Frieden*-Konzerten, z. B. in der Dortmunder Westfalenhalle oder dem Bochumer Ruhrstadion sowie den beiden großen Demonstrationen im Bonner Hofgarten von 1981 und 1982, traten vor mehreren hunderttausend Zuschauern neben etablierten Popstars wie Udo Lindenberg oder Peter Maffay, Vertretern der bürgerlichen Hochkultur von Heinrich Böll bis Joseph Beuys und internationalen Stars wie Harry Belafonte oder Joan Baez eben auch Liedermacher mit einem dezidierten Klassenstandpunkt auf – wie Wader, Degenhardt oder Süverkrüp.

Es handelte sich dabei aber, gerade in Bezug auf die potentielle Größe des Publikums, um eine historische Ausnahmesituation für's politische Lied, welche auch vor dem Hintergrund der Existenz eines sozialistischen Machtblocks und der damit zusammenhängenden Bedeutung der Kommunistischen Partei für die damaligen Auseinandersetzungen, trotz geringer Mitgliederzahlen, zu erklären ist[37]. Der Preis, der für die vielbeschworene „Bündnisfähigkeit" in ästhetischer wie politischer Hinsicht zu zahlen war, ist ebenso bemerkenswert: Die dominierenden linksbürgerlichen Kräfte der Bewegung hielten – entgegen der historischen Erfahrung – den Imperialismus grundsätzlich für friedensfähig und die Versöhnung von Kapital und Arbeit für machbar. Dass sich das engagierte Lied also gerade zur Zeit seiner kurzzeitigen Hochkonjunktur, zu Beginn der 1980er, im Sog der Friedens- und der *Neuen Sozialen Bewegungen* zu entpolitisieren begann, kann nicht ganz überraschen.

Im Song „Lullaby zwischen den Kriegen" von 1982 hat Franz Josef Degenhardt diese kurze Phase ironisch wie treffend verdichtet: *„Die Unterschriftsliste ist sicher schon voll/dann treibt es Herr Reagan nicht mehr so toll."* [38]

---

37 David Salomon, Repolitisierung der Kunst?, in: Z – Zeitschrift für marxistische Erneuerung, Nr. 96 (Dezember 2013). S. 75

38 Franz Josef Degenhardt, Lullaby zwischen den Kriegen, CD (Polydor/Universal)

Nach der Niederlage

Die weltweite politische Niederlage der Linken von 1989/1991 bewirkte schließlich den Verlust dieser zeitweiligen, fast kulturell hegemonialen Stellung des linken politischen Lieds – ja, sogar beinahe das völlige Verschwinden linker Positionen in der Ästhetik überhaupt. Die soziale Frage wird in der zeitgenössischen Vokal-Musik seitdem nicht mehr klassenkämpferisch, sondern bestenfalls durch Randgruppenpolitik angegangen. Dies gilt bis heute. Trotz der im Jahr 2007 ausgebrochenen großen kapitalistischen System-Krise, die immer mehr von den sozialen Errungenschaften der „goldenen Nachkriegsjahre" auch hierzulande abräumt und die riesige Bevölkerungsteile Südeuropas längst an den Rand des sozialen Abgrunds – bisweilen weit darüber hinaus – gestoßen hat.

Linke politische Liedermacher gibt es nur noch in wenigen geschützten Reservaten. Dort haben sie zumeist wenig Öffentlichkeit – ohne jede Zensur durch Privatradio- und Fernsehen –, eben weil der notwendige Resonanzboden einer auch nur in Ansätzen vorhandenen außerparlamentarischen Bewegung fehlt. Die früher noch politische Pop- und Rockmusik behauptet heute nicht einmal mehr Dissidenz zu irgendetwas, beschränkt sich auf Tierschutz, Konsumkritik und Urheberrechts-Gegnerschaft im Internet.

Die zeitgenössische deutschsprachige Vokalmusik ist längst wieder da angekommen, wo die Burg-Waldeck-Festivals Anfang der 1960er mal – ex negativo – ihren Ausgangspunkt genommen haben: im Schlagerparadies.

Es ist, gerade im Rückspiegel von heute aus gesehen, unverkennbar, dass wir erneut in einer jener Nachmärzzeiten nach politischen Niederlagen der Linken leben – und dies nun schon seit einem Vierteljahrhundert. Dabei entsteht der Eindruck, dass viele die Niederlage noch immer nicht als eine solche begriffen haben oder – aus welchen Gründen auch immer – ihr Ausmaß jedenfalls nicht wahrhaben wollen: Das frühere „Wir" der Gemeinschaft aus bürgerlichen Kriegsgegnern und Antifaschisten, studentischer Linken und gewerkschaftlicher Arbeiterbewegung wurde Stück für Stück ersetzt durch das heute verbindliche „Wir" einer „westlichen Wertegemeinschaft", das sich auf zivilisatorische Errungenschaften wie Rechtsstaat, Gewaltenteilung und parlamentarische Demokratie beruft, die barbarischen Kollateralschäden von Hiroshima über Vietnam bis Abu Ghraib aber nur zu gern verschweigt. Den Müll trennen, „die Welt zu Gast bei Freunden“ einladen, gleichzeitig massenhaft Flüchtlinge ausfliegen; dabei fühlen sich viele Neu- und einige Ex-Linke sogar noch als sehr Anti-Establishment, wenn sie alte Vinyl-Schallplatten hören und für einen nachhaltigen Imperialismus ‚with a human touch‘ und ausgeglichener CO2-Bilanz eintreten.

Navigation bei Nacht und Nebel

Das ist die Lage, und man muss nicht gleich mit Georg „Nostradamus“[39] Fülberth der Produktionsweise des Imperialismus noch 500 Jahre Leben bescheinigen[40], um zu erkennen, dass sie niederschmetternd ist. Aber die Geschichte geht auch jetzt weiter – und immer noch als eine von Klassenkämpfen. Die Kräfteverhältnisse, von denen wir dabei auszugehen haben, sind mit ungünstig noch sanft beschrieben. Das Ungleichgewicht der potentiellen Waffen scheint dabei so krass wie niemals zuvor in der Geschichte.

Den Versuch unternehmen, dies trotzdem wieder zu wenden, ist natürlich in erster Linie eine politische und keine musikalisch-ästhetische Aufgabe von Linken. Damit die Übriggeblieben sich dabei aber nicht nur die schönen alten politischen Lieder aus den längst vergangenen Tagen vorsingen, könnte man zur Abwechslung auch mal wieder über den nationalen Tellerrand schauen.

Um in den 1960ern die legendären *Festivals Chanson International* zu veranstalten, musste damals erst wieder eine deutsche Sprache für zeitgenössische Lieder gefunden werden. Auf der Burg Waldeck wurde Theodorakis gesungen, Phil Ochs und Odetta spielten sogar live auf der Burg. Viele deutsche Liedermacher machten Umwege über internationale Adaptionen, aus denen sie ihre jeweils eigenen Richtungen entwickelten.

Heute brennt die Welt an fast allen Ecken und Enden, nur in Deutschland ist so gut wie nichts los auf den Straßen. Es wäre spannend zu hören, was die Kolleginnen und Kollegen in der Türkei, in Portugal, in Spanien, in Brasilien so machen, wo und was sie singen in den Straßen und auf den besetzten Plätzen. Welche Art von Liedern begleiten die gegenwärtigen

39 So Peter Hacks scherzhaft in seiner Replik: Georg Nostradamus oder Professor Fülberths Vorhersage, in: Ders.: Am Ende verstehen sie es, Berlin 2005, S. 53 ff.

40 Georg Fülberth, Kurze Sprünge, in: konkret (4/2000)

Kämpfe, die Streiks und Demonstrationen von Santiago de Chile bis Dublin? Ein internationaler Austausch könnte wichtige Perspektiven für uns hier aufzeigen, Solidarität herstellen und vielleicht einen Lernprozess initiieren.

Eine Schwierigkeit dabei wird sicherlich bleiben, dass das politische und auch das poetische Vokabular in linken Zusammenhängen in schwere Unordnung geraten sind. Nicht nur, dass „einen Teil unserer Wörter der Feind bis zur Unkenntlichkeit" verdreht hat [41], wie Brecht dies schon in einem seiner Svendborger Gedichte in den 1930er Jahren auf den Punkt brachte. Auch bekannte, mitunter bewährte ästhetische Mittel – Metaphern, Stilmittel, Ausdrucksformen, poetische Tricks usw. – taugen in dem Moment nicht mehr, wo die Sender-Kodierung und der Empfängerhorizont zu weit auseinandergedriftet sind. Es ist ja so, dass viele der übrig gebliebenen Linken von lebensgeschichtlichen Erfahrungen und historischen Sichtweisen auf die Epoche ausgehen, die von jüngeren Generationen wie mit einer dichten, kaum durchdringbaren Nebelwand geschieden sind. Das darf man selbstverständlich nicht auf sich beruhen lassen. Es wird aber schwer werden, und es muss viel daran gearbeitet werden, diesen Nebel zu lichten.

In den Künsten, die diese Bemühungen begleiten – so auch beim politischen Lied – geht es dabei mal wieder um nicht mehr und nicht weniger als die guten, alten Schwierigkeiten mit dem Realismus; nicht als Formsache, sondern als grundsätzliche ästhetische Methode.

Daran gilt es weiter zu arbeiten. Was denn sonst?!

41 Bertolt Brecht, An den Schwankenden, in: Die Gedichte, Frankfurt/M. 1981, S. 678

Anneliese Fikentscher

Arbeiterfotografie: Die *Weiterentwicklung* eines Erbes – Mit historischen Augen sehen

„Politisches Bewusstsein, meine Damen und Herren, ist genau das, was die Arbeiterfotografie seit nunmehr 80 Jahren auszeichnet und deren Bewegung dereinst hier in Erfurt ihren Anfang nahm." Das sagte der Schirmherr und Oberbürgermeister von Erfurt, Andreas Bausewein, zum 80sten Jahrestag der historischen Arbeiterfotografie, die 1927 in Erfurt ihren Gründungsort hatte. Was sich auch immer in 35 Jahren neuer Verbandsgeschichte (seit Gründung 1978) geändert hat, eins bleibt: Der Auftrag zur Aufklärung über die kritikwürdigen Zustände, die zu sozialer Ungerechtigkeit und politischer Ausgrenzung führen, und gleichzeitig die Aufzeigung der Perspektive für ein menschenwürdiges Leben.

Wenn wir heute auf die nur rund sechs Jahre – von 1927 bis 1933 – bestehende Vereinigung der Arbeiterfotografen Deutschlands (VdAFD) blicken, stellen wir mit Erstaunen fest, mit welch klarem Blick die politische Entwicklung von Mitgliedern der Organisation gesehen worden ist. Einer ihrer führenden Köpfe, Eugen Heilig, war schon während des Ersten Weltkriegs fotografisch aktiv und kommentierte ihn in eindrucksvollen Bildern. Walter Ballhause, Ehrenmitglied des heutigen Bundesverbands Arbeiterfotografie, dokumentierte von 1930 bis 1933 die Zeit des heraufziehenden Faschismus in überwältigender Klarheit. Der Essener Krupparbeiter Theo Gaudig, ebenfalls Ehrenmitglied des heutigen Bundesverbands Arbeiterfotografie, notierte in sein Tagebuch in Sachen Bewilligung der Kriegskredite am 4.8.1914 zur Zustimmung der sozialdemokratischen Reichstagsfraktion zu den von der kaiserlichen Regierung geforderten Kriegskrediten: „... und sie haben dem wahnsinnigen Völkermorden zugestimmt! Sie haben ihre eigenen Beschlüsse und Entschließungen verleugnet! Sie haben ihre Vergangenheit verleugnet! (...) Es war die größte Katastrophe der internationalen Arbeiterbewegung." Die KPD, aus deren Umfeld die meisten Arbeiterfotografen der damaligen Zeit stammten, mahnte „Wer Hitler wählt, wählt Krieg". John Heartfield stellte sich mit seinen Fotomontagen in der A-I-Z (Arbeiter Illustrierte Zeitung) den Demagogen der NS-Zeit mit dem dahinter stehenden Industrie- und Bankenkapital entgegen. Seine Werke sind bis in die heutige Zeit eine – auch künstlerische – Hinterlassenschaft, die seinerzeit dennoch zu wenige Menschen zur Abkehr vom Weg in den Wahnsinn des Zweiten Weltkriegs bewegten. Für die Arbeiterfotografie von heute bedeutet dieses Erbe, dass wir gehalten sind, die uns umgebenden gesellschaftlichen und politischen Verhältnisse mit historischen Augen im großen Zusammenhang und ihrer ganzen Tragweite zu sehen.

Zum 35jährigen Bestehen des Verbandes im Jahr 2013 erreichten uns zahlreiche Grußworte, darunter eines (von attac-Remscheid), was uns sehr berührt hat: „Wer, wenn nicht Ihr, sollte seine Finger in die offenen Wunden des geschundenen Rechtsstaates legen? Ihr seid das bildgewordene Gewissen eines untergehenden Sozialstaates. Bitte bleibt am Ball und legt offen, was offen zu legen ist!“ Weitere Themen der Palette sind Arbeitsbedingungen, Erwerbslosigkeit, ungerechte soziale Verteilung des Reichtums, Gentrifizierung, verantwortungsvoller Umgang mit der Natur, Migranten- und Flüchtlingsproblematik, globale Entdemokratisierung durch geschickte Verlagerung in nicht kontrollierbare Institutionen wie WTO und IWF.

Portrait und Reportage

Immer wieder zieht es uns dorthin, wo Menschen um ihre Rechte kämpfen. Die historische Dimension aufgreifend, springen wir kurzerhand in die Perspektive der Zeitenwende im Globalisierungskarussell. „TINA“, sprach die britische Premierministerin Thatcher, „There Is No Alternative“. Der Fotograf Dave Sinclair begleitete in den 1990ern über Jahre den Kampf der Liverpooler Docker um ihre Arbeitsplätze. Die Docker verloren den Kampf, und auch die Stadt verlor (Ausstellung in der Galerie Arbeiterfotografie, 2000). Heute ist das Dock von Liverpool ein Ort mit Museen und Ausstellungsräumen – mit Kultur. Damit sind wir bei der Kultur angekommen. Genauer – denn die Zeit schreitet voran – beim Verfall der Kultur. Das Hafenviertel, das im Jahr 2004 zum Weltkulturerbe erhoben wurde, befindet sich seit 2012 auf der Liste der gefährdeten, vom Zerfall bedrohten Stätten.

Menschen sehr nah in Augenschein zu nehmen, ihnen und ihrem Anliegen ein „Gesicht“ zu verleihen, ist uns ein wesentliches Element, das „Kraftwerk der Gefühle“ zur Verbesserung der veränderbaren Zustände (Brecht) zu nutzen. Die Fotografinnen und Fotografen der Arbeiterfo-

Die im Vortrag gezeigten Fotos/Bildwerke stammen von Florian Aicher, Werner Bachmeier, Walter Ballhause, Uwe Bitzel, Jörg Boström, Martin Büttner, Karl-Reiner Engels, Christian Fiege, Anneliese Fikentscher, Senne Glanschneider, Henning Günter, K.H., Eugen Heilig, Andreas Neumann, Uwe Pohlitz, Frank Schoeggl, Manuel Schroeder, Jürgen Seidel, Dave Sinclair, Hubert Thiermeyer, Gine Willrich.

Dave Sinclair: Docker Bramie, Liverpool, 1997 (aus der Ausstellung in der Galerie Arbeiterfotografie „Trying to make sense of it – Der Versuch, dem Ganzen einen Sinn zu geben. 20 Jahre Fotografie aus Liverpool, Mai/Juni 2000)

Werner Bachmeier, Christian Fiege, Anneliese Fikentscher, Martin Büttner, Jörg Boström, Jürgen Seidel: Portraits der Arbeitswelt (aus der Ausstellung „Wacht auf Verdammte dieser Erde“ anlässlich 35 Jahre Verband Arbeiterfotografie, September/November 2013 im KUNST-GESCHOSS der Stadtgalerie Werder (Havel))

1999, Deutschlands erste Kriegsbeteiligung nach 1945 in Jugoslawien: Hier zerstörtes Zastava-Autowerk (aus der Ausstellung „FRY – gezielt kollateral) mit Kontaktvermittlung durch die Gewerkschaftskollegen Eckart Spoo und Rolf Becker.

Gine Willrich: Fotomontage 2013, „Bei uns müssen die Menschen im Mittelpunkt stehen“

1998, Ausstellung „Die Früchte des Baumes mitten im Garten“, Arbeiterfotografie portraitiert kurdische Flüchtlinge im Kirchenasyl

04.04.2009, Proteste in Kehl und Straßburg anlässlich 60 Jahre NATO

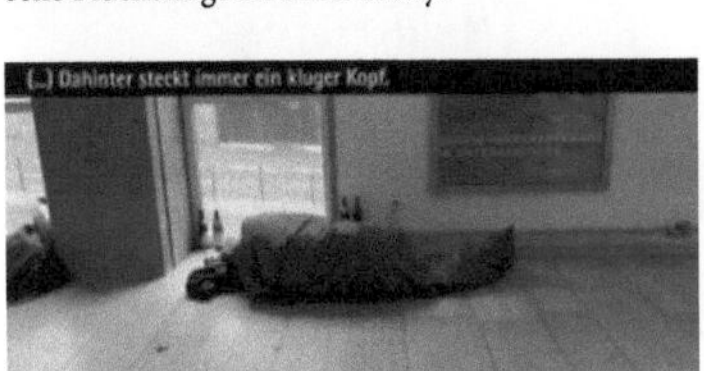

Manuel Schroeder: „Zur Lage der Nation“ (Ausstellungsbeteiligung der Arbeiterfotografie „Rettet den Reichtum“, in der Mediengalerie Berlin, 2005. Kuratorin: Constanze Lindemann, ver.di)

Walter Ballhause: Hannover, Frühjahr 1932, „Arbeitslosenschlange beim Stempeln im Hof des Arbeitsamtes Hannover (Wählt Hitler)“

Oktober 2002, Militärmusikfestival in der Köln-Arena

Der Rollstreppenhersteller Kone macht dicht, Hattingen: Angst vor Verlust des Arbeitsplatzes, fünf Tage vor der Landtagswahl NRW

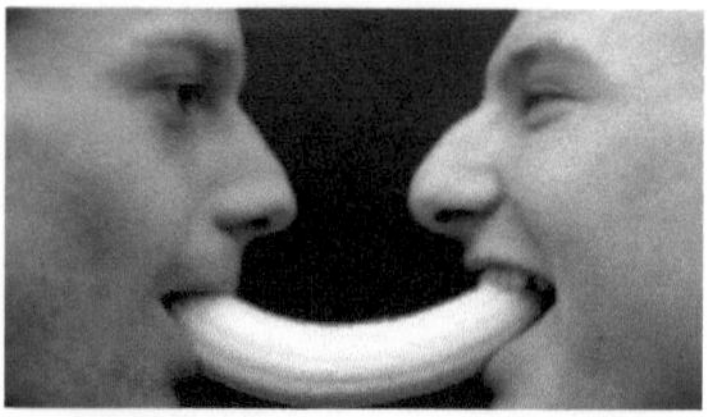

Anneliese Fikentscher: 2002, Beteiligung an Projektaufruf „Fair teilen“ des Fördervereins gewerkschaftliche Arbeitslosenarbeit e. V. (Bielefeld) und der IG Metall (Frankfurt/M.) „Die soziale Schieflage in unserer Gesellschaft hat viele Gesichter – Gesichter, die auch hinter den Zahlen von Armutsberichten verborgen bleiben.“ Gefragt waren Fotos, Bilder und Ansichten, ...die zum Nachdenken über eine gerechte Verteilung von Lebenschancen anregen und die zum sozialen Engagement ermutigen und solidarisches Handeln sichtbar machen.

Andreas Neumann: Fotomontage „Feindbild“, erstmals eingesetzt am 31. August 2013 vor dem Kölner Dom anlässlich des unmittelbar drohenden offenen Krieges gegen Syrien

68er Köpfe. Portraits, Rasterinterview, Statement. (Klaus der Geiger portraitiert von Senne Glanschneider. Ellen Diederich vom Internationalen Frauenfriedensarchiv, Oberhausen. Schriftsteller Erasmus Schöfer, Mitbegründer des Werkkreises Literatur der Arbeitswelt)

2003, NO WAR. Schülerproteste gegen den Irak-Krieg (basierend auf 9/11) – am Tag X, Kriegsbeginn.

tografie dokumentieren im eigenen Auftrag eine breite gesellschaftliche Protestbewegung, die auf bessere Zustände hinwirkt. Im Fokus steht die zunehmende Militarisierung der deutschen Politik und ihrer Bündnisse in Kriegseinsätzen. Das Jahr 2001 markiert für die sozialen Bewegungen eine Zeitenwende auf internationaler Ebene: Der Marsch der Dreihunderttausend auf Genua und das dort stattfindende, so genannte G8-Gipfeltreffen, bei dem der 23-jährige Student Carlo Guiliani von italienischen Carabinieri erschossen wurde. Schlägerorgien gegen wehrlose Demonstranten jeden Alters und die Verfolgung, Behinderung, Inhaftierung der freien Presse machten Schlagzeilen. Auch die Arbeiterfotografie war vor Ort – und offiziell akkreditiert. Vieles ist auf unserer Website dokumentiert.

Künstlerisches und konzeptionelles Arbeiten

Seit 1990 existiert in Köln die Galerie Arbeiterfotografie. Das Wirken der historischen Vorgänger fand Ausdruck in Einzelbild und Reportage. Von künstlerischer Betätigung, auch Fotomontage, wurde seinerzeit dringend abgeraten. Aber ohne abstrakte Szenarien ist die Realität nicht abbildbar. Die modernen Wahrnehmungsweisen wollen berücksichtigt sein. Obdachlosigkeit ist nicht immer auf die gleiche Art und Weise darstellbar (Manuel Schroeder: Grafisches Konzept ist die Betonung der Horizontale, Beigabe sind Sprüche der Werbeindustrie, Titel: Zur Lage der Nation). Wenn das die Lage der Nation ist, dann gute Nacht! Fotomontagen vorwiegend im Stil von Klaus Staeck (d. h. Bild-Text-Montagen) entstehen seit Verbandsgründung. Eine Ausgabe der Zeitschrift Arbeiterfotografie (Nr. 60), die sich mit unterschiedlichen Formen der Fotomontage befasst, darunter die des METALL-Gestalters Wilhelm Zimmermann, ist leider vergriffen.

Journalistisches und publizistisches Arbeiten

Auf der seit 1999 bestehenden Website „arbeiterfotografie.com" bleiben seither nahezu alle Beiträge erhalten. Dort findet sich ein Überblick über fotografische Aktivitäten, Ausstellungen, aber auch eine Materialsammlung an (z. T. eigenen) Texten. Die Publikationstätigkeit erstreckt sich über die Verbandswebsite hinaus auf Verwendung in Internetportalen, regelmäßige Beiträge (auch dieser Vortrag) in der Neuen Rheinischen Zeitung (nrhz. de), in unterschiedlichsten Druckprodukten, darunter Buchtitelbilder,

Kataloge, Kalender, Gestaltung des Materialheftes der Friedensdekade, Festschrift der IHK Dortmund, oder als Bühnenbild (in der Berliner Volksbühne in einer Castorf-Inszenierung), Ausstellungen (Beteiligung mit Fotografie der 70er/80er Jahre im Herbst 2014 im Museum Reina Sofia Madrid), Vortragstätigkeit und die Herausgabe der verbandseigenen Zeitschrift „Arbeiterfotografie“ seit nunmehr 40 Jahren. Für journalistisch aktive Mitglieder stellt der Verband – neben dem Mitgliedsausweis – einen Presseausweis zur Verfügung. Darüber hinaus gibt es Auftritte auf Messen, Kirchentagen, Konferenzen, Pressefesten. 2015 sind wir Mitveranstalter des Linken Liedersommers auf Burg Waldeck.

Wir wissen, wir haben ein großes Erbe übernommen und angenommen. Vieles, was unsere Vorgänger bewegte, ist aktuell wie selten zuvor. Eines aber steht – wie bereits einleitend ausgeführt – über allem: die *Aufklärung* über die herrschenden und veränderbaren Zustände – so wie sie nicht jedem offenbar werden. Sie ist von zentraler Bedeutung. Zeigen und auch sagen, was niemand sonst wagt. Auf kaiserliche Kleider können wir keine Rücksicht nehmen. Nach unseren Möglichkeiten werden wir aufdecken, was Manipulationen und Spins durch Ablenkung und Desinformation, Medien- und Konsumrausch erreichen wollen: das Hurrah zum nächsten Krieg nach innen und außen, gegen jede und jeden. Diese Aufklärung betreiben wir – wie es schon der Initiator der historischen Arbeiterfotografie, Willi Münzenberg, gelehrt und gefordert hat: mit Bild und Text und Ton und Film – mit allen uns zur Verfügung stehenden kreativen Mitteln. Von (künstlerischer) Provokation bis zur Materialsammlung unterbreitet der heutige Bundesverband Arbeiterfotografie ein Angebot zur Erkenntnis, zum eigenständigen Denken und zum notwendigen Diskurs, gemäß dem „sapere aude“ des Philosophen Kant: Wage es, Dich Deines eigenen Verstandes zu bedienen. ArbeiterInnen-FotografInnen bedienen sich in der Ausübung ihres perspektivischen Standpunktes zusätzlich ihrer Kamera.

Der Vortrag ist gewidmet: Ellen Diederich vom Internationalen Frauenfriedensarchiv in Oberhausen und dem Docker Bramie.

Peter Straßer

Arbeiterfotografie als Bildungsurlaub: mehr als Fotografien von Arbeitenden

Seit 2012 findet einmal im Jahr im Bildungszentrum Heimvolkshochschule Hustedt e.V. das als Bildungsurlaub konzipierte Seminar „Arbeiterfotografie" statt. Neben Informationen zur Geschichte und Entwicklung der Arbeiterfotografie erhalten die Teilnehmenden die Möglichkeit, selbst Fotografien von arbeitenden Menschen anzufertigen, sich untereinander darüber auszutauschen, zu beraten, nachzubearbeiten und letztlich eine eigene kleine Fotoausstellung im Bildungszentrum zu organisieren.

Ziel des Seminars ist es, die Teilnehmenden für die Idee der Arbeiterfotografie zu sensibilisieren, die historische[42] Spur nachzuzeichnen, sie aufzunehmen und sie fotopraktisch in der heutigen Zeit wieder neu zu entwickeln. Wo früher die Spuren der Arbeit an Haltung und Händen sichtbar waren, findet der Arbeitende heute kaum noch Hinweise auf sein Tagwerk: Erschöpft, mit dem Gefühl viel erledig und dennoch wenig geschafft zu haben, schließen wir abends die Augen. Was nicht sichtbar ist, ist auch schwer gestaltbar. In der Tradition der Arbeiterfotografie möchten wir im Bildungszentrum Heimvolkshochschule Hustedt die Arbeitswelt und ihre Wirkung auf den Einzelnen wieder sichtbar und damit auch gestaltbar machen.

Eingebettet in Entwicklungen der Arbeiterbewegung[43], der Entstehung von Arbeiter- und Arbeiterbildungsvereinen Mitte des 19. Jahrhunderts sowie den Veränderungen in Russland zu Beginn des 20. Jahrhunderts entwickelte sich in Deutschland eine „proletarische Fotoamateurbewegung", die unter anderem 1926/1927 in der Gründung der „Vereinigung der Arbeiter-Fotografen Deutschlands" mündete. Man wollte den Lebens- und Arbeitsalltag der Arbeiterinnen und Arbeiter abbilden. Einen Gegenpool zu bürgerlich-konservativen Ansichten darstellen, wie sie zur damaligen Zeit in Zeitungen und Zeitschriften allerorts zu finden waren. Aber nicht allein andere Ansichten und Sichtweisen standen im Vordergrund, vielmehr wollte man damit ein Bewusstsein für die soziale

42 Vgl. hierzu Stumberger, Rudolf (2007): Klassen-Bilder. Bd. 1 & 2, Konstanz: UVK Verlagsgesellschaft

43 Knilli, Friedrich (1974): Die Arbeiterbewegung und die Medien. Ein Rückblick. Verfügbar unter: http://library.fes.de/gmh/main/pdf-files/gmh/1974/1974-06-a-349.pdf

Lage der Arbeiterinnen und Arbeiter schaffen, um eine Veränderung der Gesellschaft voranzutreiben.

Eines der bekanntesten Medien hierzu war die „Arbeiter-Illustrierte-Zeitung (AIZ)“ des damaligen Münzenberg Verlags. Zeitweise war die Arbeiter-Illustrierte-Zeitung[44] die zweitgrößte Illustrierte Deutschlands. Zu Beginn war es schwierig „Berichterstatter aus dem Volke“ heraus für Fotobeiträge zu finden. Fotoapparate und -entwicklung waren zur damaligen Zeit teuer. Auch fotografierten die Arbeiterinnen und Arbeiter in ihrer freien Zeit oftmals lieber die „Schönheit der Natur“, als ihren eigenen tristen Arbeits- und Lebensalltag abzubilden. Hinzu kam, dass es vielerorts verboten war, in Betrieben und Fabriken zu fotografieren. Aber nicht nur im Finden von ausreichend „Arbeiterfotografen“, auch in der Abbildung und Darstellung der Wirklichkeit sah man sich derselben Problematik wie der kritisierten bürgerlich-konservativen Presse gegenüber: Wie lässt sich die Realität abbilden, ohne allein durch die Abbildung selbst, die Wahl des Motivs, der Perspektive usw. zu manipulieren? War man doch mit dem Anspruch angetreten genau das, was man den anderen Darstellungen vorwarf, nicht zu tun – zu manipulieren. Die eigenen Darstellungen sollten die Realität abbilden, die Abbildungen wiederum sollten helfen, die Realität zu verändern.

Mit Aufkommen des Nationalsozialismus kam es durch Verbote und Repressalien zum Erliegen der Arbeiterfotografie. Fotografien und Filme wurden nun auf die Ideologie des Nationalsozialismus ausgerichtet. Nach Zeiten des Krieges und des Wiederaufbaus fanden sich in den 50er, insbesondere in den 60er und 70er Jahren des 20. Jahrhunderts wieder zunehmend Fotografien aus der Arbeitswelt. Dennoch, die Zeiten hatten sich geändert, an eine gesellschaftskritische Arbeiterfotografie der 20er und 30er Jahre schloss man nicht an. Zu Zeiten einer annähernden Vollbeschäftigung, einem „goldenen Zeitalter“ wie die Zeit der 60er bis zu Beginn der 70er Jahre genannt wurde, fanden sich kaum kritische Arbeiterfotografien.

Dies änderte sich mit dem Niedergang der Schwerindustrie in Europa, dem Aufkommen digitalisierter und automatisierter Produktionsprozesse und den damit verbundenen Rationalisierungswellen ab den 70er Jahren.

---

44 Erschienen von 1921 bis zu ihrem Verbot durch die Nationalsozialisten im Jahre 1933, im Prager Exil bis 1938 weiterpubliziert.

Arbeitslosigkeit, leerstehende Fabrikhallen und verwaiste Arbeiterviertel führten wieder dazu, dass Veränderungen der Arbeitswelt und ihre gesellschaftlichen Folgen vermehrt zum Gegenstand von Fotografien und Fotoreportagen wurden, was sich auch formal an der Wiederbelebung der Zeitschrift „Arbeiterfotografie" im Jahre 1972 ablesen lässt. Dennoch, die Zeiten hatten sich geändert. Mit dem Zerfall der damaligen DDR, den Veränderungen in der Sowjetunion fehlte zunehmend ein Gegenpart zum kapitalistischen System. Alternativen schienen in Auflösung begriffen oder nicht in Sicht. Der gesellschaftskritischen Arbeiterfotografie fehlte es im Vergleich zu den 20er und 30 Jahren des 20. Jahrhunderts an gesellschafts- und wirtschaftspolitischen Alternativen. Hinzu kam, dass die technologische Entwicklung die Fotografie wie auch den Film und das Filmen für den Einzelnen zum Alltagsphänomen werden ließ. Damit veränderten sich nicht nur Produktions- sondern auch Rezeptionsmöglichkeiten und -gewohnheiten.

Aus der Zeitschrift „Arbeiterfotografie", Nr. 40/ 1984, S. 19

Heute im 21. Jahrhundert sind Bilder, Fotografien, Filme und dergleichen allgegenwärtig. Überall und jederzeit werden Fotografien mit Smartphones millionenfach erstellt und allerorts verbreitet. Weniger ein Mangel, als vielmehr ein Überangebot erschwert es heute dem Einzelnen sich einen Eindruck, ein Bild zu machen. Arbeiterfotografie erscheint in solch einem Kontext eigentümlich, antiquiert. Einen Gedanken später stellt sich dennoch die Frage, wo begegnen uns heute noch Bilder von arbeitenden Menschen, ihren Arbeits- und Lebensbedingungen? Manchmal erfahren wir in Illustrierten und Reportagen von Menschen am anderen Ende der Welt, die an für uns unausprechlichen Orten für uns arbeiten. Hier entstehen heute die Bilder, wie wir sie zu Beginn der Arbeiterfotografie damals noch in Schwarz-Weiß gesehen haben. Damals wie heute beschämen sie uns. Körperlich belastende Arbeit gibt es auch heute noch bei uns, aber sie wird kaum in Zeitungen oder Illustrierten abgebildet. Begegnen wir dennoch Fotografien von Arbeitenden, folgen die Darstellungen meist mehr ästhetischen als politischen Gesichtspunkten.

Wenn auch körperlich belastende Arbeit seltener in Abbildungen anzutreffen ist, fehlt es heute dennoch nicht an Arbeitsbelastungen: Viele Arbeitnehmende klagen über zunehmenden Druck, Stress, Erschöpfung und Ausgebranntsein. Eine Arbeitswelt, die immer weniger physisch greif- und darstellbar ist, in der viele von unsicheren Beschäftigungsverhältnissen bedroht sind, stundenlang im Dienstleistungsbereich stehen, vom Schreibtisch aus sitzend steuern, regeln, organisieren, managen, beraten, optimieren usf. – solch eine Arbeitswelt und ihre Folgen erschweren die fotografische Abbildung. Sie erfordern einen erweiterten Kontext sowie einen Blick für Details.

Für die Praxis einer Arbeiterfotografie, in deren Mittelpunkt die Arbeit und ihre Wirkung auf den Einzelnen und die Gesellschaft steht, bedeutet dies wie zu Beginn der Arbeiterfotografie, zunächst ein Bewusstsein für die Menschen, ihre Arbeit, ihre Arbeits- und damit verbundenen Lebensbedingungen zu fördern, praktisch am besten mit dem Anfertigen eigener Fotografien. Darüber hinaus gilt es, den Horizont für die Wahrnehmung globaler Zergliederung von Arbeitsprozessen zu weiten und das Aufzehren von Menschen durch nicht-humane Arbeit zu verdeutlichen. Es sind Fotografien gefragt, die über die objektive Abbildung von Arbeitenden hinausgehen und aufgrund ihrer Gestaltung dazu beitragen, Arbeit als gesellschaftskonstituierendes Element zu verdeutlichen und damit die Grundidee der Arbeiterfotografie lebendig zu erhalten.

Foto eines BU-Teilnehmers

Wolf-Dieter Krämer

Archäologie der Arbeiterliteratur – Rückgriff für die Zukunft des Werkkreis Literatur der Arbeitswelt[45]

Einleitung

Es gilt hier nicht einzelne in Vergessenheit geratene Autoren oder Autorinnen neu auszugraben, wieder zu entdecken, sondern die Grundlinien der Arbeiterliteratur mit ihrer Wirkung bis in die Gegenwart deutlich zu machen. Arbeiterliteratur reicht bis 1848 zurück und ist einerseits bis in unsere Tage sozialdemokratisch und teils anarchistisch geprägt. Ab etwa dem 1. Weltkrieg entwickelt sich eine kritischere, kommunistisch geprägte Literaturrichtung, die sich im „Bund proletarisch revolutionärer Schriftsteller" mit seinem Realismuskonzept organisiert, das sich bis in die Gegenwart abgeschwächt auch im Werkkreis erhalten hat.

Zur literarischen Situationseinschätzung und -beschreibung des Werkkreises vom November 1972 und in der Gegenwart

Der bundesrepublikanische Literaturbetrieb gliedert sich in vier Bereiche. Seit 1972 führen wesentliche technische Neuerungen durch die Elektronik zur gänzlichen Veränderung des Literaturbetriebes und des Buchmarktes:

1. Die wichtigste, weil die Massen beherrschende Erscheinungsform von Literatur in unserer Gesellschaft ist die Konsum- und Ablenkungsliteratur (einschließlich öffentlicher und privater Radio- und Fernsehsender). ... Es liegt in der kapitalistischen Natur ..., dass eine solche Literatur die Ursachen ihres Erfolgs ..., zu fördern bestrebt sein muss. Sie tut das teils indirekt durch Beschönigung und Verbrämung, teils ... durch Verherrlichung von Gewalt, von Macht- und Profitstreben, von Elitedenken und Antikommunismus, von Rassenstolz und Nationalismus. Der Ausdruck *Konsum- und Ablenkungsliteratur* trifft auch nur zwei Teilaspekte ihrer Wirkung, und man müsste ihn ergänzen durch eine Bezeichnung wie *inhumane Beherrschungs- und Zerstörungsliteratur.*

45 Vortrag in der gekürzten Fassung und ergänzt, zum Tagungsthema: „Von der Arbeiterkultur zur Kultur der Arbeit? Das kulturelle Erbe der Arbeiterbewegung und politische Kulturarbeit heute" an der Heimvolkshochschule Hustedt, vom 30.01.2014

2. Kennzeichnend für die *bürgerliche Beschwichtigungs- und Verbrämungsliteratur* ist, dass sie die öffentliche Diskussion beherrscht und sozusagen aufsaugt. Sie lenkt das öffentliche Interesse (besser: das veröffentlichte Interesse) auf sich selbst. ...

3. Es gibt [...] eine *bürgerliche Literatur*, auf die die Adjektive *demokratisch, progressiv, humanistisch* zutreffen. Namen wie Böll, Walser, von der Grün, Hochhuth, Weiss stehen hier für viele. Schon diese Namen belegen, dass es falsch ist, von „*der*" bürgerlichen Literatur zu sprechen, die dem „*imperialistischen Kapitalismus und der ihn fördernden Literatur diametral entgegengesetzt* [ist]. ... Hier liegt nun, ..., die *Interessengleichheit* mit dem 4. literarischen Bereich unserer Gesellschaft.

4. Es ist jener, [den wir] *Literatur der Arbeitswelt*, den wir auch *proletarisch-revolutionäre Literatur* nennen können, wenn wir ihn nicht aus seiner gegenwärtigen Erscheinungsform, sondern aus seiner Tradition vor 1933 ... definieren."[46]

5. In einigen Grundsätzen ist die Situation von 1972 fast gleich geblieben. Aber die rasante Entwicklung der Informationstechnik und des Buchmarktes mit Print on Demand, e-Books, Blogs und Chats hat den Literaturbetrieb erheblich verändert.

Der Bund proletarisch-revolutionärer Schriftsteller (BPRS)[47]

Eine wesentliche Grundlage für das Realismuskonzept des BPRS war der von Lenin im November 1905 erschienene Aufsatz „Parteiorganisation und Parteiliteratur", der 1924 in deutscher Übersetzung erschien.[48] Es gilt darzustellen, wie das „kulturpolitische Experiment BPRS der Weimarer Zeit" weiterwirkt?[49]

46 In: Realistisch Schreiben, der Werkkreis in der Entwicklung einer antikapitalistischen Literatur in der Bundesrepublik – Springener Protokolle und Materialien

47 Hein, Christoph M.: Der BPRS – Biographie eines kulturpolitischen Experiments in der Weimarer Republik

48 Lenin, W.I.: Parteiorganisation und Parteiliteratur, Werke, Bd. 10, S. 29–34

49 Hein, Ch. M.: BPRS, S. 3

Zur Organisationsgeschichte des BPRS

Die „Arbeiterkorrespondentenbewegung“ und die „Arbeitsgemeinschaft Kommunistischer Schriftsteller“ waren die organisatorischen Vorläufer des BPRS als Dachorganisation.[50] Der 19. Oktober 1928 ist das Gründungsdatum der kommunistisch orientierten Arbeiterliteratur in Deutschland. Sitz des Vereins ist Berlin.[51] Bei seiner Auflösung Anfang 1933 waren es reichsweit etwa 26 Ortsgruppen.[52] Die Arbeit der Ortsgruppen bestand aus: Diskussionsabenden und Veranstaltungen, gemeinsamer Textkritik und das Durchsprechen der Linkskurve.[53]

Die *Linkskurve*, das zentrale Organ des BPRS, war „(...) das erste deutschsprachige Magazin, das konzeptionell Kunst und Literatur mit den Zielen des Marxismus-Leninismus verbindet.“[54] Der BPRS hielt in Berlin Schulungen für die Arbeiterjugend und Arbeiterkorrespondenten zu den Themen *Form und Inhalt, Geschmack und Urteil, Weltanschauung und Literatur* und Literaturgeschichte ab. Daneben gab es 15 Arbeitsgemeinschaften zu den Themen ‚Kurzgeschichte‘, ‚Reportage‘ und ‚Lyrik‘.[55]

Programmentwurf von 1928

Johannes R. Becher veröffentlichte seinen Aufsatz ‘Bürgerlicher Sumpf, Revolutionärer Kampf, „(...) in dem er unter Bezugnahme auf Lenin, mit der gesamten bürgerlichen Literatur abrechnet und den revolutionären Standpunkt der proletarischen Schriftsteller als einzig möglichen Ausweg ... bezeichnet.“[56]

„Die sich später in der Programmdiskussion niederschlagende Tendenz, eine politische Vereinigung von Schriftstellern und nicht etwa eine Schriftstellergruppe als ästhetisches Diskussionsforum oder Gewerkschaftsersatz ins Leben zu rufen, zeichnete sich schon vor der Gründung (...) ab.“[57]

50 Hein, Ch. M.: BPRS, S. 19
51 Vgl. Hein, Ch. M.: BPRS, S. 43
52 Ebd., S. 53
53 Ebd.
54 Ebd., S. 95
55 Ebd., S. 85 und S. 97
56 Vgl. Hein, Ch. M.: BPRS, S. 23
57 Hein, Ch. M.: BPRS, S. 45/46

Der Entwurf eines Aktionsprogramms von 1928

Auf der ersten Versammlung des BPRS wurden das ‚Organisationsstatut' und der ‚Entwurf eines Aktionsprogramms' verabschiedet. Die bürgerliche Literaturauffassung der 30er Jahre, ausgehend vom elitären Geniegedanken, ist der Meinung, Arbeiter können keine künstlerische Literatur hervorbringen. Eine Auffassung, die in dem Abschnitt „Werkkreis" noch einmal abgehandelt werden muss.

Es kam zur grundsätzlichen Ablehnung:

1. der ‚kapitalistischen Literatur',
2. der ‚bürgerlichen Literatur',
3. auch aus Konkurrenzgründen, zu Beschimpfungen linkssozialistischer Autoren wie Toller und Tucholsky und
4. zur Abgrenzung gegen alle anderen Literaturproduktionen. ...[58]

Aus dem ‚Entwurf eines Aktionsprogramms': Der Funktionscharakter der proletarisch-revolutionären Literatur äußert sich in dem Zitat: *„(...) Herz und Hirn der Arbeiterklasse und der breiten werktätigen Massen für die Aufgabe des Klassenkampfes, für die Vorbereitung der proletarischen Revolution gewinnt, entwickelt und organisiert."* [59]

Der Kampf gegen die bürgerliche Literatur verdeutlicht nachfolgendes Zitat: *„Die bürgerliche Literatur verwischt bewußt oder unbewußt die Klassengegensätze, flüchtet oft aus der Wirklichkeit und verhüllt ihren Inhalt in kunstreichen, von geschulten Literaten handwerksmäßig gemeisterten Formen."* [60]

Der Inhalt steht über der Form. Die fünf Aufgaben des BPRS sind:

- Zusammenfassung und Stärkung der proletarisch-revolutionären Autoren;
- Ausarbeitung einer proletarisch-revolutionären Literaturtheorie;
- Kampf gegen die bürgerliche Literatur;
- Heranziehung und Schulung der Arbeiterschriftsteller;
- Verteidigung der Sowjetunion.[61]

---

58 Vgl. Hein, Ch. M.: BPRS, S. 138

59 Ebd., S. 138–142

60 Ebd., S. 142

61 Ebd., S. 142

Programmentwurf von 1932

Anfang 1932 legte Becher einen neuen Programmentwurf vor: „Galt in den Anfangsjahren des Bundes besonders für die Arbeiterschriftsteller (...), zunächst ihre Eigenerfahrungen, etwa am Arbeitsplatz zu verwerten, so sollte die vorrevolutionäre Vielfalt der gesellschaftlichen Wirklichkeit nun realistisch geschildert werden."[62]

„Von der Produktion einer Kultur, die alle Bereiche widerspiegle, versprechen sich die Verfasser auch das Erreichen aller Leserschichten."[63] Verwiesen sei auf die realen Machtverhältnisse und der von ihnen bedingten literaturpolitischen Landschaft. Die Konzeption, alle Leserschichten und eine Massenliteratur zu erreichen, sind illusionäre Fehleinschätzungen.[64]

Ist die proletarisch-revolutionäre Literatur im Aktionsprogramm von 1928 'qualitativ und quantitativ noch schwach' so geht es im neuen Entwurf um die 'Zurückgebliebenheit' und deren Überwindung gegenüber der bürgerlichen Literatur. Dieser Entwurf wurde aufgrund der historischen Ereignisse 1933 nicht mehr beschlossen.

Der Bitterfelder Weg – 1. Konferenz 24. April 1959

‚Bitterfelder Weg' (B.W.),[65] Bezeichnung für die Grundorientierung und Praxis der sozialistischen Kulturpolitik der DDR, >das Programm der Vereinigung von Kunst und Leben, von Künstler und Volk.<... Der B. W. führt die Ansätze fort, die bereits durch die Politik der KPD auf dem Gebiet der Kultur (Arbeiterkulturbewegung) ... entstanden waren. ... So brachte die erste Phase des B. W. einen starken Aufschwung aller Bereiche des Laienschaffens, darunter auch des ... bildnerischen Volksschaffens ... [und] Arbeiterfestspiele.

Alfred Kurella hielt ein Grundsatzreferat über den Zusammenhang der ökonomischen Hauptaufgabe der Literatur. Dabei war der Ausgangspunkt die These, dass die Kulturpraxis nicht auf der Höhe dessen sei, was Wirtschaft und Politik bereits erreicht hätten.[66] Hier schimmert der

62 Ebd., S. 157

63 Ebd., S. 157

64 Hein, Ch. M.: BPRS, S. 157

65 Bitterfelder Weg – Lexikon der Kunst (1968) ohne Seitenzahl; in: Der Bitterfelder Weg 1959–1964 – Ein Reader, 2001 – Kokerei Zollverein, Reihe: Zeitgenössische Kunst und Kritik

66 Bitterfelder Weg – Lexikon der Kunst (1968) ohne Seitenzahl; in: Der Bitterfelder Weg 1959 –1964 – Ein Reader, 2001 – Kokerei Zollverein, Reihe: Zeitgenössische Kunst und Kritik

Programmentwurf des BPRS von 1932 mit seiner ‚Zurückgebliebenheit der proletarisch-revolutionären Literatur' durch.

Aufgrund des Bitterfelder Weges werden in der DDR die Zirkel schreibender Arbeiter eingerichtet. Eine wirkliche Kritik der Arbeits- und Lebensverhältnisse in der DDR wird nicht geleistet[67]. Ideologie und Praxis klaffen weit auseinander. Die Kontakte des Werkkreises zu den Zirkeln schreibender Arbeiter sind spärlich.

Der Werkkreis Literatur der Arbeitswelt e. V. – Die Dortmunder Gruppe 61

Nordrhein-westfälische Autoren und Publizisten gründeten, am 31. März 1961, bei einer Tagung über *„Möglichkeiten und Formen moderner Arbeiter- und Industriedichtung"* die Dortmunder Gruppe 61. Die Anwesenden kamen darin überein,

- einen Arbeitskreis für künstlerische Auseinandersetzung mit der industriellen Arbeitswelt zu gründen und sich regelmäßig in Dortmund zu treffen,
- an die Tradition der Arbeiter- und Industriedichtung vor 1933 anzuknüpfen und sie neu zu entwickeln,
- die Gewerkschaftspresse zu interessieren,
- ‚junge Leute' für die literarische Gestaltung der Probleme der industriellen Arbeitswelt zu gewinnen,
- ein Mitteilungsblatt oder eine Zeitschrift zu gründen und
- das *Archiv für Arbeiterdichtung und Soziale Literatur* [heute das „Fritz-Hüser-Institut"] in Dortmund als Verbindungsstelle der Autoren zu betrachten." [68]

Fritz Hüser und Max von der Grün distanzieren sich von der ‚Kampfdichtung', die die proletarisch-revolutionäre Literatur gewesen sei,[69] eine typisch antikommunistische Haltung jener Jahre.

67 Köpping, Walter: Wechselbeziehungen zwischen Arbeiterliteratur und Arbeiterbewegung im Ruhrgebiet; Literatur siehe Fußnote 43

68 vgl. Kühne, Peter: Die Dortmunder Gruppe 61: Wer war das eigentlich?, S. 203; in: Hrsg. Fritz Hüser-Gesellschaft unter Leitung von Volker Zaib: Kultur als Fenster zu einem besseren Leben und Arbeiten, Bielefeld 2003

69 vgl. auch: Ztschr. Akzente, Nr. 4 / 1970, S. 316 f.

Die Gründungsphase des Werkkreises

In der Herbsttagung im November 1969 fordert Erasmus Schöfer die Gruppe 61 auf, „endlich ihr elitäres Selbstverständnis über Bord zu werfen, Arbeiter zum Schreiben zu bewegen, es ihnen beizubringen. Die Mehrheit der Gruppe 61 aber wollte weiter Schriftsteller, Künstler fördern, ...".[70]

Am 7. März 1970 wird in Köln[71] und Ende April 1970 bundesweit der Werkkreis Literatur der Arbeitswelt e. V. gegründet, so auch die Werkstatt München.[72] Horst Hensel formuliert: „Das Ziel des Schreibens von in der industriellen Arbeitswelt Tätigen ist die Beschreibung der eigenen Situation als

1. Übung der eigenen Ausdrucksfähigkeit,
2. als Mittel der subjektiven Bewußtmachung,
3. als allgemeine Informationsquelle und
4. als Ausgangspunkt für objektive Verbesserung.

Das Gütekriterium der hergestellten Texte ist dementsprechend ihre Nützlichkeit im Sinne dieser vier Ziele. Als ästhetische Kategorien gelten: Informationsgehalt, sachgemäße Sprache, objektive Bedeutung der Information für die Bewußtmachung und Verbesserung der Arbeitssituation."[73]

Im Oktober 1972 fand in Springen in der Bildungsstätte der IG Druck und Papier ein Seminar mit dem Thema 'Realistisch schreiben – der Werkkreis in der Entwicklung einer antikapitalistischen Literatur der Bundesrepublik' statt. Peter Kühne erläutert in dem Vortrag: „Es spricht für die objektive Notwendigkeit (...) die ungenutzten literarisch-kulturellen Kräfte der Arbeiterschaft zu mobilisieren, ... als wir *kollektive Literaturherstellung im erklärten Interesse der arbeitenden Bevölkerungsmehrheit, Zusammenarbeit zwischen Arbeitern und Akademikern* organisierten und zugleich unsere *Basis nicht im bürgerlichen Kulturbetrieb, sondern in den Organi-*

---

70 Schöfer, Erasmus: Werkkreis Literatur der Arbeitswelt – Eine 5. Kolonne der Kunstproduktion oder Die organisierte Utopie einer demokratischen Literatur; S. 216/217; in: Literatur vgl. Fußnote 43

71 Vgl. Krämer, Wolf-Dieter: Chronik der Werkstatt München im Werkkreis Literatur der Arbeitswelt; S. 149; in: Anders-Hanfstingl, Bardelmeier, Dosch, Krämer (Hrsg.): Hoffnung ernten! – 33 Jahre Werkkreis Literatur der Arbeitswelt – Werkstatt München; Vechta-Langenförde 2003

72 Vgl. Fußnote 45

73 Hensel, Horst (1980): Werkkreis oder die Organisierung politischer Literaturarbeit, S. 24, Köln und S. 219

sationen der Arbeiterschaft suchten. (...) Das politische Selbstverständnis des Werkkreises ist es, die Literatur „*in erster Linie als antikapitalistische Befreiungsliteratur*" zu sehen, (...)." [74]

Hier zeigt sich eine Fehleinschätzung: Literatur wird nur funktional gesehen und nicht aus der Sicht der Schreibenden, denen Verfolgungen, Gerichtsprozesse und Arbeitsplatzverluste nicht ohne weiteres von einer Gruppe zugemutet und verantwortet werden können.

„Das Konzept des Werkkreises ist Literatur der Arbeitswelt." (...) So ist unser Thema tatsächlich die ganze soziale Umwelt, gesehen und interpretiert von der ihr zugrundeliegenden Organisationsform der Arbeit her. (...) „Zur Beschreibung, Erklärung und Veränderung dieser Arbeitswelt bedienen wir uns der Sprache, ...in einem sinnvollen Zusammenspiel:

1. von individueller und kollektiver Tätigkeit zu Hause und in den Werkstätten,
2. von spontaner, einzelne oder kleine Gruppen mobilisierender Basisinitiative und organisierter Interessenvertretung im überregionalen Werkkreis, und
3. in einer Fähigkeiten und Erfahrungen zusammenfassenden und vervielfältigenden Zusammenarbeit von Arbeitern und Akademikern."

Praxis und Gegenwart

Aus obigem Zitat werden einige Punkte klarer: Die Tradition des BPRS spiegelt sich in der darstellenden literarischen Gestaltung der ‚ganzen sozialen Umwelt' der Arbeit auch in der Gegenwart. Die Kennzeichen engagierter Literatur sind die beiden tragenden Komponenten „politische Parteinahme" und „über soziale Verhältnisse und Bestrebungen aufzuklären" geblieben.

In den letzten Jahren werden im Werkkreis auch Themen zur Umwelt kreativ verarbeitet. Gleich geblieben ist die ‚Parteinahme' der Schreibenden zu Gunsten der betroffenen Werktätigen. Die Einsicht der Wirksamkeit oder Wirkungslosigkeit von Literatur zur Veränderung gesellschaftlicher, betrieblicher Arbeitsabläufe führt eher zur beschreibenden Art der lite-

---

74 Realistisch schreiben – der Werkkreis in der Entwicklung einer antikapitalistischen Literatur der Bundesrepublik', S. 13–14

rarischen Gestaltungen in Lyrik, Kurzgeschichten, Satiren und auch in Romanen. Das Genre ‚Reportage' wird weniger behandelt.

Die sich bietende Zusammenarbeit mit der SPD, der Friedrich-Ebert-Stiftung (Bayern Forum in München), gelegentlich mit der DKP und hauptsächlich mit den Gewerkschaften wird gerne genutzt. Dabei achtet der Werkkreis auf seine Unabhängigkeit.

Ist die Programmatik des Bitterfelder Wegs noch stärker dem BPRS und dem Klassenkampf verbunden, so ist dies in der Selbstdarstellung des Werkkreises nicht der Fall. Im Programm heißt es: „Der Werkkreis Literatur der Arbeitswelt" ist eine Vereinigung von Arbeitern und Angestellten, die in örtlichen Werkstätten mit Schriftstellern und Journalisten zusammenarbeiten. Seine Aufgabe ist die Darstellung der Situation abhängig Arbeitender, vornehmlich mit sprachlichen Mitteln. Auf diese Weise versucht der Werkkreis, die menschlichen und materiell-technischen Probleme der Arbeitswelt als gesellschaftliche bewußt zu machen."[75] Der Wille zu kritischem Schreiben ist nicht nur vorhanden, sondern bei den meisten Mitgliedern die Praxis. Es herrscht nicht mehr der Zweck eines Textes vor, sondern wichtig ist auch die literarische Qualität.

Die Lesung und Textkritik als die Schulung findet auch heute noch statt und ist neben organisatorischen Fragen fester Bestandteile der regelmäßigen Werkstattabende.

War weiter oben in dem Abschnitt „Programmentwurf von 1928" noch Kritik seitens bürgerlicher Literatur – „Arbeiter können keine künstlerische Literatur hervorbringen" – maßgebend, so wurde diese Auffassung in den vergangenen 44 Jahren durch die Praxis des Werkkreises wiederlegt: Aus den Werkstätten des Werkkreises sind weit über hundert professionelle Autorinnen und Autoren hervorgegangen.

Das Modell der Schreibwerkstätten wurde von den Volkshochschulen und anderen Literaturinitiativen, wie beispielsweise Obdach- und Erwerbslosengruppen übernommen. Die Verbindung von Literatur und Kunst wurde in den Schreib- und den Grafikwerkstätten gepflegt. Heute gibt es keine Grafikwerkstätten mehr. Dennoch werden die Anthologieausgaben illustriert.

Die Literaturproduktion

75 Aus der Satzung des Werkkreises

Von März bis Juli 1971 erschienen zwei Werkkreis-Bücher. Im Piper-Verlag das Buch „Ein Baukran stürzt um". Bei Rowohlt „Ihr aber tragt das Risiko". Im Juli 1986 kündigte der Fischer Verlag zum 31. Dezember die Herausgabe der Taschenbuchreihe „Werkkreis Literatur der Arbeitswelt". Bis zu diesem Zeitpunkt sind etwa 60 Titel in der Auflage von einer halben Million erschienen. Der Einbruch der Verkaufszahlen der Bücher wird auch verständlich vor dem Hintergrund der „politisch-geistigen Wende" der Regierung Kohl.

Ab 1987 erschienen Werkkreis-Bücher im Europaverlag, in der Büchergilde Gutenberg und im VSA, jedoch nicht mehr in so hohen Auflagen. Der „Werkkreis Literatur der Arbeitswelt" hat in den letzten Jahren mehrere Anthologien veröffentlicht. Einzelne Mitglieder haben Lyrik-, Satire- und Romanbände in Kleinverlagen herausgebracht.

2012 wurde in einem Anthologieprojekt eine Ausschreibung zum Thema: „Gegen Neofaschismus" ins Internet gestellt. Es kamen 83 Einsendungen. Derzeit laufen die Bemühungen mit einem Ochsenfurter Verlag das Projekt zu realisieren. Die Werkstatt Nürnberg gibt in unregelmäßigen Abständen seit vielen Jahren die Zeitschrift „Dullnramer" und die Münchner Werkstatt ebenso eine Broschüre „Schreibwerk" heraus. Auch die Darmstädter Werkstatt hat zwei kritische Anthologien zu Bauprojekten herausgegeben (Vorstandswahlperiode 2011 bis 2015). Ab Februar 2014 wird der Kontakt zu den Mitgliedern nicht mehr mit dem Rundbrief, sondern hauptsächlich per E-Mail gehalten.

Der Versuch über eine Wiener Werkkreis-Werkstatt die Zeitschrift „Tarantel" herauszugeben scheiterte teilweise. Die Wiener Werkstatt hat sich vom deutschen Werkkreis verselbständigt.

Zu den bestehenden Werkstätten München, Nürnberg, Augsburg und Darmstadt wurde eine neue Werkstatt in Berlin und in Hamburg gegründet. Die Werkstatt Augsburg hat sich im Zusammenhang mit der Zeitschrift „Tarantel" verbunden mit dem Rücktritt des 1. Sprechers, Michael Tonfeld, vor 4 Jahren aufgelöst. Jugendliche schreibende Interessenten gibt es kaum. Die meisten, insbesondere langjährige Mitglieder, sind schon seit mehreren Jahren aus den Arbeitsprozessen ausgeschieden.

Die „fünfte“ Literaturrichtung – eine Nutzung der technischen Möglichkeiten

Seit April 2005 hält die Werkstatt München regelmäßig am 2. Freitag des Monats von 20:00 bis 21:00 Uhr Lesungen und teils literarische Diskussionen bei dem lokalen Radio „LORA“. Auch die Werkstatt Nürnberg liest gelegentlich im Lokalradio „Z“. Möglichkeiten der Veröffentlichungen wie „Books on Demand“, bzw. ohne Printausgaben auszukommen, in Form von E-Books, Blogs und Chats werden von einzelnen Mitgliedern genutzt.

Bedingungen der „Kultur der Arbeit“

Wie schon Eingangs angedeutet, hat sich in den letzten Jahrzehnten sowohl technisch, politisch, als auch ökonomisch die Welt seit 1972, und damit insbesondere die Arbeitswelt, erheblich verändert. Dies gilt auch für die Literatur, literarisches Schaffen und unsere Kultur. Mit der Dominanz der Kapitalmärkte werden in der produzierenden Industrie ständig weniger Arbeitskräfte gebraucht. Viele von ihnen werden zu Hartz IV-Empfängern. Die meisten heutigen Arbeitsverhältnisse sind durch Zeitarbeitsverträge und erheblicher Arbeitsintensivierung der Werktätigen geprägt, begleitet von ständigen Existenzängsten. Der Wert eines guten Arbeitsklimas, weitgehend abhandengekommen, wird von den Betriebsleitungen durch Schaffung von scharfer Konkurrenz am Arbeitsplatz ersetzt.

Derzeit braut sich für die Werktätigen, bzw. für fast alle abhängig Beschäftigten, Sozialhilfeempfänger und Rentner ein politisches Unwetter von existenzieller Tragweite zusammen: Die hinter verschlossenen Türen laufenden Verhandlungen zur Freihandelszone zwischen den USA und der europäischen Union, in deren Hintergrund reihenweise multinationale Großkonzerne und das Großkapital mit ihren Spekulationsabsichten stehen, wirken mehr als bedrohlich. Die beabsichtigte Einklagbarkeit von entgangenen Gewinnen der Investoren gegenüber der EU, die Angleichung der arbeitsrechtlichen Verhältnisse, wird die Arbeitsverhältnisse im öffentlichen Dienst und der Privatwirtschaft extrem verändern. Konnte Walter Köpping, Gewerkschaftssekretär und Mitglied der Gruppe 61, in den Gewerkschaftlichen Monatsheften 77/1988 noch schreiben: „Die Arbeit ist also die Grundlage der Kultur.“, so verliert dieser Satz unter den oben skizzierten neuen politischen Bedingungen seine Bedeutung. Es ist für die

Werktätigen ein Vorteil, wenn sie einen eigenen aktiven Kulturbegriff entwickeln und nicht immer politisch, kulturell hinterherhinkend reagieren.

Zu beobachten ist, dass sich selbst zu aktuellen politischen oder auch historischen Themen und auch literarischen Texten der Arbeitswelt, Interessierte mit hohem Altersdurchschnitt finden. Die Frage ist, sind diese Besucher – die alten 68er – mit ihrer Art des Vortrags und der Diskussion gegenüber jüngeren Besuchern fossil? Der Kontakt zu jüngeren Generationen ist abgerissen. Wie kommunizieren die jüngeren Generationen sprachlich? Sind die Hirne in ihrer politischen Wahrnehmung widerstandslos von der Werbung und der Unterhaltungsindustrie, wie sie Eingangs beschrieben wurden, leergeblasen?

Zur Schreibsituation

Claus-Peter Leonhardt: „Zukunft Schreiben und Lesen".

Die Zukunft des Lesens und des Schreibens ist durch das Internet gesichert. Denn das Internet ist in erster Linie auch eine vollkommene Schrifttechnik, welche aber das Buch nie ablösen wird. Seine schöpferische Kraft erzeugt andererseits eine völlig neue Art des Lesens und Redens. (...) die Schöpferische Kraft bleibt ungebrochen. Die Forderung besteht, eigene Positionen zu entwickeln, welche über einen trivialen Wertbegriff hinausweisen und über die Zukunft der Kultur sprechen.[76]

Um einen literarischen Text zu erstellen, bedarf es der Schrift. Die erlernte Handschrift gibt den Menschen die Unabhängigkeit sich jederzeit fast gänzlich, oder zumindest mit wenigen Hilfsmitteln selbständig zu äußern. Die technischen Hilfsmittel, sich mit einem Tastenbrett und dem Rechner zu äußern, sind eine Erweiterung kultureller Art. Gleichzeitig kann dies aber auch in eine Abhängigkeit und damit in eine Unselbständigkeit führen. Die Diskussion in den Kultusministerien, in den Schulen die Handschrift zu erlernen bzw. abzuschaffen, ist ein erheblicher Schritt an Kulturverlust.

Die eigenständige unabhängige Arbeiterkultur hat ihre Unabhängigkeit vom Kapitalismus bewiesen. Sich in seinen eigenständigen Kulturleistungen nicht von der kapitalistischen Verwertung vereinnahmen lassen, sollte

---

76 Vgl. Leonhard: Claus-Peter: Nachdenken über Zukunft, S. 23; in: Zukunft schreiben – Eine Publikation des Verbandes deutscher Schriftsteller (VS) – Landesverband Hessen, November 2012

ein wesentlicher Schritt der Arbeiterkultur sein, die Kultur der Arbeit selbst zu bestimmen. Nach meiner und der Auffassung anderer muss ein aktives Kulturverständnis geschaffen werden, das dem Kapital stets mehrere Schritte voraus geht.

Nach wie vor gilt, durch literarisches Schreiben wird nicht viel in der Politik, unserer Arbeitswelt und unserem Alltagsleben verändert. Doch ohne die kritischen Stimmen und Bücher wird noch weniger verändert, findet keine literarische Kultur und kein Beitrag zur allgemeinen Kultur statt.[77] Hier hat der Werkkreis Literatur der Arbeitswelt unter stärkerer Nutzung der technischen Möglichkeiten seine berechtigten Chancen.

Es bleibt die Frage zu diskutieren, ob der Werkkreis und die Kulturschaffenden, aufgrund der oben angedeuteten politischen Veränderungen, wieder zum Klassenkampf zurückkehren werden – allerdings zu anderen neuen, den realen Bedingungen entsprechenden Formen?

77 Die Abschnitte „Gegenwart und Praxis" und „Schreibsituation" werden hier aus eigener Anschauung und Erfahrung dargestellt.

Vanessa-Isabelle Reinwand-Weiss

„Hinter'm Horizont geht's weiter" – Perspektiven kultureller Bildung

Nach einer kurzen Einleitung über die Ausrichtung und die aktuellen Schwerpunktsetzungen der Bundesakademie [78], komme ich zum eigentlichen Thema: „Hinter'm Horizont geht's weiter", es ist ein großer Anspruch heutige Perspektiven Kultureller Bildung zusammen zu bringen mit unserem Tagungsthema der Arbeiterkulturen, gerade aber dieser Anspruch reizt mich.[79]

Wir haben aktuell einen, das habe ich bereits in der Einleitung gesagt, einen Aufschwung der kulturellen Bildung, das heißt, es wird sehr viel über Kulturvermittlung und kulturelle Bildung in Deutschland diskutiert. Es gibt in Deutschland im Moment sehr große Förderprogramme, die nicht nur kulturelle Kinder- und Jugendbildung fördern, sondern zum Beispiel auch Weiterbildung in diesem Bereich. Kulturelle Bildung ist ein zentrales Thema seit, ja, circa zehn, fünfzehn Jahren, also, es ist wirklich ein wachsendes Thema. Früher hat kaum jemand über kulturelle Bildung gesprochen, da war es ein regelrechtes Nischenthema und in den letzten Jahren – das kommt uns, den Akteuren kultureller Bildung natürlich sehr zu Gute – wird es politisch sehr forciert. Und da fragt man sich natürlich, woran liegt das, dass das so ist? Dazu komme ist später.

Was will ich in den nächsten 25 Minuten sagen? Einmal will ich Ihnen einen Begriff davon geben, weil der Begriff „kulturelle Bildung", mit dem haben Sie sicher nicht alltäglich zu tun. Daher möchte ich Ihnen mitteilen, was heißt das eigentlich heute? Dann zweitens, was ist kulturelle Bildung heute aber nicht. Was stellen sich viele darunter vor, aber was ist kulturelle Bildung eben nicht. Und dann, drittens, frage ich, wie kann kulturelle Bildung politisch wirken und letztlich, was hat nun dies mit Arbeiterkultur, Arbeiterkulturen und dem möglichen Erbe der Arbeiterkultur zu tun.

---

78 Die Referentin ist Direktorin und Geschäftsführerin der Bundesakademie für Kulturelle Bildung in Wolfenbüttel und stellt in dem Vortrag vorausgehend die Bundesakademie und ihre aktuellen Arbeitsschwerpunkte vor, um den Hintergrund deutlich zu machen, vor dem ihr Vortrag zu hören ist.

79 Dieser Artikel wurde auf der Vorlage eines Transkriptes des Vortrages vom 31.1.2014 auf der Tagung „Von der Arbeiterkultur zur Kultur der Arbeit? Das kulturelle Erbe der Arbeiterbewegung und Kulturarbeit heute." erstellt. Der Duktus des gesprochenen Wortes bleibt dabei erhalten, allerdings wurden sprachliche Unregelmäßigkeiten geglättet und Literaturverweise nachträglich eingefügt.

Was heißt kulturelle Bildung heute?

Ich erkläre es meinen Studierenden zum Beispiel immer folgendermaßen: Der Begriff „kulturelle Bildung" ist ein Sammelbegriff für viele unterschiedliche Dinge, die man heruntergebrochen in drei konzentrischen Kreisen skizzieren kann.

Kulturelle Bildung im Rückgriff auf die Neue Kulturpolitik der 1970er Jahre als pädagogische, soziale und politische Haltung

Wenn wir – und hier meine ich den spezifischen wissenschaftlichen Zugang, den ich in Hildesheim lehre und den wir auch an der Bundesakademie vertreten – den kleinen Kreis der Grafik zunächst anschauen: „Künstlerische Bildung". Wenn Sie sich das anschauen, dann kann man unter diesem Begriff den Erwerb von künstlerischen Fähigkeiten fassen. Also das heißt, wenn ich Geige spielen lerne, wenn ich Gitarre spielen lerne, wenn ich zeichnen lerne, wenn ich Plakate machen lerne, also wenn ich mir künstlerische Techniken aneigne und darüber natürlich auch ein Wissen generiere über die bestimmte künstlerische Technik oder über die Historie, die mit der Kunst oder Kunstfertigkeit verbunden ist. Wenn ich zum Beispiel ein Stück von Johann Sebastian Bach spiele, dann muss ich auch ein bisschen wissen, wann hat Bach gelebt und was wollte er damit ausdrücken und so weiter. Der Erwerb solcher Fähigkeiten spielt sich im engen Feld von Künstlerischer Bildung ab. Das kann durchaus auch autodidaktisch sein, deswegen sprechen wir von „Bildung".

Wir operieren immer mit dem Bildungsbegriff, nicht mit dem Erziehungsbegriff, also nicht so stark mit dem pädagogischen Begriff, sondern wirklich mit dem umfassenderen Bildungsbegriff. Bildung heißt: Auseinandersetzung zwischen selbst und Welt und heißt eben nicht, dass es einen Erzieher gibt, der mir zum Beispiel ein bestimmtes Curriculum vorgibt, das ich zu lernen habe, nach dem ich mich zu richten habe. In der Auseinandersetzung mit alltäglichen Gegenständen lerne ich und mache Erfahrungen und bilde mich demnach. Dies ist immer ein Prozess, der nie abgeschlossen ist, also es geht nicht nur um Kinder und Jugendliche, sondern es geht wirklich auch um Erwachsene oder Senioren. Alles was wir im Moment des Zuhörens jetzt machen ist ja auch Bildung. Naja, im besten Fall, ich weiß nicht, ob jeder von Ihnen sich jetzt gerade bildet, aber es wäre möglich!

Der weitere Begriff und damit grafisch etwas größer dargestellte Kreis ist dann die „Ästhetische Bildung“. Dabei geht es im engeren Sinne gar nicht um die Künste, sondern es geht um eine umfassende Wahrnehmungsschulung. Also, ich erkläre es den Studierenden immer so: Wenn Sie sich vier Stunden lang an eine Straße stellen und dem Straßenlärm lauschen, dann können Sie sich da ästhetisch bilden, sie können ästhetische Erfahrungen machen. Sie hören vielleicht etwas, das sie zuvor vielleicht nie gehört haben. (Kommentar aus dem Publikum: „Das macht ja heute keiner mehr, die spielen alle auf dem Handy!“) Also es heißt: Genau hinsehen, genau hinhören, sich mit allen Sinnen einlassen auf Dinge, all das kann Ästhetische Bildung sein. Das heißt, Ästhetische Bildung ist nicht nur auf Kunst bezogen, sondern ein weiterer Bereich. Kunst hilft uns natürlich, uns ästhetisch zu bilden, weil wir davon ausgehen, dass ein gutes Kunstwerk in besonderer Weise verdichtete menschliche Erfahrungen abbildet und sich das genaue Hinhören oder -sehen besonders lohnt. Wenn Sie sich das Bild von Picasso, zum Beispiel „Guernica“ anschauen, dann muss ich den Betrachtern oder Ihnen nicht mehr viel über das Wesen des Krieges erzählen, sondern wenn Sie sich auf dieses Bild einlassen und wahrnehmen, dann können Sie nachempfinden, was Krieg bedeutet. Insofern hat Kunst natürlich eine besondere Funktion in der Ästhetischen Bildung und natürlich auch wenn man zurückgeht, zum Beispiel auf Friedrich Schillers berühmte Schrift „Über die ästhetische Erziehung des Menschen in einer Reihe von Briefen“, wird der Kunst immer eine besondere Funktion zur Entwicklung des Menschen zugeschrieben. Betrachtet man aber streng nur den Begriffssinn, geht es zunächst einmal um eine Bildung der Sinne.

„kulturelle Bildung“ ist der breiteste Begriff der drei und vereint die beiden anderen. An dieser Stelle kann man sich nochmal erinnern an das, was gestern auch mein Kollege Stefan Krankenhagen sagte: „Naja, die Forderung der 1970er Jahre „Kultur für alle“ ist ja eigentlich hinfällig, weil heute ist ja irgendwie alles Kultur, jeder hat eine bestimmte Kultur und natürlich macht jeder irgendwie Kultur.“ Dem würde ich ein Stück weit widersprechen. Nicht alles kann als Kultur bezeichnet werden – das kommt zumindest auf den jeweiligen Kulturbegriff an – aber wir gehen natürlich bei der kulturellen Bildung schon von dem „weiten“ Kulturbegriff aus. Es ist also nicht mehr nur die Hochkultur gemeint, nicht mehr nur die „schönen“ Künste, sondern es kommen natürlich verschiedene Medien ins Spiel, es geht um Architektur, es geht um neuere Ausdrucksformen wie zum Beispiel Performance. Und wenn wir von einer – im Rückgriff auf die 1970er Jahre-Diskussion – „Kultur für alle“ [80] sprechen, dann geht es vor allem um die Zugänglichkeit zu staatlichen Kulturinstitutionen und darum, dass Hochkultureinrichtungen ja aus Steuergeldern finanziert sind. Und das heißt, jeder muss auch das Recht haben und jeder per „Erklärung der allgemeinen Menschenrechte“ hat das Recht an (staatlich finanzierter) Kultur teilzuhaben. Und da in Deutschland eine Theaterkarte beispielsweise staatlich hoch subventioniert wird, dann ist es einfach ungerecht, wenn 90% der Bevölkerung kein solches Theater in Anspruch nehmen, weil es bestimmte Barrieren gibt. Häufig sind das unsichtbare Barrieren, die Menschen daran hindern, ins Theater zu gehen wie zum Beispiel die Angst, nicht alles zu verstehen, die Konventionen und Regeln nicht zu kennen oder ein Unwissen über die Höhe der Eintrittspreise. Es geht dabei nicht darum, ob jemand unbedingt ins Theater, Ballett oder die Oper möchte – das kann dann jeder für sich selber entscheiden. Aber erst einmal muss jeder die Möglichkeit haben, diese Kunstformen ungehindert kennenzulernen.

Der Begriff „kulturelle Bildung“ tauchte das erste Mal in der Diskussion der 1970er Jahre auf. Wahrscheinlich kennen viele von Ihnen Hilmar Hoffmann, der hat dieses Buch geschrieben „Kultur für alle“, 1979 in meinem Geburtsjahr veröffentlicht, und da ging es eben um nach wie vor aktuelle politische Forderungen wie kulturelle Teilhabe, es ging darum Zugänge zu schaffen, letztlich um einen neuen demokratischen Kulturbegriff, abgewandt von einer elitären Hochkulturdiskussion. Wichtig ist im Anschluss an diese historischen Diskurse: Wenn wir heute von kultureller Bildung

80 Vgl. Hoffmann, Hilmar (1979): Kultur für alle. Fischer: Frankfurt a. M.

reden, meinen wir nicht nur die Ausbildung in den Künsten, sondern wir meinen vor allem auch eine soziale und politische Haltung. Und die Haltung ist einfach, Kunst und Kultur als Gut anzusehen, das allen zur Verfügung steht, von allen mitgestaltet wird und eine Kulturpolitik und Bildungspolitik braucht, die das auch ermöglicht. Das ist der weite Begriff.

Was heißt kulturelle Bildung heute? Vielleicht hierzu noch eine kurze Definition des Rates für kulturelle Bildung. Ein umstrittenes Gremium, in dem ich auch sitze, das 2012 von sieben Stiftungen, unter anderem von der Stiftung Mercator gegründet wurde. Dort sitzen wir – 14 Experten – regelmäßig zusammen und versuchen uns darüber zu verständigen, was ist kulturelle Bildung und wie können wir die Botschaft kultureller Bildung weiter in die Welt tragen und mehr kulturelle Bildung verwirklichen? Wie können wir darüber auch mit Politik in einen Dialog kommen?

„Unter kultureller Bildung verstehen wir die ästhetisch-expressive Dimension der Bildung der Subjekte in kritischer Wechselbeziehung mit Gesellschaft und Natur.“ Wichtig ist hierbei, hier steckt der Bildungsbegriff drin, es geht um eine Auseinandersetzung zwischen Selbst und Welt, aber eben auch unter der Perspektive „kritisch“, das heißt es geht immer um ein Hinterfragen dieser Wechselbeziehung zwischen Selbst und Gesellschaft, es geht nie um eine affirmative Bestätigung des Status quo sondern immer um das Entwerfen von anderen Wirklichkeiten. Unter kultureller Bildung verstehen wir weiter „Die ästhetische Wahrnehmung von Selbst und Welt, sowie die Gestaltung“, – also Rezeption, aber auch Produktion – „der eigenen Praxis im Lebenslauf ihrer Sinnlichkeit und Leiblichkeit werden durch sie eröffnet und kultiviert. Ästhetische Wahrnehmung, Erfahrung und Praxis stellen einen Weltzugang eigener Art dar.“ [81]

Also das heißt, wir können über eine Ästhetische Bildung Dinge erfahren, die wir anderswo, durch andere Zugangsweisen zur Wirklichkeit nicht erfahren können. Das haben wir gestern alle gesehen bei dem Auftritt von Kai Degenhart: In seinen Liedern wurde – auf eine andere Art als in wissenschaftlicher Betrachtung – ziemlich deutlich, was Arbeiterkultur war oder Arbeiterbewegung und welche Ideen diesen Bewegungen zugrunde lagen. Also mir persönlich wurde das durch seine Kunst eindrücklich klar; besser als es ein Referat von ihm hätte machen können.

---

81 Rat für Kulturelle Bildung 2013: vgl.: www.rat-kulturelle-bildung.de

Was heißt kulturelle Bildung heute nicht?

Was heißt kulturelle Bildung heute aber nicht und was denken viele, was kulturelle Bildung heißen könnte?

Kulturelle Bildung wird häufig implizit, auch in Fachdiskursen, gleichgesetzt mit einer Einführung in die sogenannte Hochkultur. Es sollte aber im Konzept kultureller Bildung gerade nicht darum gehen, Kindern und Jugendlichen jetzt mal klar zu machen, wie der klassische westliche Kanon aussieht, damit sie ihn auch rezipieren können und auch möglichst in dieser Form für sich annehmen, sondern eine wirklich kritische Auseinandersetzung damit ist anzuregen. Natürlich sollen und müssen gerade Kinder und Jugendliche die für eine kultur zentralen Kunstwerke kennenlernen, aber es geht dabei um eine grundsätzlich kritische Haltung, die zudem nicht beim Kanon der eigenen westlichen Kultur haltmacht.

Den Begriff „Audience Development" haben Sie wahrscheinlich auch schon gehört, viele Kulturinstitutionen führen diesen mit sich. Dieser bedeutet eigentlich Erziehung des Publikums, Gewinnung von neuen Publikumsschichten, Schaffung einer Nachfrage für Kultur. Genau darum geht es aber bei kultureller Bildung auch nicht. Kultureinrichtungen sollten sich hüten, kulturelle Bildungsangebote nur deswegen anzubieten, weil sie klagen, dass ihnen ansonsten die Leute weglaufen würden! Kinder und Jugendlichen müssen – und das haben Studien[82] ergeben – möglichst früh ins Theater oder in andere Kultureinrichtungen kommen, um als Erwachsene diese Einrichtungen weiter zu nutzen. Kommen Kinder und Jugendliche nicht mit diesen Einrichtungen in Kontakt, ist es sehr wahrscheinlich, dass sie später zu den Nichtkulturnutzermilieus zählen. Wir haben in Deutschland hierzu Studien, die zeigen, dass nur circa zehn Prozent der Bevölkerung zu den Kernnutzern von Hochkultureinrichtungen gehören. Das heißt, dass ca. zehn Prozent unserer Gesellschaft die großen Theater, die großen Museen, die großen Einrichtungen regelmäßig nutzen. Das heißt aber leider auch, die Mehrheit der Gesellschaft, sind Nichtkulturnutzer, wenn man auf die Hochkultureinrichtungen schaut.[83] Diese Personen haben natürlich eigene kulturelle Formen, ganz klar, aber sie

---

82 Z. B. Keuchel, Susanne & Wiesand, Andreas J. (2006): Das 1. Jugend-Kultur-Barometer: Zwischen Eminem und Picasso. ARCult Media: Bonn.

83 Zentrum für Kulturforschung (1991–2005): 1.–8. Kulturbarometer. Bundesweite Bevölkerungsumfragen, Bonn. Online: www.kulturforschung.de

partizipieren eben nicht an der Kultur, in die viel Geld gesteckt wird. Und das ist, wenn man über kulturelle, aber auch politische und gesellschaftliche Teilhabe redet, ein großes Problem. Es geht bei kultureller Bildung also nicht darum, diesen Nichtkulturnutzern zu zeigen, was ein Theater ist, damit sie danach auch wiederkommen und die Hochkultureinrichtungen weiter ihr Publikum finden, sondern es geht darum, eine eigene kulturelle Haltung zu entwickeln.

Auch die Förderung der Kultur- und Kreativwirtschaft ist eine Legitimation für gesellschaftliche Anstrengungen in kulturelle Bildungsmaßnahmen, die häufig vorkommt. Die Argumentationsstruktur ist folgende: Deutschland muss wirtschaftlich erfolgreich sein, und wie wird man wirtschaftlich erfolgreich? – Indem ein Land kreative Individuen hervorbringt? Es ist aber nicht erwiesen[84], dass kulturelle Bildung generell überhaupt kreativer macht und auch nicht welche Formen notwendig wären, um die Kreativität einer Gesellschaft zu fördern. Diese wirtschaftspolitische Legitimation kultureller Bildung wird jedoch häufig gerade von Politikern angeführt. Vor allem im asiatischen Raum ist das sie vorherrschende Argumentation für Arts Education. Auch da wenden wir uns dagegen und sagen: Das kann nicht der Sinn sein von kultureller Bildung.

Kulturelle Bildung soll zudem zum Ausgleich für eine verkorkste Sozialpolitik herhalten. Das sehen wir an der harschen Kritik zu einem großen Förderprogramm für bildungsbenachteiligte Kinder und Jugendliche „Kultur macht stark – Bündnisse für Bildung“ vom Bundesministerium für Bildung und Forschung. Da geht es ein bisschen in der Argumentation, hat man das Gefühl, dem Ministerium darum zu sagen: „Wir haben Brennpunktzentren und -schulen, wir haben bildungsbenachteiligte Kinder und Jugendliche und wie lösen wir dieses soziale Problem am besten? Wir geben denen gute kulturelle Projekte. Dann werden sie sozial kompetenter, dann werden sie integriert und dann haben wir das eigentlich doch ganz geschickt gelöst. Und dann sind die Künstlerinnen und Künstler auch noch zufrieden, weil dann haben sie auch noch ein bisschen Arbeit.“ – Also, ich polemisiere das Ganze jetzt, aber das ist eine Argumentationslinie, die mit dem Programm unterschwellig verknüpft ist. Und natürlich wehren wir

84 Winner, Ellen/ Goldstein, Thalia R./ Vincent-Lancrin, Stéphan (2013): Art for Art's Sake? The Impact of Arts Education. OECD Publishing.

uns bei einer solchen Argumentation und heben hervor, dass kulturelle Bildung ein Menschenrecht ist[85] und nicht dafür taugt, ein Ersatz und ein Trostpflaster für eine mangelnde Sozialpolitik oder ein Gegenmittel für ein neoliberales Wirtschafts- und Bildungssystem zu sein.

Und letztlich bleibt das Argument der Erfüllung des Ganztages und der sinnvollen Beschäftigung der Kinder am Nachmittag. Seit einigen Jahren nehmen Ganztagsschulen in Deutschland zu und da stand natürlich am Anfang die Frage: Wie füllen wir jetzt den Ganztag? Und die Lehrerinnen und Lehrer verweigern: „Oh ne, jetzt muss ich auch noch ganztags da bleiben und Schülerinnen und Schüler beaufsichtigen, also wie soll ich das denn schaffen?“ Und auch da gab es natürlich sofort die Idee zu sagen: „Naja, jetzt machen wir einfach den Musikunterricht und den Zeichenunterricht und alles Kulturelle machen wir jetzt am Nachmittag und da binden wir jetzt schön die Künstler mit ein und alles ist gut, dann können die Lehrer nach Hause gehen und dann haben die Künstler eine Aufgabe.“ So einfach funktioniert dies aber nicht, da Künstler ausgebildet werden, neue Strukturen geschaffen werden müssen. Des Weiteren: Die Verbandsakteure der Musikschulen sind beispielsweise seit Jahren auf den Barrikaden und haben Angst, dass die Musikschulen nicht mehr ausgelastet sind, weil jetzt irgendwie plötzlich all dieser Unterricht in der Schule stattfinden soll.

Wir denken, dass kulturelle Bildung integraler Bestandteil sein muss und Ausgangspunkt einer guten Schulkultur, damit es überhaupt als Haltung ankommt bei den Kindern, verinnerlicht werden kann und nicht nachmittags „angeklebt“ wird. Ich sage nicht, dass es jetzt in allen Ganztagsschulen so läuft – das sind Negativbeispiele, um das noch einmal zu schärfen, was heißt kulturelle Bildung, was kann es heißen und was nicht.

Vielleicht nochmal im Rückgriff auf Rolf Wernstedt, der ganz am Anfang dieser Tagung gefragt hat, „Was ist Arbeiterkultur, was ist Kultur?“ Und er hat gemeint, für ihn seien diese Fragen auch ein Ausdruck für „Herr seiner Selbst werden“. Das fand ich in Bezug auf meine Definition kultureller Bildung ein gutes Wort. Schließlich kann man dies sehr gut auf das

---

85 Allgemeine Erklärung der Menschenrechte: Artikel 27 „(1) Jeder hat das Recht, am kulturellen Leben der Gemeinschaft frei teilzunehmen, sich an den Künsten zu erfreuen und am wissenschaftlichen Fortschritt und dessen Errungenschaften teilzuhaben.“

Konzept kultureller Bildung anwenden. „Herr seiner Selbst werden" ist auch eine Bildungsidee, die wir mit kultureller Bildung stark verknüpfen. Auch hat jemand auf der Tagung geäußert: „Kultur ist, wenn ich mit anderen mal richtig in Bewegung bin!". Auch dieses Zitat eines Teilnehmers passt sehr gut in das Bild kultureller Bildung, das ich für Sie zeichnen möchte.

Noch einmal auf den Punkt gebracht, was ist kulturelle Bildung? Man kann dies von mindestens zwei Seiten anschauen: gesellschaftlich und individuell.

Gesellschaftlich geht es um eine ästhetische Alphabetisierung, also eine Einführung in die Formen unserer Kultur, die aber eben sehr vielfältig sind: Es geht nicht nur um Hochkultur, sondern auch um popkulturelle Formen, um jegliche ästhetische Ausdrucksformen also. Dies beinhaltet zunächst ein Kennenlernen und dann eine Kultivierung der Formen, also eine Auseinandersetzung damit. Das fängt einfach an, das Lernen eines Volksliedes zum Beispiel. Wie viele Kinder können noch singen heutzutage und aus dem Stegreif auswendig Lieder vorsingen? Das ist weniger geworden und so etwas ist auch gemeint mit einer ästhetischen Alphabetisierung. Neben dem Erlernen einer Grundkenntnis ästhetischer Formen, einer Kultur, heißt kulturelle Bildung aber auch eine Befähigung zur demokratischen Teilhabe zu erlangen, zur Partizipation an der Gesellschaft über Kultur, vor allem auch zur aktiven Mitgestaltung. Kulturelle Bildung beinhaltet eben nicht nur Rezeption, sondern auch eine gewisse Ausdrucksfähigkeit und demnach geht es auch um eine politische Emanzipation. Politisch im wahrsten Sinne, das heißt, wie setze ich mich in Beziehung zu meiner Umwelt, was sehe ich als meine Aufgabe in der Gesellschaft an, wofür will ich mich einsetzen, was will ich mitgestalten? Dafür können die Künste ein gutes Übungsfeld darstellen und selbst ein Ausdruck sein. Wie wir gestern beim politischen Liederabend auch sehr schön gesehen haben.

Individuell – und das ist die andere Seite kultureller Bildung – geht es um die Auseinandersetzung mit und Gestaltung der eigenen Lebenswelt, das habe ich schon gesagt. Biografische Kompetenz wird in einer zunehmend komplexeren Welt immer wichtiger. Lebensläufe sind in unserer Gesellschaft nicht mehr vorgezeichnet, sondern sie können individuell frei gewählt werden und hier besteht für viele, gerade für junge Menschen, die Frage: „Was fange ich denn an mit meinem Leben? Ich habe so viele Chancen und diese Chancen und Möglichkeiten hindern mich vielleicht eher, als dass sie mir Möglichkeiten eröffnen." Zur Beantwortung solcher Fragen wird Orientierungskompetenz und die Fähigkeit zur Auseinandersetzung mit der eigenen Biografie gebraucht. Möglichkeiten zur Transformation und die Entdeckung von neuen Handlungsmöglichkeiten – auch das muss gelernt werden. Die Auseinandersetzung mit Kunst und Kultur eröffnet immer auch einen solchen Möglichkeitsraum und zeigt, was sein könnte? Was ist heute noch nicht, aber was könnte sein? Sich selbst als gestaltender Mensch erfahren. Das eigene Handeln als selbstwirksam erfahren.

Letztlich, wenn man die Geschichte des Begriffes der kulturellen Bildung anschaut, geht es immer um eine Humanisierung des Menschen und das Ziel ist letztlich ein „gutes Leben". Man könnte an dieser Stelle zum Beispiel mit Amartya Sen oder Martha Nussbaum, also mit einigen Philosophen, diese Idee noch schärfen und fragen, was ist das, das „gute Leben"? Es orientiert sich in jedem Fall an einem humanistischen Bildungsideal, das wir in den Prinzipien kultureller Bildung wiederfinden.

Aber was sind denn nun Formen, gesellschaftliche Ausformungen, in denen dieses Ideal – gesellschaftlich wie individuell – heutzutage zumindest theoretisch deutlich wird? Aus meiner Sicht sind das Formen der Breitenkultur, der Soziokultur, aber auch so etwas wie kulturelle Schulentwicklung, also das heißt, wenn eben in der Schule Kultur und die Auseinandersetzung mit den Künsten zum Prinzip erhoben wird. Natürlich geht es – das ist hoffentlich deutlich geworden – um etwas Ideelles, das dem Begriff und der Vorstellung kultureller Bildung innewohnt; aber dieses differenziert sich aus meiner Sicht auch in einzelnen Projekten, in einzelnen Formen der gesellschaftlichen Organisation aus, die wir im Moment überall finden können.

Wie kann kulturelle Bildung politisch wirken?

Um die Verbindung zwischen dem vorgestellten theoretischen Konstrukt kulturelle Bildung und Formen gesellschaftlicher Praxis deutlich zu machen, möchte ich Ihnen zwei Definitionen vorstellen. Die erste Definition von „Breitenkultur" ist aus einem jetzt gerade im Erscheinen begriffenen „Weißbuch Breitenkultur"[86], dass das Institut für Kulturpolitik, an dem

86 Schneider, Wolfgang (Hrsg.) (2014): Weißbuch Breitenkultur. Kulturpolitische Kartographierung

ich lehre in Hildesheim, heraus gibt. Diese Definition haben Hildesheimer Studierende im Gespräch mit Fachleuten, also mit Verbänden, Vereinen, die Kultur machen, entwickelt. Da wurden die Landschaften befragt, die ganz viele Kulturprojekte machen, oder Soziokulturelle Zentren, die Breitenkultur machen, oder ganze Dörfer, die in Bewegung kommen. Das Projekt „Dorf macht Oper" – ich weiß nicht, ob Sie das kennen – ist ein Beispiel, bei dem wirklich ein ganzes Dorf auf die Beine kommt und etwas gemeinsam gestaltet. Das ist ein klassisches Beispiel für Breitenkultur. Und die Hildesheimer Studierenden haben es in einer Arbeitsdefinition auf den Punkt gebracht: Breitenkultur ist „Gemeinsames künstlerisches und kulturelles Tun mit individueller Teilhabe und bürgerschaftlichem Engagement auf einer nicht kommerziellen, sparten- und politikfeldübergreifenden Ebene."[87] Das ist also eine Form, in der man kulturelle Bildung ausdifferenzieren kann.

Die zweite Definition beschreibt Soziokultur und ich zitiere relativ aktuell aus dem Leitbild der Bundesarbeitsgemeinschaft Soziokultureller Zentren e. V. von 2011: „Soziokultur ist eine programmatische Bezeichnung für Diskurse, Inhalte, Praxis- und Organisationsformen, die gesellschaftliches Leben und kulturellen Ausdruck aufeinander beziehen. Sie öffnet sich unterschiedlichsten Auffassungen von Kultur, fördert durch kulturelle Beteiligung bürgerschaftliches Engagement und die kreativ-kulturellen Kompetenzen vieler – unabhängig von Alter, Geschlecht und Herkunft – und sucht damit Antworten auf die Frage, wie wir leben wollen."[88]

Also auch hier taucht die Frage nach Lebenskunst wieder auf. Die Frage danach, wie wollen wir leben, was ist das gute Leben?

Nach diesen Beispielen sollte es schon ansatzweise deutlich geworden sein, wie kulturelle Bildung nun politisch wirken kann. Aus meiner Sicht geht es immer um diese Differenz oder das Verhältnis zwischen Gesellschaft und Individuum und ich bin der Meinung, dass gesellschaftlicher Wandel nur durch individuellen Wandel beginnen kann. Deshalb habe ich Pädagogik studiert, weil ich der Ansicht bin, wenn man gesellschaftlich

---

eines gesellschaftlichen Phänomens am Beispiel des Landes Niedersachsen. Hildesheimer Universitätsschriften 29: Hildesheim.

87 A.a.O., S. 27

88 Aus dem Leitbild der Bundesarbeitsgemeinschaft Soziokultureller Zentren e.V. (2011): Verfügbar unter http://www.soziokultur.de/bsz/node/568. Angerufen am 27.8.2014.

etwas verändern will, dann muss man bei den Individuen anfangen und deswegen ist Bildung für mich der Ausgangspunkt jeglicher Politik und gesellschaftlichen Zukunftsentwürfen. Kulturelle Bildung ermöglicht ästhetische Erfahrungen: Sie alle werden es vielleicht schon einmal erlebt haben, dass sie gestaltet haben oder auch rezeptiv etwas wahrgenommen haben, etwas gehört oder gesehen haben, was in Ihnen ein Aha-Erlebnis beschert hat. Wo Sie anschließend sagen: „Ah ja, jetzt stimmt's! Ja, jetzt ist mir dies oder jenes klar geworden." Und in dem Moment war Ihnen vielleicht vollkommen klar, so ist das richtige Handeln.

Das sind solche besonderen Momente, die man wenn sie durch eine sinnliche Auseinandersetzung mit Objekten oder Situationen passieren, auch „ästhetische Erfahrungen" nennen kann. Ich zitiere hier einen akademischen Lehrer von mir, Jörg Zirfas, der an der Universität zu Köln lehrt und einen Lehrstuhl für Anthropologie innehat: „Ästhetisch sind diese Erfahrungen dann, wenn sie einen Bruch mit den üblichen Wahrnehmungen markieren. Sie haben einen kontemplativen, reflexiven, dekonstruktiven Charakter, der das bislang Un-erhörte, Un-gesehene, Un-erahnte hören, sehen und ahnen lässt. Ästhetische Erfahrungen bringen das Andere zur Geltung. In der ästhetischen Erfahrung wird die (sinnliche) Selbsterfahrung zur Fremderfahrung. Die Grundsituation der ästhetischen Erfahrung ist die Erfahrung eines Anderen, auf die das Subjekt eine Antwort finden muss."[89]

Schön finde ich hier „das Andere". Etwas zu erfahren, das nicht anders wahrnehmbar oder ausdrückbar ist, das nicht im alltäglichen Leben vorkommt, sondern das einen Bruch markiert, also etwas, das man erfährt, wenn man von einer anderen Perspektive auf die Sache schaut. Künstlerinnen und Künstler können uns diese „andere Perspektive" eröffnen, diese anderen „Draufschaumöglichkeiten" und ermöglichen uns damit eine Erkenntnis, eine Fortentwicklung, eine Transformation unserer Wahrnehmungs- und Ausdrucksgewohnheiten; eine Selbst-Bildung, die vielleicht anders nicht möglich wäre.

Deswegen ist für mich die ästhetische Auseinandersetzung mittels der Künste so wichtig. Weil ich glaube, dass darin menschliche Erfahrungs-

89 Zirfas, Jörg (2005): Aisthesis. Ästhetische Bildung im theatralen Sinnenspiel. In: Liebau, E./Klepacki, L./ Link, D./Schröer, A./Zirfas, J. (Hrsg.) (2005): Grundrisse des Schultheaters. Weinheim/ München: Juventa, S. 69–86. Hier S. 74.

und Bildungsmöglichkeiten liegen, die wir anders so nicht ausschöpfen könnten. Es ist – wie am Anfang in der Definition kultureller Bildung bereits verdeutlicht – ein eigener Weltzugang. Und ich bin sicher, wenn man so pädagogisch beginnt, kann man ganz viel bewegen im Individuum. Man kann so kritische Menschen „schaffen". Das heißt schaffen, vielmehr bilden sie sich selber, aber man kann es als Pädagoge, als Begleiter, als Gegenüber anregen, dass Menschen kritisch werden, dass sie wachsam sind, dass sie um sich schauen, dass sie – wie gestern jemand sagte – „ihren Arsch hoch kriegen"! Das sind alles Dinge, die durch eine ästhetische Auseinandersetzung mit der Umwelt, wie sie durch kulturelle Bildung grundgelegt wird, passieren können.

Was nun mit der Arbeiterkultur?

So, letzter Punkt: Warum erzähle ich das alles, dieses relativ akademische, begriffstheoretische Zeug? Wir sind mitten drin in dieser Diskussion um Arbeiterkultur(en). Ich habe sehr aufmerksam zugehört die letzten Tage, weil ich natürlich, offensichtlich das alles nicht am eigenen Leib erlebt habe und mir über Texte und über Lieder, über Kunstwerke einen Zugang verschaffen muss oder vielmehr will. An was erinnert mich die Diskussion um die „historische" Arbeiterkultur und die diskutierten Werte? All das Gesagte erinnert mich sehr stark an heutige Strömungen – und ich habe die Definitionen ja vorhin gebracht – der Breitenkultur und der Soziokultur.

Wir haben auf der einen Seite, und ich hab statistisch nachgeschaut, eine Auflösung der klassischen Arbeiterkultur. Die Frage kam jetzt auch immer wieder in den letzten Tagen: Was ist mit den gesellschaftlichen „Klassen" heutzutage? Gibt es diese Klassen noch? Die aktuelle akademische Diskussion sagt dazu: Wir sprechen nicht mehr von Klassen, aber es gibt unterschiedliche Milieus. In der aktuellen Sinus-Milieustudie von 2013 wird das „traditionelle Milieu" beschrieben, und das sind nur noch 14 Prozent. Also traditionelles Milieu, das heißt in traditionellen Kulturen verhaftet und einem traditionellen Kulturverständnis anhängend. In der traditionellen Arbeiterkultur sind davon nur noch gerade mal sechs bis sieben Prozent verankert. Das heißt, es ist aktuell eine relativ kleine gesellschaftliche Gruppe, die sich auch noch wirklich mit diesen Werten, die hier ja auch in den Tagen viel Gesprächsthema waren, identifiziert.

Also diese ist wirklich ein kleiner Teil. (Kommentar aus dem Publikum: „Das hedonistische Milieu wird immer größer.“)

Das ist aber nur eine grobe Einschätzung. Man müsste aber nochmal genau schauen, welche Werte der Arbeiterkultur stecken in welchem Milieu. Ich würde sagen, es gibt zum Beispiel auch ganz viele linke Strömungen in anderen Milieus, in denen sich spezifische Werte, die als historisches Erbe der Arbeiterkultur verstanden werden können, wiederfinden lassen.

Die Frage ist natürlich, wie gestaltet sich das Suchen nach diesen Werten? Einfach nur mal interessante Zahlen, die ich gefunden habe: 1,5 – 2% aller ArbeiterInnen nehmen Anspruch auf Bildungsurlaub wahr. (Kommentar aus dem Publikum: „Der Grund sind die Firmen, die das nicht zulassen.“) Ja, das ist ja erst mal ein Fakt, ich sage nicht, dass die mangelnde Teilnahme an Weiterbildung und kulturellen Aktivitäten an den Personen liegt. Woran es liegt, das entnehme ich diesen Zahlen nicht. Aber es ist erst einmal interessant. Also es gibt nicht mehr dieses klassische Arbeitermilieu, das sich eben in Form einer organisierten Arbeiterkultur auch weiterbildet. Woran das liegt, darüber können wir hier nur spekulieren. Ich sehe aber Parallelen zur Nutzung staatlicher Kultureinrichtungen an dieser Stelle.

Ich habe heute schon gesagt, staatlich subventionierten Hochkultureinrichtungen geht es „an den Kragen“. Wir haben hier eine erzwungene Öffnung der sogenannten Hochkultur, der bildungsbürgerlichen Kultur, die so nicht mehr lange bestehen bleiben wird. Hochkultureinrichtungen müssen sich vermehrt um Teilhabe verschiedener gesellschaftlicher Milieus kümmern, um weiterhin Zulauf und eine Daseinsberechtigung zu haben. Die Kulturakteure in diesen Einrichtungen müssen Freiräume schaffen, man muss ein Interesse zeigen für andere kulturelle Strömungen. Also das heißt, eine starke Opposition gegen diese Formen der „Hochkultur“ ist wahrscheinlich gar nicht mehr nötig, da diese Strukturen sowieso alle in Auflösung begriffen sind. Das ist eigentlich das, was ich hiermit zeigen will.

Wir haben am Anfang ganz wenig diskutiert über das Internet und Kommunikationsmedien. Man kann natürlich das Argument anbringen: Internet und neue Kommunikationsmedien sind eine Hilfe zur Demokratisierung, eröffnen ein ganz neues Bewusstsein und ersetzen vielleicht auch so etwas wie ein kulturelles Zusammenkommen, ein Gestalten, einen produktiven Austausch, weil man sagt: „Das passiert ja jetzt alles virtuell, wir brauchen das in live gar nicht mehr!" Bei solch einer Argumentation wäre ich sehr vorsichtig. Es gibt Studien[90], die genau nachweisen, dass zum Beispiel die arabischen Revolutionen, wo man immer sagt, „Naja, diese Revolutionen sind nur zu Stande gekommen, weil sich alle über das Internet organisieren konnten". Das stimmt so einfach nicht.

Also eine Demokratisierung über das Internet passiert in dieser Form nicht. Es erleichtert zum Beispiel die politische Meinungsbildung und -äußerung, ist aber kein Ersatz für das körperliche Zusammentreffen von Menschen, das politische Agieren in Gruppen oder auch das Live-Erleben der Künste. Dies bedeutet für mich im Umkehrschluss wieder: Wir brauchen nach wie vor diese kulturellen Formen der Auseinandersetzung und wirklich auch ein körperliches Zusammenkommen; wir brauchen das gemeinsame Gestalten und das Reproduzieren auch im Politischen. Es ist kein Ersatz, zu sagen: „Naja, wir haben ja jetzt Internet und deswegen sind wir alle sowieso vernetzt." Man könnte diese Argumente jetzt noch weiter entfalten.

Meine These ist einfach nur – die ist sicherlich ein bisschen steil und die muss man sicherlich noch ein bisschen „zurechtruckeln", aber: Kulturelle Bildung ist im Kern vor allem eben auch Ausdruck einer Breiten- und Soziokultur, die als „neue Arbeiterkultur" betrachtet werden kann. Das ist, wie gesagt, sicherlich ein bisschen zu steil formuliert, weil in der Sozio- und vor allem auch Breitenkultur fehlen sicherlich auch politische Anteile, die sich in der „alten" Arbeiterkultur natürlich finden ließen. Sozio- und Breitenkultur sowie kulturelle Bildung sind heute nicht so stark politisiert. Dennoch geht es in die Richtung der „alten" Arbeiterkultur und viele Werte und Haltungen sind, glaube ich, sehr, sehr ähnlich. Sozio- und Breitenkultur sind vielleicht eine Art Ersatz und können daher betrachtet werden als neue Art einer „Arbeiterkultur", das heißt, zum Wohle einer Kultur der Arbeit und des gesellschaftlichen Zusammenlebens. Die Ziele von Breiten- und Soziokultur sind eben auch: gute Arbeitsbedingungen, die kritische Auseinandersetzung mit gesellschaftlichen Problemen und Machtstrukturen, das Nichtkommerzielle, das Selbermachen, das in Ge-

90 Siehe z. B. Kneuer, Marianne (Hrsg.) (2013): Das Internet: Stressfaktor oder Bereicherung für die Demokratie? Nomos Verlag: Baden.

meinschaft Machen, das in Gemeinschaft in Bewegung Kommen. Es gibt also ganz viele Parallelen zur ehemaligen Arbeiterkultur und das bringt mich einfach zum Nachdenken. Vielleicht hat sich da etwas, eine kulturelle Strömung weiterentwickelt und wir bemerken das gar nicht oder nehmen es nicht wahr. Wir hatten beim Frühstück diskutiert über Webkultur und neue künstlerische und ästhetische Ausdrucksformen. Warum gibt es die politischen Liedermacher heute nicht mehr in dieser Form? Vielleicht – und das ist nicht mehr als eine Vermutung – einfach auch deswegen, weil es andere Gruppen gibt und natürlich andere ästhetische Ausdrucksformen, die diese Funktion übernehmen, aber eben in anderer ästhetischer Form.

Zum Abschluss ein schönes Zitat von Peter Henze, der auch in Soziokultur, Breitenkultur arbeitet und viel Landkulturarbeit auch macht. Er sagt: „Wir sprechen von einer Land | Kultur | Arbeit, in der sich alle Künste und kulturellen Tätigkeiten treffen und verbinden in einer Arbeit, die sich ganz nah an den Menschen orientiert, die ihre Bedürfnisse und Themen aufsucht und sie zum Gegenstand macht – in Tätigkeiten, die auch Kultur sind, aber gleichzeitig Geschwister von Sozialarbeit, Seelsorge und Alltagsbewältigung, die identitätsbildend und die gerade deswegen auch politisch sind. Wir beharken, erhalten, ermutigen eine von Politik und Wirtschaft zunehmend verödete Landschaft samt ihren Menschen – weil gesellschaftstragende Lebensräume nicht aufgegeben werden können – es geht um KulturArbeit ‚nach morgen'."[91]

Und das ist für mich, was er da ausdrückt, ganz aktuell! 2013 schreibt er diesen Satz. Das könnte für mich ein Weg sein, wo Strömungen beziehungsweise das Erbe der Arbeiterkultur ein Stück weit wieder lebendig wird. Vielleicht nicht in dieser Intensität, vielleicht nicht in dieser starken Politisierung, aber wo doch sehr, sehr viele Werte hinüber gerettet sind in ein neues Zeitalter.

---

91 Henze, Peter (2014): Land | Kultur | Arbeit. Ein kulturpolitisches Pamphlet. In: Schneider, Wolfgang (Hrsg.) (2014): Weißbuch Breitenkultur. Kulturpolitische Kartographierung eines gesellschaftlichen Phänomens am Beispiel des Landes Niedersachsen. Hildesheimer Universitätsschriften 29: Hildesheim. S. 123–132

Udo Achten

Anmerkungen zur gewerkschaftlichen Kulturarbeit

> *„Ich bin schön, ich bin klug, ich bin weise und das alles habe ich selbst entdeckt."*
>
> (Lec)

Vielen Dank für die Einladung zu diesem Diskussionsbeitrag, die ich gerne angenommen habe, zumal ich hier ′historischen Boden‵ betrete. 1963/64 war ich Teilnehmer an dem fünfmonatigen Aufbaukursus hier in Hustedt.

Meine ironische Selbsteinschätzung (nach Lec), die ich vorangestellt habe ist mir wichtig, um darauf hinzuweisen meine Anmerkungen zu relativieren. „Warum hinterfragt kritische Wissenschaft und kritische Bildung zu selten selbstkritisch ihren eigenen Wahrheitsanspruch?"[92] fragt Daniela Holzer auf der Tagung im letzten Jahr hier in Hustedt. Genau zu dieser außerordentlich wichtigen Frage kann ich hier und heute keine Aussage machen, hoffe jedoch, dass wir das auf einer der nächsten Tagungen nach Antworten zu dieser Frage finden.

Im Folgenden möchte ich keine umfassende Theorie oder empirische Untersuchung über Kultur vorstellen, vielmehr von einigen Erfahrungen aus dem Bereich gewerkschaftlicher Kulturarbeit der 70er bis 90er Jahre berichten, Anmerkungen mit allen Vor- und Nachteilen, die Erfahrungsberichten innewohnen. Wahrnehmungen sind selektiv, können nie ′objektiv‵ sein. Hinzu kommt, dass sie das Erleben und Verarbeiten einer Person in den Mittelpunkt stellen, in der Wirklichkeit jedoch diese immer eingebettet sind in Diskussionen von Mitstreitern und hier und da auch von Gegnern.[93] Was soll's:

Erste Erfahrungen mit Kulturarbeit machte ich als Teilnehmer auf einem Jugendvertreterlehrgang 1961 in der DGB-Bundesjugendschule Oberursel. Morgens, vor dem eigentlichen „Unterrichtsbeginn", gab es

92 Henze, Peter (2014): Land | Kultur | Arbeit. Ein kulturpolitisches Pamphlet. In: Schneider, Wolfgang (Hrsg.) (2014): Weißbuch Breitenkultur. Kulturpolitische Kartographierung eines gesellschaftlichen Phänomens am Beispiel des Landes Niedersachsen. Hildesheimer Universitätsschriften 29: Hildesheim. S. 123–132. Hier S. 124

93 Daniela Holzer, Wissenschaftliches Wissen: Kritisch betrachten und reflexiv nutzen; In: 50 Jahre „Soziologische Phantasie und Exemplarisches Lernen". Bildungszentrum Heimvolkshochschule Hustedt e.V. (Hrsg.), Norderstedt , 2014, S.77

eine kulturelle `Morgengymnastik`. Berichtet wurde über Jazz und Musikgeschichte, Kabarett und Theater. Die Präsentation war natürlich geprägt von den Interessen des frischgebackenen Assistenten Ostertag.[94] Diese Präsentation hatte den Vorteil, dass der Funke der Begeisterung für Jazz 'rüber kam, auch wenn dabei geschichtliche und kulturelle Hintergründe etwas kurz ausfielen.[95]

Leider gibt es bisher keinen aktuellen systematisch gesammelten und dokumentierten Berichte über kulturelle Aktivitäten der gewerkschaftlichen Jugendarbeit in der Frühphase der BRD. Vergessen ist, dass es gewerkschaftliche Kabarettgruppen gab, z. B. in der IG Metall jahrelang eine Jugendrevue.[96] Es wäre lohnenswert, sich auf Spurensuche dieser Zeit zu begeben, solange es noch Zeitzeugen gibt. Sicher standen in den 50iger Jahren jugendpflegerische Aspekte[97] im Vordergrund, was jedoch nicht unpolitisch heißt.[98] Da generationsbedingt eine Organisation durch das Ausscheiden der älteren KollegenInnen abnimmt, kam und kommt es für den Fortbestand der Gewerkschaftorganisation darauf an, neue junge Mitglieder zu gewinnen.[99]

Kultur ist Arbeit und Genießen

Wilhelm Liebknecht stellt auf dem SPD-Parteitag 1890 zum Recht auf Faulheit fest:[100] „Wir wissen, dass ohne Arbeit keine gesellschaftlichen

---

94 Eigene Aktivitäten sind kein Ersatz für organisierte, geförderte in allgemeine Arbeit integrierte fehlende Kulturarbeit der Gesamtorganisation.

95 Der 1971 einer der Leiter im IG Metall Bildungszentrum Sprockhövel wurde.

96 Wie zum Beispiel die Darstellungen von: Karl Bücher, Arbeit und Rhythmus, Leipzig, 1909

97 Therese Angeloff, Meine Seele hat ein Holzbein: Ein Werdegang; mit Gedichten und Liedern, Bildern und Kabarett-Texten. – München, 1982. S.284 ff, siehe auch z.B. Büsing, Georg, Tag um Tag : Folge für einen Heimabend/ – Düsseldorf : DGB-Gewerkschaftsjugend, [ca. 1950]. (Schriftenreihe für Jugendarbeit/Heimabend ; 1. Der fröhliche Heimabend/Hrsg.: Deutscher Gewerkschaftsbund – Bundesvorstand, Hauptabteilung Jugend. Köln ca. 1955. (Schriftenreihe für Jugendarbeit / Heimabend; 7)

98 Jugendpflege ist gekennzeichnet durch das Bemühen Erwachsener (Organisationen und staatl. Institutionen) Kinder u. Jugendliche zu schützen, in die Erwachsenenwelt zu integrieren, oft zu Lasten von Selbststätigkeit. Siehe hierzu Hellmut Lessing, Jugendpflege oder Selbsttätigkeit: Eine historische Unters. zum Verhältnis v. Reformismus und Jugendarbeit, Köln (u.a.), 1976.

99 Ernst Söder, Dein Leben ist mehr als Arbeit, Von den Anfängen bis ins Jahr 2000; Mehr als 50 Jahre Gewerkschaftsjugend in Dortmund, Essen 2001

100 Gerhard Schröders unhistorische Feststellung, dass es kein Recht auf Faulheit gäbe, Begleitmusik zum Abbau von Sozialleistungen für Arbeitslose, beantworteten wir mit großem Text/Bildband Recht auf Arbeit Recht auf Faulheit. Udo Achten, Recht auf Arbeit, Recht auf Faulheit , Düsseldorf 2007

Werte entstehen, aber wir leben nicht, um zu arbeiten – sondern wir arbeiten, um zu leben." Dabei ist der Kampf um ein besseres Leben auch ein Stück Kulturkampf. Dabei kommen einige zu dem (Fehl-)Schluss Kultur als Sahnehäubchen zu betrachten, das man sich leisten kann, wenn die eigentliche gewerkschaftliche Arbeit getan ist.[101]

Im Lehrgang z.B. könne man sich kulturelle Einlagen leisten, wenn man die Analyse der wirtschaftlichen, rechtlichen Fakten im Lehrgang abgearbeitet hat. Zur Illustration: Als ich zum Lehrgangsbeginn ein passendes Gedicht von Tucholsky und einen Text von Brecht vorlas, wurde meine Trainerin unruhig und konnte sich nach der kurzen kulturellen Einlage nicht verkneifen danach zu fragen, ob wir nun endlich mit dem Unterricht beginnen könnten. Tucholskys 'Bürgerliche Wohltätigkeit' oder Degenhardts Lied 'Wenn der Senator erzählt' waren für sie allenfalls Beiwerk, wenn genügend Zeit übrig blieb, was selten geschah, da man nie fertig wurde. Sie wollte zur Sache kommen, zum Betriebsverfassungsgesetz.

Was ist Kultur?

Doch was ist Kultur? In scheinbarer Selbstverständlichkeit bleibt der Begriff so allgemein wie unpräzise, dass man nicht weiß, wo anfangen, wo aufhören. Die Klammer ist, „Kultur ist, wie der Mensch lebt und arbeitet", und hat darüber hinaus auch etwas mit Genuss zu tun. Wenn man nicht nach Genuss strebt, (...) warum sollte man da kämpfen?

Lasst uns jedoch nicht ehrfürchtig vor einem allumfassenden überhöhten Kulturbegriff erstarren. Wie stellt Kalle in Brechts Flüchtlingsgesprächen fest, es wirft ein schlechtes Licht auf das Land, wenn Begriffe wie Bildung, Freiheits- und Vaterlandsliebe so überbetont werden.

So hat der glorifizierte Kulturbegriff auch seine Schattenseiten für diejenigen, die danach streben sollen, ohne gleichzeitig dazu in der Lage zu sein.

"KALLE
(....) Wozu meinen Schönheitssinn ausbilden, indem ich die Bilder von dem Rubens anschau, und die Mädchen, die in Betracht kommen, haben

101 Gerhard Schröders unhistorische Feststellung, dass es kein Recht auf Faulheit gäbe, Begleitmusik zum Abbau von Sozialleistungen für Arbeitslose, beantworteten wir mit großem Text/Bildband Recht auf Arbeit Recht auf Faulheit. Udo Achten, Recht auf Arbeit, Recht auf Faulheit , Düsseldorf 2007.

alle die Gesichtsfarbe, die sie in der Fabrik kriegen? Und der Junge von meiner Wirtin studiert die Pflanzenwelt und sie hat nicht das Geld für ein Stäudel Salat!
ZIFFEL
Wir können's so ausdrücken: wenn der Bildungsdrang in einem Land einen so heroischen und selbstlosen Anstrich kriegt, dass er allgemein auffällt und für eine hohe Tugend gehalten wird, wirft das ein schlechtes Licht auf das Land."[102]

Menschen, deren Leben durch Produktion von Gütern bestimmt wird und die die verbleibende Zeit zur Wiederherstellung ihrer Arbeitskraft benötigen, die Verpflichtungen gegenüber ihren Familienangehörigen haben, besitzen nicht mehr viel "Muße", sich mit den schönen Dingen des Lebens auseinander zu setzen.

Sarkastisch könnte man sogar formulieren, dass die Kürzungen im Kulturetat immer verbunden werden mit Betonung der äußersten Wichtigkeit von Bildung und Kultur.

Es wirft also ein schlechtes Licht auf das Land, wenn Kultur einen so heroischen Anstrich kriegt, weil die Verhältnisse einer Weiterentwicklung und Teilnahme möglichst vieler Menschen dem entgegenstehen.

Tu will kämpfen lernen und lernt sitzen
Tu kam zu Me-ti und sagte: Ich will am Kampf der Klassen teilnehmen. Lehre mich.
Me-ti sagte: Setz dich.
Tu setzte sich und fragte: Wie soll ich kämpfen?
Me-ti lachte und sagte: Sitzt du gut?
Ich weiß nicht, sagte Tu erstaunt, wie soll ich anders sitzen?
Me-ti erklärte es ihm.
Aber, sagte Tu ungeduldig, ich bin nicht gekommen, sitzen zu lernen.

---

102 „ In der Alltagssprache fungiert Kultur als ein von diffus leuchtenden Versprechungen überzogener verbaler Baldachin über einem chaotischen Gedränge verschiedenartigster Bedeutungen. Am einen Pol umfassen sie Kunst und Literatur, am Gegenpol die faktische Lebensweise einer Gesellschaft. (...) Zu zeigen ist, dass die widersprüchliche Kategorie Ausdruck gesellschaftlicher Widersprüche ist."

Dieterich Mühlberg, Kritik, in: Kritisches Wörterbuch des Marxismus, Hrsg. d. dt. Fass.: Wolfgang Fritz Haug. Berlin 2012, Spalte 276

Ich weiß, du willst kämpfen lernen, sagte Me-ti geduldig, aber dazu musst du gut sitzen, da wir jetzt eben sitzen und sitzend lernen wollen.
Tu sagte: Wenn man immer danach strebt, die bequemste Lage einzunehmen und aus dem Bestehenden das Beste herauszuholen, kurz, wenn man nach Genuss strebt, wie soll man da kämpfen?
Me-ti sagte: Wenn man nicht nach Genuss strebt, nicht das Beste aus dem Bestehenden herausholen will und nicht die beste Lage einnehmen will, warum sollte man da kämpfen?[103]

Damit ist nicht jenen das Wort geredet, die beim Genuss stehen bleiben und das Kämpfen vergessen.

Bei meiner späteren Lehrgangsarbeit als Teamer habe ich kulturelle Elemente im Lehrgang aufgenommen, indem ich mit widersprüchlichen literarischen Texten eine Diskussion anregte. Erich Kästners „Sogenannte Klassefrauen“, die sich, wenn es Mode wird, die Nägel abkauen oder mit den Hammer platt hauen, gefiel einigen männlichen Kollegen sehr, was ich dann mit einem Text von Irmtraut Morgners Geschichte "Kaffee verkehrt" konterte: Ein Mann wurde beim Verlassen eines Cafés von einer Frau in den Hintern gekniffen und bekam auf seine Empörung zur Antwort, er sei nichts Gutes gewöhnt, weil er keine Frau sei. Das regte eine Diskussion über das Geschlechterverhältnis an.

In dem Lehrgangsteil, in dem wir Streik und Aussperrung behandelten, las ich die Streikgeschichte "Sklaven der Arbeit" aus Karl May[104] vor. Beim Buchhändler, den ich in der Mittagspause aufsuchte, hatte bisher noch nie jemand das ihm völlig unbekannte Fischer-Taschenbuch verlangt – aber nun war meine schon die vierte Nachfrage an diesem Tag.

Ich kann Lehrgangsteilnehmer nicht einfach durch eine Empfehlung zum Lesen animieren. Man muss sie auf den Geschmack bringen. Als ich im Lehrgang die Geschichte von Kurt Held „Perlemann geht in den Grunewald“ erzählte, in der sich zwei Arbeiter darüber unterhalten, wie man

---

103 Bertolt Brecht: Flüchtlingsgespräche in Jubiläumsausgabe zum 100 Geburtstag, Frankfurt/M, 1997, (Bd. 5) S.51. Mehr Bildung erhöht die Chance auf dem Arbeitsmarkt. Jedoch schafft das keine Arbeitsplätze. Wenn also alle eine bessere Bildung haben, aber keine neuen Arbeitsplätze geschaffen werden oder durch Verkürzung der Arbeitszeit Arbeit gleichmäßiger verteilt wird, haben alle wieder die gleiche Situation. Nun stehen sie sich besser gebildet in Konkurrenz um die begrenzte Arbeit gegenüber.

104 Bertolt Brecht, Gesammelte Werke 12, Frankfurt/M 1976, Seite 576

aus der Villa ein Kinderheim machen will und den Besitzer als Hausmeister einplant, dann noch seinen Roman „Die Rote Zora" erwähnte, spitzten einige die Ohren. Kurz vor dem Wochenende wollten sie dann wissen, wie sie noch schnell an das Buch kommen könnten – sie würden es gerne für die Tochter mitbringen.

In der gewerkschaftlichen Praxis fühlten sich manchmal künstlerische Laien stiefmütterlich behandelt, sie fühlen sich instrumentalisiert. Deswegen lehnten sie es manchmal ab, bei einer gewerkschaftlichen Veranstaltung einen kulturellen Beitrag zu leisten „Wir sind doch nicht die Verzierung vor und nach einer Rede", quasi der Buchsbaum rechts und links neben dem Rednerpult. Die künstlerische Qualität sollte man nicht immer an der von 'Profi-Künstler' messen. Oft erreichen z. B. Amateure eine hohe künstlerische Ebene sind aber manchmal auch nicht gefeit vor einer Selbstüberschätzung.

Recht auf (politische) Bildung – (politische) Bildung im Recht[105]

Arbeitnehmer in NRW haben zum Beispiel nach dem Arbeitnehmer-Weiterbildungsgesetz (AWBG)[106] einen Anspruch auf bezahlte Freistellung für politisch/gesellschaftliche Bildung. Doch nur 0,7 % nahmen das Recht in Anspruch, nicht zuletzt auch, weil die Arbeitgeber eine Blockadehaltung einnehmen.[107]

Eine nicht im Gesetz verankerte Begriffsbildung „Bildungsurlaub" führte zu einer Arbeitsrechtsprechung, die die Teilnahme von der Zustimmung des Arbeitgebers abhängig machte. Eine Kaufhauskette reagierte auf den Antrag einer Verkäuferin, die zu einem Lehrgang fahren wollte, überhaupt nicht. Sie musste erst einen Bescheid einklagen, in dem die Freistellung abgelehnt wurde, erst dann konnte sie gegen die Ablehnung klagen. Auch wenn sie später Recht bekam, nutzte dies nichts mehr, denn der Lehrgang war schon längst vorbei. Selbst das Bundesarbeitsgericht ging von der ursprünglichen Bedeutung des Begriffs „Urlaub" aus in dem Sinne „Befreiung aus fremder Befehlsge-

105 Karl May, Die Sklaven der Arbeit, Roman. Frankfurt/M 1974

106 Udo Achten, Recht auf Bildung – Bildung im Recht, in: Thomas Dieterich, (Hg.): Individuelle und kollektive Freiheit im Arbeitsrecht. Gedächtnisschrift für Ulrich Zachert. Baden Baden, 2010.

107 Gesetz zur Freistellung von Arbeitnehmern zum Zwecke der beruflichen und politischen Weiterbildung – Arbeitnehmerweiterbildungsgesetz (AWbG)

walt". Und so bedurfte es einer Novellierung des Gesetzes, um die Blockade von Unternehmern aufzubrechen. Hier trafen unterschiedliche gesellschaftliche Vorstellungen über den Anspruch auf Bildung aufeinander.

Ging der Gesetzgeber in NRW davon aus, dass Bildung ein Bürgerrecht sei, das keiner Genehmigung bedarf, gingen einige Arbeitgeber davon aus, dass sie über die Zeitsouveränität verfügen und die Arbeitnehmerin ein Fernbleiben von der Arbeit genehmigen lassen müsste.

Der Unternehmer sollte nicht das Recht haben Bildung zu genehmigen, es war nur vorgesehen, dass er zu einem bestimmten Zeitpunkt die Realisierung des Bildungsanspruchs verweigern kann, wenn schwerwiegende betriebliche Interessen dem entgegenstehen.

Nun gilt nach der Novellierung ihr Schweigen als Zustimmung, denn Bildung ist Bürgerecht. Bildung und Kultur brauchen sowohl Zeit und Raum.[108]

Wie kann man Kultur in Lehrgänge einbeziehen und wie die Distanz von Kultur und Leben überbrücken verknüpfen? Ist die Einbeziehung von kulturellen Aktivitäten in die sozialen Auseinandersetzungen möglich, ohne diese zu instrumentalisieren? Gibt es genügend Raum für kulturelle Aktivitäten? Die Bedeutung künstlerischer Aktivitäten konnte man beim Kampf um die 35-Stunden-Woche sehen. „Fünf Stunden mehr – für Liebe und Verkehr."

Den jahrelangen Kampf um die Erhaltung der Maxhütte in der Oberpfalz haben wir in einem Buch „Hüttenfeuer" festgehalten. Der Kampf wurde nicht erfolgreich beendet und doch wird in dem Buch deutlich, dass man sich gewehrt hat – wichtig, damit man auch nach der Schließung des Stadtwerkes aufrecht durch die Stadt gehen kann.

Auf der letzten Betriebsversammlung rezitierte der Betriebsratsvorsitzende Albert Vetter „Das Lied von der Moldau":

Am Grunde der Moldau wandern die Steine.
Es liegen drei Kaiser begraben in Prag.
Das Große bleibt groß nicht und klein nicht das Kleine.
Die Nacht hat zwölf Stunden, dann kommt schon der Tag,
Es wechseln die Zeiten. Die riesigen Pläne

108 Udo Achten, Der bildungsbereite Bürger, Land NRW; DGB-Bildungswerk NRW, Düsseldorf 1996

Der Mächtigen kommen am Ende zum Halt.
Und gehn sie einher auch wie blutige Hähne,
Es wechseln die Zeiten, da hilft kein' Gewalt.
Am Grunde der Moldau wandern die Steine.
Es liegen drei Kaiser begraben in Prag.
Das Große bleibt groß nicht und klein nicht das Kleine.
Die Nacht hat zwölf Stunden, dann kommt schon der Tag.

Bertolt Brecht

Wenige Tage nach der letzten Betriebsversammlung fand in der stillgelegten Halle ein Konzert statt. Peter Bichsel formulierte es einmal so: "Wo Kultur und Alltag nicht beieinander sind, da gibt es keine Kultur."

Kultur ist mehr als ...

Wie kann man Bewertungen wie Geschmack entwickeln? Vorweg bemerkt: Das ist auch immer eine Frage der materiellen Voraussetzungen. Sehe ich mir eine Speisekarte an, so schaut das eine Auge auf das Gericht und das andere auf den Preis. Bevor ich die Speisekarte zur Hand nehme, habe ich ins *Portemonnaie* geschaut. Das bedeutet jedoch nicht, dass das, was teurer ist, auch wirklich gut ist. ′Dass Kunstobjekte auch Spekulationsobjekte sind, ist allgemein bekannt, wird aber ausgeblendet, weil es sonst nicht mehr so funktionieren würde. Der Schein vom Wert muss aufrechterhalten werden.[109]

Geschmacksbildung

Über „Geschmack“ lässt sich bekanntlich nicht streiten. Wieso eigentlich nicht? Klar dürfte sein, dass Geschmack, d. h. was einem gefällt, nicht verordnet werden kann, auch wenn es vermittels massenhafter Werbung immer wieder versucht wird.

Ein Gegenbeispiel: Wir hatten im Aufbaukursus hier in Hustedt eine Woche das Thema „Geschmacksbildung“ mit Jupp Scholtes. Damals ahnte ich nicht, wie mich die Diskussionen, das Suchen nach Kriterien einer Sichtweise lebenslang, oft in Widerspruch zu anderen, beschäftigen wird.

109 Vom 6. November 1984 (GV.NRW.1984 S. 678), zuletzt geändert durch Gesetz vom 9. Dezember 2014

Gibt es da keine Kriterien, über die man sich verständigen kann und die dann zur Bewertung herangezogen werden können?

Es ist leider ein exotisches Beispiel, in dessen Genuss ich damals gekommen bin. Diese einwöchige „Geschmacksbildung“ im Rahmen eines fünfmonatigen Aufbaukurses in der Heimvolkshochschule Hustedt ist Geschichte, denn mir ist nicht bekannt, wo so etwas in der heutigen Arbeiterbildung noch stattfindet. Da saßen also sechsundzwanzig junge Gewerkschafter zusammen, diskutierten und stritten anhand von Beispielen aus der Möbel- und Glasindustrie über Funktion und Form bei der Gestaltung von Gebrauchsgegenständen. Scholtes erläuterte an Gläsern von PEIL & PUZZLER, an Möbel von KNOLL INTERNATIONAL, was er unter Wohnkultur verstand. Zugegeben, ein wenig elitär, an bürgerlichen Maßstäben orientiert, und trotzdem war es wichtig, sich kritisch mit Gebrauchsgegenständen auseinander zu setzen. Obwohl er uns nicht explizit an die Tradition des Bauhauses heran führte, zu wenig den materiellen Hintergrund eines Lebensstils beleuchtete, führte er uns in eine neue Gedankenwelt und verleitete zum Nachdenken.

Das Gleiche galt auch für den Literaturunterricht von Gabi Witting. Wir diskutierten darüber, ob das Theater eine moralische Instanz bei der Bewertung ist. Wo Gesetze keine Reichweite mehr haben, übernimmt die Bühne die moralische Bewertung, so die Schiller'sche Auffassung. Oder hatte Brecht Recht, wenn er in diesem Zusammenhang vom „Moralpredigen aus Säckingen“ spricht? Wie war bei „Andorra“ von Max Frisch die Aussage zu verstehen: „Wenn alle schuld sind, ist keiner Schuld“. Vergleiche mit der Kollektivschuldfrage nach 1945. Ich war ein wenig stolz darauf, eine gute Bildbeschreibung von dem Bild „Barken am Strand“ (Goch) geliefert zu haben. Wittings Kommentar zu meiner Arbeit: „Holen Sie in Zukunft alles aus einem Bild heraus, aber legen sie nichts hinein.“

Progressiv waren gerade Camus und Sartre, Mondrian und Kandinsky. Gerade hatte Scholtes uns die Bauhausvorlesungen von Kandinsky „Punkt, Linie zur Fläche“ schmackhaft gemacht.[110] Nun wurde das Abstrakte relativiert.

110 Piroschka Dossi, HYPE ! KUNST UND GELD. Frankfurt/M. 2007.

„Die Kunst lässt weg, so geht die Sage.
Nur, was sie wegläßt, ist die Frage“:
Der Wolf und der Igel besuchten eine Gemäldeausstellung.
Dort hing auch ein Porträt des Wolfes, das der Affe verfertigt hatte.
Der Wolf lobte das Bild über alle Maßen.
Wie kannst du so was loben, wunderte sich der Igel,
selbst die Hasen werden lachen, wenn sie dich so sehen.
Deine wahre Natur ist überhaupt nicht zu erkennen.
Eben deshalb gefällt mir das Bild, erklärte der Wolf.”[111]

Keine einfache Position und Gegenposition, bleibt unklar Verabsolutierung und Sieg des Abstrakten auf der Kasseler DOKUMENTA ist nicht ohne Einfluss der Amerikaner auf die Kultur im Kalten Krieg in Konfrontation mit realistischer Malerei zu verstehen. Aber auch in Abgrenzung zu der BUBO und BRAUSI[112] würde ich im Text ausführen Kunst im Faschismus.

Heute ist es oft chic, alles (subjektiv) hinein zu legen, weil das Kunstwerk nichts mehr aussagt. Nichts gegen eine schöne Farbkomposition, vielmehr gegen ein Hineinlegen aller Wünsche, Ängste und Hoffnungen, die zwar subjektiv vorhanden, aber nicht übertragbar, d. h. kommunizierbar sind.

“Betrachtet man die Kunst der Gegenwart, so findet man eine tolle und verwirrte Materie. Es ist nicht leicht, zu einem richtigen Urteil zu gelangen. Diese Zeit in ihren Widersprüchen und ihrem rücksichtslosen Kampf aller gegen alle zeitigt naturgemäß auch widerspruchsvolle, einander rücksichtslos bekämpfende Kunstbestrebungen. „Je abstrakter eine bildnerische Darstellung ist, je mehr kann interpretiert werden, aber auch so unverbindlicher ist es.”[113]

In künstlerischen Darstellungen spiegeln sich die Haltungen der KünstlerInnen ebenso wider wie in der Rezeption die Haltung der Betrachter. In der „Ästhetik des Widerstands“[114] von Peter Weiss lesen wir in den Gesprächen mit seinem Freund Coppi, wie sie ein Gemälde von Menzel mit dem Streikbild von Köhler vergleichen. Menzels Eisenwerk als Ar-

111 Wassily Kandinsky, Punkt und Linie zu Fläche, Bern-Bümpliz, 1955

112 Gerhard Branstner, Der Esel als Amtmann oder Das Tier ist auch nur ein Mensch: Fabeln. Eschborn: Klotz, 1987, Seite 9

113 BUBO = Blut und Boden und BRAUSI =Brauchtum und Sitte

114 Grosz, George, Wieland Herzfelde, Die Kunst ist in Gefahr: Drei Aufsätze, Berlin: 1925, S.5

beitsethos – eine Lobpreisung der Arbeit – war für sie gleichzeitig eine Lobpreisung der Unterordnung. Und Köhlers Streikbild, der Gegensatz zwischen Kapital und Arbeit, zeigt aber auch, wie die Arbeiter sich wehren. Nicht nur das leidende, sondern auch das kämpfende Proletariat kann Thema sein. Auch wenn es nicht in Mode ist, sollten wir die Bilder-Kultur der Arbeiterbewegung wach halten und weiterentwickeln.[115]

Man sollte sich jedoch nichts vormachen, wie es mit dem Geschmack der Mehrheit der arbeitenden Bevölkerung aussieht. Die Museen sagen über das Kunstverständnis der Bevölkerung wenig aus. Hans Magnus Enzensberger hat in den 60er Jahren deswegen einen Quellekatalog aus den 50er Jahren durchgesehen[116] – hier erfährt man mehr über das Kunstverständnis breiter Bevölkerungsschichten.

Das Industriemuseum Oberhausen hat vor einigen Jahren eine Ausstellung mit Ölbildern aus der Stahlindustrie verschiedener Länder gemacht. Als nach einigem ergebnislosen Fragen bei verschiedenen Gewerkschaften niemand gefunden wurde, der für den Katalog einen Beitrag schreiben wollte, habe ich nach einigem Zögern zugesagt und den Katalogbeitrag „Ölbilder trägt man nicht auf Demonstrationen“[117] verfasst. In welchem Arbeiterhaushalt hängt man sich ein Bild seiner Arbeitsstätte übers Sofa? Man ist froh, die `Maloche` hinter sich zu haben. Da findet man eher die schöne Landschaft, den röhrenden Hirsch oder das Bild der Zigeunerin mit freizügigem Dekolleté. Nein – auch das Bild der kämpfenden Arbeiter fehlt.

Wir brauchen keine dekadente Kunst, während die revolutionären Arbeiter um die gesellschaftliche Veränderung kämpfen. Das ist die Antwort von Grosz, Heartfield und anderen, als der Museumsdirektor Kokoschka in Dresden sie als Kunstlumpen bezeichnete, weil eine verirrte Gewehrkugel durch das Museumsfenster flog und ein Rubensbild beschädigte. Behauptung eines Gegensatzes von Kunst und Kampf

---

115 Peter Weiss, Die Ästhetik des Widerstands: Roman. Frankfurt: Suhrkamp, 1975

116 In dem Buch, das aus Anlass des Zusammenschlusses der Gewerkschaften Holz u. Kunststoff, Textil und Metall entstand, wurden die Gemälde von Menzel und Köhler gegenüber gestellt und neben einen Textauszug aus dem Buch von Peter Weiss, Ästhetik des Widerstandes gestellt, um anzuregen auch Bilder zu `lesen`, d.h. genauer hinzuschauen. In: Udo Achten: Vereinzelt sind wir nichts, vereint alles! Düsseldorf 2001

117 Hans Magnus Enzensberger, Einzelheiten, Frankfurt 1962

In diese Kunstlump-Debatte[118] mischte sich der sozialdemokratischen Kunsthistoriker Eduard Fuchs vermittelnd ein. Er bezeichnete die Bilder von Rubens in ihrer erotischen und sinnlichen Ausdruckskraft als das, wofür wir doch kämpfen.

„Wohnkultur“ [119]

Wer wie und wo wohnt, ist ein Maßstab des jeweiligen Kulturstandes der Gesellschaft und im Konkreten auch Spiegelbild der Eigentumsverhältnisse. Alexander Mitscherlich sprach in den fünfziger Jahren von der „Unwirklichkeit der Städte“ und er sah erst die Anfänge, kannte noch nicht die seiner Zeit folgenden Verkehrs- und Bausünden. Die Städte wurden autogerechter, diejenigen, die keine Wohnalternative haben, müssen Lärm und Gestank als Dauerbelastung ertragen.

An dieser Stelle würde ich gerne unter Berücksichtigung historischer Beispiele Phantasie für alternatives Wohnen mobilisieren. Aber zuvor muss man sich mit den Erfahrungen der gewerkschaftlichen Wohnungsbaugesellschaft *Neue Heimat* auseinandersetzen, um nicht unglaubwürdig zu werden.

Nicht verwunderlich ist, dass viele gemeinwirtschaftliche Unternehmen – Unternehmen ohne Unternehmer, wie Bernt Engelmann sie einmal betitelte – denjenigen, die nur Profitmaximierung im Auge haben, ein Dorn im Auge waren. Aber dies darf nicht über die selbstgemachten Skandale hinweg täuschen.

Ein Düsseldorfer Künstler fotografierte ein Mietshaus mit über 1.000 Wohneinheiten der Neuen Heimat und versah es mit einem Transparent: “Wohnhaft”. Eine berechtigte Kritik gegen „Plattenbauten“, ohne jedoch ernsthaft zu prüfen, ob nicht auch mit Betonbauten sinnvolles alternatives Bauen möglich ist.[120] Auch das Konzept der „Trabantenstädte“ wurde kritisiert, oft jedoch ohne eine Alternative zur Beseitigung der Wohnungsnot und Zersiedelung der Landschaft aufzuzeigen.

---

118 Udo Achten: Ölbilder trägt man nicht auf Demonstrationen. In: FEUERLÄNDER-REGIONS OF VULCAN: Malereien um Kohle und Stahl. LVR-Industriemuseum Oberhausen (Hg.), Münster 2010

119 Siehe hierzu ausführlich: Ulrich Weitz, Kriegskrüppel, Kapp-Putsch und Kunstlump-Debatte, in: DIX, Ausstellungskatalog Galerie der Stadt Stuttgart, 1991, S 95 ff.

120 Otto Rühle, Illustrierte Kultur- und Sittengeschichte des Proletariats. Mit einem Vorw. von A. Lunatscharski, Berlin 1903, S. 361

Stehen wir vor einem neuen Anfang Genossenschaften als konkrete Alternative im System wieder zu diskutieren. Zaghafte Ansätze[121] gibt es jedoch noch mehr Fragen als Antworten.

KünsterInnen zu Arbeiterorganisationen

Wie ist das Verhältnis von KünsterInnen zu Arbeiterorganisationen, in denen Millionen arbeitende Menschen organisiert sind und die nicht gerade in ihrer tagtäglichen Arbeit mit kulturellen Ansprüchen konfrontiert sind.

Welche Wünsche haben Veranstalter oder Publikum an den Sänger?

Vertritt des Menschen Recht!
Doch nicht fanatisch
Mach es ironisch mit Zartgefühl,
Sing uns von Irren, aber sing' sympathisch

Wir frieren, denn der Mai ist naß und kühl.
Klag' an das Leid, doch bleib! dabei poetisch,
damit du uns nicht aus der Stimmung bringst.
Und mach' es bitte nicht so theoretisch
Wie dieses Lied, das du gerade singst.

Falderah![122]

Dieter Süverkrüp

Die Schilderung von Manfred Krug[123], wie er heimlich sein Gespräch mit einem Kulturfunktionär der DDR aufnimmt, zeigt das Spannungsverhältnis (nicht selten auch ein hierarchisches zwischen Auftraggeber (‚Geldgeber') und Künstler (‚freier Abhängiger'), das sich auch in der Bundesrepublik abgespielt haben könnte. Kunst soll nicht instrumentalisiert werden und doch ist sie nicht neutral, sie soll Stellung beziehen und sich der eigenen Stellung und Funktion bewusst sein.

121 Zum Beispiel gab es Anfang der 70er Jahre neben der von Spies fotografierten „Wohnhaft" eine Wohnanlage für ca. 2200 Menschen, den sogenannten Lindwurm, eine Wohnanlage in Form eines Lindwurms, (Ratingen Eckamp Anfang der 70iger Jahre) mit vielen Eingängen, terrassenförmig angelegt und mit einem Bach, der sich quer durch die Wohnanlage zog.

122 Siehe z.B. die Ausstellung u. Katalog: Thomas Schleper; „Mit uns zieht die neue Zeit": Konsumgenossenschaft im Rheinland (1900–1900). Wuppertal: LVR Projekt, 2014, S.94

123 Udo Achten (Hg.): Süverkrüps Liederjahre 1963–1985 ff.[kurzweilig und bequem von vorne nach hinten zu lesen sowie mit 40 nachträglichen Radierungen des Urhebers versehen]. Düsseldorf, 2002. S.80

Das ist die eine Seite. Um nicht einen falschen Akzent zu setzen, muss das Problem jedoch von den verschiedenen Seiten beleuchtet werden. Hat derjenige, der eine Kulturveranstaltung organisiert, nur dafür zu sorgen, dass das Geld besorgt wird, der Saal stimmt, die Einladungen verteilt werden und letztlich auch die Kritik einzustecken, was man alles hätte besser machen können. Da gibt es keine festen Regeln, nur die offene Diskussion und die Bereitschaft ein Risiko einzugehen, dass etwas nicht so gut läuft, wie man es sich vorgestellt hat.

Wir hatten Süverkrüp – vom Heine-Salon – gebeten ein Plakat zu dem Heine-Zitat zu machen: „Ein fauler Bauch soll nicht verschlemmen, was fleißige Hände schaffen". Das Ergebnis, ein dicker nackter Mann mit einem riesigen Geschlechtsteil. Von dem gedruckten Plakat verkauften wir – sage und schreibe – ein einziges, und von den Verschenkten blieb der größte Teil liegen. Die mit dem Plakat angeprangerte ungleiche Verteilung von dem, was durch Arbeit geschaffen wurde, kam nicht an. Bei allem Respekt vor künstlerischer Freiheit hätte ich den Entwurf ablehnen müssen.

Was habe ich daraus gelernt? Man muss auch – bei allem Respekt vor künstlerischer Freiheit – den Mut haben, etwas abzulehnen. Wie heißt es bei Karl Marx: „Kritik als Waffe darf die Kritik der Waffen nicht ersetzen."

Streitkultur

Unbestreitbar sind wir in der gewerkschaftlichen Auseinandersetzung immer tolerant und schätzen die Kritik – besonders, wenn sie nicht uns, sondern andere trifft.[124]

Erich Mühsam[125] bringt in seinem Gedicht „Streit und Kampf" gut das Spannungsverhältnis zwischen unterschiedlichen Positionen beim Ringen um Mehrheiten zum Ausdruck:

"Nicht nötig ist's, nach Schritt und Takt
gehorsam vorwärts zu marschieren.
Doch wenn der Hahn der Flinte knackt,
dann miteinander zugepackt

---

124 Manfred Krug: Abgehauen ein Mitschnitt und ein Tagebuch, Düsseldorf 1997

125 Sich Gedanken über Streitkultur zu machen ist in der gewerkschaftlichen Bildungsarbeit wichtig. Einerseits die Reflektion eigenen Verhaltens aber auch, um besser mit den ständigen Spannungen in der Arbeit 'gelassener' umgehen zu können.

und nicht den Nebenmann verlieren!

Schlagt zwanzig Freiheitstheorien
euch gegenseitig um die Ohren
und singt nach hundert Melodien –
doch gilt es, in den Kampf zu ziehn,
dann sei der gleiche Eid geschworen!

Aktionsprogramm, Parteistatut,
Richtlinien und Verhaltungslehren –
schöpft nur aus allen Quellen Mut!
Ein jedes Kampfsystem ist gut,
das nicht versagt vor den Gewehren!

Darum solang kein Feind euch droht,
verschont einander nicht mit Glossen.
Doch weckt euch einst der Ruf der Not,
dann weht das einige Banner rot
voran den einigen Genossen!"

Über dem Tresen meiner Kneipe stand: "Toleranz ist das Eingeständnis, dass der andere doch recht hat." Oder wie es Jürgen Peters einmal formulierte: Nach langer Diskussion und langem Abwägen muss man irgendwann entscheiden, doch darf man nie vergessen, dass an der anderen Position auch was dran war – sonst hätte man nicht so lange überlegen müssen. Wenn Georg Herweg feststellt, "Die Wetterfahne war sehr verlegen, denn es war windstill", so sind damit jene gemeint, die ihre Meinung immer nach der Windrichtung drehen. Also merken wir, dass wir im Aufwind sind, wenn die Opportunisten zu uns kommen.

Der Schriftsteller Günter Eich forderte einmal auf: „Seid Sand, nicht Öl im Getriebe der Zeit". Kultur beansprucht einen bestimmten Entwicklungsraum, muss die Möglichkeit haben, in ihrer Vorstellung ein Stück der Zeit voraus zu sein. Dann darf man sich jedoch nicht wundern, dass derjenige, der der Zeit voraus ist, in sehr unbequemen Unterkünften warten muss (Lec).

Trotzdem ist auch zu respektieren, wenn diejenigen, mit denen man gerade nicht übereinstimmt, als gewählte gewerkschaftliche Mandatsträger zu Recht eine loyale Haltung erwarten.

Wobei mir der Begriff Loyalität nicht so recht ist. Wilhelm Liebknecht übersetzt in seinem Fremdwörterbuch den Begriff „Loyalität" mit „der Obrigkeit untertan."[126]

Loyalität ist umgangssprachlich, ohne es bewusst wahrzunehmen, in einem Herrschaftsgefüge die Aufforderung zu kuschen, oder hat man schon mal in einem Arbeitsvertrag lesen können, dass sich der Unternehmer gegen den Arbeitnehmer loyal verhalten müsse? Nichts generell gegen Loyalität, wenn es keine Einbahnstraße ist.

Teurer Fürst – die wir zusammen mehr sind als du
Versichern dir.
Wir verteidigen deine Rechte gegen jedermann.
Wenn du auch unsere verteidigst.
Wenn nicht dann nicht.

Vorwärts und nicht vergessen

Zur IG Metall Jugendkonferenz 1974 in Augsburg beschlossen wir im Jugendausschuss, eine Ausstellung zur Jugendarbeitslosigkeit zu machen. Nachträglich sah ich, dass aber nun im Protokoll stand: Wir planen eine Ausstellung "Naive Malerei". Der Hauptkassierer hatte von seiner Jugoslawienreise Kunstblätter "Naive Malerei" mitgebracht. Mein Hinweis kam, dass dies einer kurzen Notiz im „Hohl-Spiegel"[127] wert sei, etwa so: IG Metall Jugend stellt zu ihrer Konferenz Blätter "Naive Malerei" statt Beiträge zur „Jugendarbeitslosigkeit" aus. Es bedurfte dann aber keiner großen Überzeugungskraft, eine Ausstellung über die Geschichte der gewerkschaftlichen Jugendarbeit zu machen. Es entstanden eine großformatige Ausstellung und ein Katalog.[128] Ich habe bei dieser ersten Ausstellung viel gelernt. Hier nur einige Stichpunkte:

---

126 Loyal, franz., eigentl. ganz gleichbedeutend mit legal, welches direct vom lat. Lex, legis kommt, während loyal von der französischen Ableitungsform loi (loa), das Gesetz, abstammt: gesetzmäßig, politisch „gutgesinnt", es mit der herrschenden Partei haltend; bieder, treu, aufrichtig, ehrenhaft; Loyalität, franz. Loyauté, f. (lpjotéh) Gesetzlichkeit; unterwürfige Anhänglichkeit an die Regierung; auch Biederkeit, Ehrenhaftigkeit. In: Wilhelm Liebknecht, Fremdwörterbuch, Stuttgart 1908, S. 303

127 Im Hohl-Spiegel werden in jedem SPIEGEL Kuriositäten auf Korn genommen.

128 Udo Achten, Vorwärts und nicht vergessen: [Ausstellung u. Katalog entstand anlässlich der 11. Ordentlichen Jugendkonferenz der Industriegewerkschaft Metall 1977 in Augsburg] / [Udo Achten, Konzeption und Texte]. Düsseldorf 1977, 28 Bl. zahlr. Ill. Die Ausstellung (30 Tafeln) wurde in einer Auflage von 100 und der Katalog von 10000 nachgedruckt.

- Die Änderung, eine Ausstellung 'naive Malerei' statt Jugendarbeitslosigkeit zu machen, war eine Verlegenheitslösung, weil man sich überfordert sah. Als Hilfe sowohl bei Konzeption, Texten und Bildmaterial angeboten wurde, nahmen es die Kollegen umgehend an.

- Inhaltlich und textlich konnte ich meine Erfahrung einbringen, weil ich mich schon länger mit dem Thema beschäftigt hatte. Über die DGB-Kollegen im Bezirk Hamburg nahm ich Kontakt mit Studenten der Hochschule für Bildende Künste in Hamburg auf. Im Prinzip eine kollegiale Zusammenarbeit, aber hier trafen Menschen mit unterschiedlichen Erfahrungen und Hintergrundwissen aufeinander. Nur ein Beispiel. Als jemand, der bisher mal hier und da mit sogenannten Bordmitteln eine Wand gestaltet hatte, fand ich alles viel zu teuer. Die Einschätzung war jedoch mehr eine Folge meiner Unerfahrenheit als der Forderung der ‚Ausstellungsmacher'. Diese wiederum hatten keine Vorstellung von den Arbeitsbedingungen in der Bildungsarbeit, die nicht vergleichbar mit einer Werbeagentur ist.

- Die positive Resonanz hatte noch zwei weitere Konsequenzen. Der damalige Landesjugendsekretär, Hinrich Feddersen, wollte einige Tafeln aus der Ausstellung haben. Das hätte die Ausstellung auseinander gerissen, aber Geld für einen Sonderdruck einiger Blätter stand nicht zu Verfügung. So entstand die Idee eines Kalenders für die Gewerkschaftsjugend, der nun über 30 Jahre erscheint. Da mit dem Verkauf gerade die Kosten gedeckt werden, sind alle Konkurrenzkalender nach ein-/zweijährigem Erscheinen eingestellt worden.

- Als nun die gesamte Ausstellung als Plakatserie und der Katalog gedruckt vorlagen, wurde die Ausstellung in vielen IG Metall-Verwaltungsstellen gezeigt und manchmal mit Material vom Ort ergänzt. Das Konzept, nicht Menschen in die Ausstellung zu holen, sondern mit der Ausstellung zu den Menschen zu gehen, wurde in den nächsten Jahren wiederholt.[129]

---

129 Neben der 1. Mai Ausstellung „Der eigen Feiertag; Streiklichter: Arbeitskämpfe gestern und heute. Von beiden Ausstellungen wurden die acht Seiten im GEWERKSCHAFTER (Funktionär Zeitung der IG Metall) in hoher Auflage als Separatdruck erstellt. (Sonderdruck für die Ruhrfestspiele ‚80). Die Streiklichtermappe in 24 Tafel im DIN A3 Format, in hoher Auflage über WI Verlag und Büchergilde Gutenberg vertrieben, wurde im Arbeitskampf 1978/9 in vielen Streiklokalen ausgehangen und durch aktuelle Dokumente ergänzt.

Kunst für Kohle – Kohle für Kunst – Ruhrfestspiele

Die Ruhrfestspiele in Recklinghausen[130] pflegen in ihrer Selbstdarstellung die Geschichte, wie Schauspieler aus Hamburg kurz nach dem Krieg nach Recklinghausen kamen, um Kohlen für ihr Schauspielhaus zu organisieren, um dann später in Recklinghausen zu spielen: „Kunst für Kohle – Kohle für Kunst". In meiner aktiven Zeit in der Gewerkschaftsjugend waren uns die Ruhrfestspiele zu bieder, zu bürgerlich. „Wir brauchen keine ‚Heinemänner', sondern viele Heine – war unsere polemische Parole.[131] Als Jugendliche aus dem nahegelegenen ÖTV-Jugend-Camp das Schauspielhaus besetzen wollten, wurde es verhindert, indem die Schauspielleitung in den großen Saal einlud, um mit Schauspielern zu diskutieren. Als niemand so richtig wusste, wie ein Alternativkonzept aussehen könnte, war Schweigen im Saal.

Wortgewaltig ergriff der Schauspieler Ernst Jaeger das Wort: „Mut, angesichts des Feindes ist eine unabhängige Größe." Von der Empore kam die Antwort: „Sagte der Lehrling zu seinem Lehrherrn und flog raus". Jaeger: „Von wem ist das?" Die Antwort wahrheitsgemäß : „Von mir".

Diese Episode belegt, dass in der Diskussion zwischen Schauspielern, Geschäftsleitung und Demonstranten keine Kampfstimmung herrschte. Anders war dies bei den wenigen eifernden Recklinghäuser,[132] die vor Beginn der Festspiele vor dem Schauspielhaus mit Flugblättern zum Boykott des „DDR Schriftstellers" Berthold Brecht aufriefen.

Trotzdem muss man feststellen, dass es eine große Distanz zwischen Schauspielern und Gewerkschaftern aus den Betrieben gab. Unser Anspruch, die Distanz zu verringern, lässt sich gut an einer Zeichnung zeigen, die Stefan Siegert für die Ruhrfestspiele machte. Da sitzt ein Schauspieler auf dem Festspielhaus und ruft einem Arbeiter zu: „Komm' rein"; der Arbeiter ruft zurück: „Komm' raus".

---

130 Matthias Franck: Kultur im Revier. Die Geschichte der Ruhrfestspiele Recklinghausen (1946–1956), Würzburg 1986

131 Zitat von Dieter Süverkrüp

132 Der in Recklinghausen geforderter Brecht-Boykott war marginal, sollte jedoch in einem größeren Zusammenhang gesehen werden. Siehe hierzu: Bertolt Brecht. Damals und heute. Referate von Hans Bunge, Werner Hecht, Wolfgang Plat, Ernst Schumacher. München 1962. Referate wurden auf Veranstaltungen „Hände weg von Bertolt Brecht!" in Hamburg und Kiel an der Uni vorgetragen. Einlader „Akademische Arbeitsgemeinschaft „Wissenschaft + Gesellschaft" und „Sozialistischer Deutscher Studentenbund SDS. Sie war eine Reaktion auf den geforderten Brecht-Boykott in der BRD nach dem Mauerbau am 13.August 1961

Zur der Aufforderung „Komm' rein". Die wenigsten Gewerkschaftsmitglieder und gewerkschaftlich organisierten Jugendlichen hatten „mittlere Reife" oder gar ein Abitur. Das spricht nicht gegen eine positiv kritische Aneignung von bürgerlicher Kultur, ist jedoch erst mal keine günstige Voraussetzung, sich diese Kunst zu eigen zu machen. Sehr schnell stellt sich hier die Frage, wem nutzt es? Ist es Selbstzweck?

Hierzu Brechts Flüchtlingsgesprächen, da unterhalten sich Kalle und Ziffel in dem Kapitel über Bildung: Es wird resümiert, dass der Sohn der Wirtin die gesamte Pflanzenwelt auswendig konnte. Er hat keine Zeit verschwendet, obwohl das Wissensgebiet sehr groß war. Es hat ihm nichts genutzt oder eingebracht – er hatte jedoch noch nicht mal Geld für ein Stäudel Salat. Er hat sich vom vielen Lesen die Augen ruiniert, was ihn an der Drehbank beeinträchtigte, was aber auch egal war, weil er arbeitslos wurde.

Wir haben uns nun mit kulturellen Ansprüchen und den Widerständen, diese auch zu realisieren, beschäftigt. Brecht fordert uns zu kritischer Distanz auf. Jeder Sonntagsredner wird sich vehement für Kultur aussprechen – nur kosten darf sie nichts. Werden Kultur und Bildung hoch gelobt, ohne dass sich die materiellen Voraussetzungen auch für die Mehrheit der Bevölkerung so gestalten, dass sie auch daran teilnehmen kann, wird der Anspruch zur Worthülse.

Neben den materiellen Voraussetzungen zu Teilhabe an den kulturellen Angeboten ging es uns, siehe die Bemerkungen zur bürgerlichen Kunst, um die Inhalte. Nehmen wir das Bespiel, die Parole: „Wir brauchen nicht viele Heinemänner, sondern viele Heine." Gustav Heinemann", einer der fortschrittlichsten Bundespräsidenten, kam mit dem nötigen Polizeischutz zum Festspielhaus, war für uns unerreichbar und – leider – hatten wir uns nicht mit der Biographie Heinemanns beschäftigt. Letztlich ging es jedoch nicht um Pro oder Contra bürgerlicher Kultur, sondern um Brückenschläge zur bürgerlichen Kultur und zu eigenständiger Kulturarbeit. Solche Positionen müssen jedoch auch als Bestandteil einer Auseinandersetzung um politische Positionen gesehen werden. So wurde sogar von einem Gewerkschaftsvorsitzenden gefordert ein Theaterstück abzusetzen, in dem der Kompromiss im Stahlarbeiterstreik ironisch kritisiert wurde. 1978/9 hatte die IG Metall mit einem Arbeitskampf in der Stahlindustrie eine

Arbeitszeitverkürzung durchsetzen wollen. Der Kompromiss, mehr Urlaub und eine Vorruhestandregelung für ältere Stahlarbeiter wurde in dem Theaterstück unter der Parole „Trau keinen über 35" aufs Korn genommen.

Das Spannungsfeld kann man auch noch an anderen Beispielen verdeutlichen. Als das IG Metall-Bildungszentrum 1971 durch Otto Brenner und Gustav Heinemann eröffnet wurde, gab es erste Suchbewegungen nach Mitstreitern. So wurde zum Beispiel eine Kooperationsstelle zwischen IG Metall und Ruhruniversität eingerichtet. Die pädagogische Leitung nahm einen Lehrauftrag an der Universität über Mitbestimmung an und sogenannte „Sprockhöveler Gespräche" wurden ins Leben gerufen.

Es war schwierig, auf diese Weise Distanzen zu überwinden. Ein Professor der Ruhr-Universität sagte im Rahmen einer Veranstaltung im IG Metall Bildungszentrum über Oskar Negts Buch „Soziologische Phantasie und exemplarisches Lernen", dass er das, so wörtlich, für eine „bildungspolitische Bombe" hielt. Da man sich in der gewerkschaftlichen Bildungsarbeit zu diesem Zeitpunkt schon jahrelang mit Negts Konzept auseinandergesetzt hatte, hielt man dem Referenten vor, was sicher einer Kooperation auch nicht gerade förderlich war, dass es sich hier allenfalls um eine Knallerbse handele.

Günter Grass kam auf Einladung eines der beiden pädagogischen Leiter ins Bildungszentrum. Die pädagogischen Mitarbeiter, die vorher nicht informiert waren, standen nun vor dem Problem, wie man den Auftritt ins Lehrgangsgeschehen einbeziehen kann. Man hatte mit großer Anstrengung in den letzten Jahren erreicht, dass nicht jeden Tag Einzelreferenten einen Frontalunterricht machten und wollte dazu auch nicht wieder zurück. Offensichtlich hatte Grass die Erwartung, dass der Lehrbetrieb für seinen Auftritt öffentlichkeitswirksam umgestellt würde. Üblich war jedoch in ähnlichen Fällen, in der Mittagspause mit allen ca. 30 Lehrern zu diskutieren und am Abend mit allen Teilnehmern im großen Saal eine Veranstaltung zu machen. So war es mit anderen Schriftstellern wie Bernt Engelmann und Günter Wallraff geschehen. Nachmittags bot man Grass an, sich in einen Lehrgang zu setzen, um sich die Probleme und Meinungen der Kollegen anzuhören.

Grass war darüber so empört, dass er sich auf einer großen Jubilarfeier in der Liederhalle in Stuttgart über die ewig gestrigen Lehrer der IG Metall (von ihm als Sozialfälle bezeichnet) mokierte, die noch immer dem Klassenkampfgedanken anhängen würden, wo doch heute alle die gleichen Probleme, wie Vereinsamung, hätten.

Als seine Rede im Funktionärsorgan *Der Gewerkschafter* abgedruckt wurde, kam die Antwortet in der nächsten Nummer, dass das Problem der Vereinsamung für eine Arbeiterin, die in aller Frühe zur Arbeit gehen muss und dabei dem Playboy Gunter Sachs begegnen würde, der gerade von einer Fete mach Hause kommt, sicher ein sehr unterschiedliches wäre. Die Literatur der Arbeitswelt, in der engagierte Kolleginnen und Kollegen Probleme aus ihrer Sicht aufzeigten, wurde von Grass nur abfällig bewertet. Eine Bewertung aus der Sicht eines sprachgewandten Schriftstellers.

Wir konnten erreichen, dass danach die Eröffnung am 1. Mai stattfand – mit einem großen Fest vor dem Festspielhaus und mit Tausenden von Besuchern.

Zur Geschichte des 1. Mai [133]

Erfolge sind kein Ruhekissen. Die Feststellung des sozialdemokratischen Kulturwissenschaftlers Franz Mehring (1846–1919), dass Begeisterung keine Heringsware ist, die man für lange Jahre einpökeln kann, hat Aufforderungscharakter, die erhobenen Forderungen immer wieder zu prüfen, zu aktualisieren und selbstbewusst durch Demonstrationen am 1. Mai in die Öffentlichkeit zu tragen. Trotz Rückschlägen wurde in der 125-jährigen Geschichte des 1. Mai viel erreicht – doch Erfolge sind keine Ruhekissen. Dem Schlafenden wird das Kissen unterm Kopf weggezogen, wenn er nicht aufpasst.

Die 125 Jahre sind Anlass, sich noch mal zu fragen, was die Arbeiterbewegung gefordert hat und was davon erreicht wurde. Müssen wir nicht heute das einmal Erreichte und für selbstverständlich Gehaltene verteidigen – vielleicht sogar wieder zurückerobern? In dem zurückliegenden

133 Udo Achten: Illustrierte Geschichte des 1. Mai, Oberhausen 1979/ Fernsehfilm „Der eigen Feiertag" ,NDR; Der eigen Feiertag; eine Ausstellung der Ruhrfestspiele Recklinghausen/ Konzeption und Text: Udo Achten. Frankfurt am Main (ca. 1979) (24 Tafel DIN A3 und DIN A1)/ Tonbildschau IG Metall Abt. Bildung; Frankfurt 1984. Hoch das Maienfest der Arbeit! Die Anfänge der Maifeiern in Heidelberg und Bremen (1890–1914), Stiftung Reichspräsident-Friedrich-Ebert-Gedenkstätte, Heidelberg, 1990. / Mein Vaterland ist international: Internationale illustrierte Geschichte des 1. Mai. 1886 bis heute / Von: Udo Achten u.a. Katalogbuch zur gleichnamigen Ausstellung der Neuen Gesellschaft für Bildende Kunst Berlin (NGBK) in Zusarb. mit den Ruhrfestspielen Recklinghausen. Oberhausen 1986.

langen Zeitraum haben sich technische, wirtschaftliche und politische Bedingungen verändert. Welche Probleme sind dadurch entstanden und welche Schlussfolgerungen bzw. Forderungen resultieren daraus?

Mehr Demokratie einfordern. Nicht zufällig wurde der I. Kongress der II. Sozialistischen Internationalen in Paris am 100. Jahrestag der Französischen Revolution abgehalten. In der Tradition bürgerlicher Freiheitsrechte – Freiheit – Gleichheit – Brüderlichkeit – stritt man für die Weiterentwicklung. Das Bürgertum setzte gegen adlige Privilegien politisch demokratische Rechte durch, die jedoch, gemäß ihrer Interessenlage, den Besitzlosen dieses Recht nur formal zubilligten. Eine politische Demokratie, in der die bestimmenden gesellschaftlichen, wirtschaftlichen Bereiche undemokratisch sind, ist nur eine halbe Demokratie. Mitscherlich formulierte es 1947 so: „Keine Demokratie ohne Sozialismus", um aber im zweiten Teil zu betonen, „Kein Sozialismus ohne Demokratie" [134]. Ziel ist die Verwirklichung und Weitentwicklung demokratischer Zielvorstellung, die sich nicht nur auf politisches Recht reduziert, vielmehr auch auf den ökonomischen Bereich, in dem weitergehende Vorstellungen gegen Privilegien auf erbitternden Widerstand stoßen und nur in einem langen Umgestaltungsprozess zu erreichen sind.

Forderung an die öffentlichen Gewalten. Auf dem Pariser Kongress wurde beschlossen am nächsten 1. Mai große Manifestationen (Kundgebungen) durchzuführen um den Forderungen an die öffentlichen Gewalten Nachdruck zu verleihen. In dem Sinne sollte Politiker zu Maikundgebung eingeladen werden, aber nicht um zu referieren was alles Schön ist oder nicht geht, sondern sich anhören wo den Arbeitnehmern der Schuh drück, was sie fordern.

Der zur Arbeitsruhe ausgerufene 1. Mai 1890 – war ein Donnerstag, ein Arbeitstag – eine Provokation für die Arbeitgeber. Obwohl man keine Revolution angekündigt hatte, Angst beim Bürgertum. 26. April-Reaktion in Hamburg: Gründung Arbeitgeberverbände/Kampforganisationen zur Sicherung der Kapitalinteressen. Nun gehörten Entlassungen, schwarze Listen und Aussperrungen als ständige Begleiter zum 1. Mai.

Von daher steht es heute im Widerspruch zu den historischen Erfahrungen, starke Arbeitgeberverbände zu fordern. Wir haben keine schwa-

134 Alexander Mitscherlich: Freier Sozialismus, Heidelberg, 1946

chen Arbeitgeber – sie brauchen sich nicht zu organisieren, weil es immer schwieriger geworden ist, die Interessen der abhängig Beschäftigten als Gegenmacht zu organisieren. Dass Gewerkschaften bei Tarifverhandlungen verlässliche Verhandlungspartner benötigen, ist Voraussetzung für die Wirksamkeit von Flächentarifverträgen. Arbeitgeber, die Verträge ohne Tariffähigkeit abschließen, verfolgen eine Unternehmerstrategie der Machtentfaltung, ohne die Schranken einer Verbindlichkeit bei Kompromissen.

1939 steht in einer internen Unternehmens-Chronologie von MAN Augsburg: „Selbstauflösung des Arbeitgeberverbandes, weil sein Hauptzweck, Zerschlagung der Gewerkschaften, erreicht ist."

Am Beispiel des 1. Mai kann man die Halbherzigkeit aufzeigen, wie die Gewerkschaften oft mit diesem Kampf- und Feiertag umgehen.[135] Der Charakter des 1.Mai ist, dass man selbstbewusst in der Öffentlichkeit die Forderungen nach besseren Arbeits- und Lebensbedingungen erhebt. Sehe ich mir unter diesem Gesichtspunkt viele der Maiplakate an, mit denen die Gewerkschaften Menschen ansprechen wollen, so komme ich zu dem Ergebnis: Phantasielose Pflichtübungen.

Wenn man eine Werbeagentur mit der Gestaltung eines Maiplakates beauftragt, die keine inhaltliche Verbindung zur Bedeutung des 1. Mai hat, darf man sich nicht wundern, dass dabei formale Lösungsvorschläge herauskommen. Großfotos, die gleichermaßen für die Wurstwerbung, Sparkassenrenovierung und den 1. Mai benutzt wurden. Will man wirklich aussagekräftige, interessant gestaltete 1. Mai-Plakate haben, muss man einen kontinuierlichen Diskussionsprozess mit den Künstlern pflegen.

Ins Bild gesetzt – Filmarbeit

Im Folgenden einige Beispiele, welche Möglichkeiten bestehen, Fernsehanstalten an ihre Verpflichtung zu erinnern, die Bevölkerung zu informieren und aufzuklären, damit Demokratie nicht darauf beschränkt bleibt, alle paar Jahre eine Stimme abzugeben.

1971 wurde der Fernsehfilm „Rote Fahnen sieht man besser" von Rolf Schübel und Theo Gallehr über die Stilllegung einer Krefelder Chemiefa-

135 Nachtrag: Siehe hierzu den Artikel zum 1. Mai 2015. Außer der Überschrift sind in diesem Artikel alle Fakten schlicht und einfach falsch, vgl. dazu: Udo Achten, 125 Jahre Intern. Kampftag der Arbeiterbewegung, Sozialismus 4/2015, Hamburg.

brik im Fernsehen gesendet. Oft wurden bei Demonstrationen für die Sicherung von Arbeitsplätzen schwarze Fahnen mitgeführt. Trauer, Wut und Hilflosigkeit kamen hier zum Ausdruck. Rote Fahnen, so sollte mit dem Titel signalisiert werden, zeigen Kampfbereitschaft, die man in Bonn und Düsseldorf besser wahrnehmen würde. Im Abspann wurde mit der Kamera eine stillgelegte Werkstätte gezeigt und ein Song von Dieter Süverkrüp eingespielt, der jedoch der Zensur zum Opfer fiel. Der Abspann lief nun ohne Ton mit einem Text, dass die Autoren und auch die IG Metall gegen die Zensur protestierten. Weil die Filmemacher 1972 für den Film den Grimme Preis erhielten, zogen sich die Industriellen im Raum Marl von der Unterstützung des Grimme-Preises zurück. Wir setzen den Film, von dem die Abt. Kulturpolitik beim DGB Bundesvorstand Kopien kaufte, oft im Lehrgang ein.

Anders war der Kontakt zu den Filmemachern der Filme „Liebe Mutter, mir geht's gut" und „Schneeglöckchen blühn im September". September – eine Anspielung auf die Septemberstreiks 1969 in der Montanindustrie. In den Filmen wurden unmittelbar betriebliche Konflikte aufgegriffen. Bei der Diskussion über die Filme landete man sehr schnell bei der Diskussion um die eigenen aktuellen Probleme. Es waren Diskussionsanreize, keine Wegweiser, was denn der richtige Weg sei.

1972 wurde das Betriebsverfassungsgesetz novelliert und es musste in großem Umfang über das Gesetz informiert werden, sollte es nicht nur auf dem Papier stehen. Die Arbeitgeber starteten Initiativen, um das Gesetz in der Praxis zu unterlaufen. Tausende Prozesse mussten geführt werden, um Freistellung und Kostenübernahme, die im Gesetz festgelegt sind, durchzusetzen. Unternehmerschulungen wurden abgehalten, um Betriebsräte zu angepassten Mitarbeiter zu machen.[136]

Nach der Novellierung des BetrVG kam es zu einer Filmkooperation zwischen dem NDR und der IG Metall. Im Auftrag des NDR wurde eine 12-teilige Fernsehserie zur Betriebsratsschulung erarbeitet. Eine Hälfte bestand aus Zusammenschnitten aus Betriebsrätelehrgängen in Sprockhövel. An den Zusammenschnitten waren die betreffenden Lehrer beteiligt. Die sechs weiteren Filme wurden von NDR II,

136 Kurt Johannson: Anpassung als Prinzip. Maßnahmen der Unternehmer im Bereich der politischen Bildung; Eine Dokumentation. Frankfurt (u.a.) 1975, (Theorie und Praxis der Gewerkschaften)

Abteilung Bildung erstellt. Klaus Hack entwickelte parallel für den WDR eine Sendung „Zur Geschichte der Betriebsverfassung". Der Protest der Unternehmer traf schon ein, bevor die Filme fertig waren, und führte in der Folge fast zur Auflösung des NDR, weil der Ministerpräsident von Schleswig Holstein den Rundfunkvertrag, Gott sei Dank, gekündigt hatte. Im Verlauf der Auseinandersetzung musste der Intendant zugeben, dass er die Sendung schon absetzte, bevor er überhaupt eine Folge persönlich gesehen hatte.

Im Verlauf der Arbeit ergab sich eine Arbeitsbeziehung, die von gegenseitigem Respekt geprägt war, und, obwohl man von unterschiedlichen Erfahrungen geprägt war, eine fruchtbare Zusammenarbeit. Als dann der NDR eine Sendung über die Geschichte des 1. Mai machen wollte, entstand aus der Nachfrage nach historischem Material für den Film eine Zusammenarbeit als Mitautor. Es gab einige Schwierigkeiten zu überwinden. Hier sei nur ein Beispiel angeführt.[137] Die Nationalsozialisten funktionierten den 1. Mai um. Statt internationalen Kampftags der Arbeiterbewegung wurde es ein sogenannter Tag der Nationalen Arbeit, in dem sich dann sogar Gewerkschafter einbinden ließen. Das Mai-Spektakel auf dem Tempelhofer Feld, von Albert Speer in Szene gesetzt, ließ sich dramaturgisch nicht überbieten. Carola Kark, eine Antifaschistin, die über 10 Jahre wegen Widerstands im Gefängnis saß, davon einige Jahre in Einzelhaft, wurde über ihr Erlebnis zum 1. Mai im Gefängnis interviewt. Ein stiller Kontrapunkt. Am 2. Mai wurden die Gewerkschaftshäuser besetzt.[138]

„Mehr Zeit für uns" war eine illustrierte Geschichte der Arbeitszeit in der Vorbereitungsphase des Kampfes um die 35-Stunden-Woche. Mit den Kollegen vom BILDWERK in Dortmund, mit denen ich die Ausstellungen bei den Ruhrfestspielen gemacht habe, erstellte ich ein Exposé über einen Film zu diesem Thema für den nächsten 1. Mai. Das ZDF zeigte Interesse, akzeptierte mich jedoch nicht als Autor, weil damit die Neutralität des Fernsehens gefährdet würde. Die Freunde vom BILDWERK waren als

137 Durch die Recherche zu Ausstellung und Bücher zur Geschichte des 1. Mai war ich inhaltlich sicher, aber noch heute muss ich innerlich schmunzeln, wenn ich mich an die Aufforderung der Kollegin erinnere, die mit an dem Film arbeitete, dass ich bei der Bildrecherche nicht vergessen soll, dass das Fernsehbild ein Querformat hat und ich nicht gegen das Bild texten solle.

138 Der mit dem NDR produziert 45 minütige Film wurde später noch einmal vom Bayrischen Rundfunk gesendet.

„Freischaffende" finanziell auf den Auftrag angewiesen und so erklärte ich mich nach einigem Zögern bereit, für meine Arbeit pro forma als „Berater" zu firmieren. Gerade das aktuelle Erkenntnisinteresse an dem historischen Stoff machte den Erfolg aus. So wurde nach einem Anfang, der eine Sensibilisierung für die Hektik des Alltags unterstrich, eine Streiksendung und auch eine Gegenüberstellung der Argumentation von Bismarck 1888 und dem FDP-Wirtschaftsminister Graf Lambsdorff aus den achtziger Jahren dargestellt: „Wir benötigen die Sonntagarbeit, um bei den immer teurer werdenden Maschinen international konkurrenzfähig zu sein„ so Lambsdorff im gleichen Tonfall wie Bismarck 100 Jahre zuvor.

Ins Bild gesetzt – Foto

Bei den Ruhrfestspielen organisierte ich 1991 das Fest für die 100-Jahrfeier der Gewerkschaft Holz und Kunststoff – ein großes Fest.[139] Bei dem Vorbereitungstreffen mit der Geschäftsleitung der Ruhrfestspiele tauchte die Frage auf, was denn Musiker mit der Gewerkschaft Holz und Kunststoff zu tun hätten. Nach dem Verweis auf Holz-Musikinstrumente kam die Antwort: „Nun, dann organisier uns doch einen Steinway-Flügel." Gesagt, getan. Ein Geschenk der Gewerkschaft Holz und Kunststoff zum 100jährigen Bestehen. Die Ruhrfestspiele finanzierten eine Fotoserie über die Herstellung eines Flügels – vom Holzplatz bis zum versandfertigen Flügel. Das Arbeitsschutzmuseum DASA übernahm im kommenden Jahr die Fotoausstellung über die Produktion eines Flügels. Animiert durch das Foto von den Händen eines Klavierspielers entwickelten wir ein Jahr später eine Ausstellung über Hände bei der DASA. Leider wurde mein doppeldeutiger Vorschlag für die Fotoausstellung „Begreifen" nicht übernommen, stattdessen „Hand & Werk".

Es wäre ein eigener Erfahrungsbericht, die einzelnen weiteren Stationen dieser Fotos zu schildern, z. B. wurden sie von der EXPO in Hannover übernommen. Die EXPO hatte FotografenInnen beauftragt, „Zukunft" zu fotografieren und war mit dem Ergebnis nicht so ganz zufrieden. Fotos aus der Wüste von Tunesien oder Porträtfotos von Menschen, mit einer

139 Bei einer Vorbereitungsgruppe zum 100jährigen Jubiläum der IG Metall macht ich die Vorschläge für eine Ausstellung, Kunstmappe etc. Die wurde auch realisiert, jedoch von anderen. Das Treffen hatte mehr die Funktion von einer Enteignung der Ideen unter der Erklärung, man wolle Vorschläge sammeln.

Polaroidkamera aufgenommen, war die Sichtweise der Fotografen, es entsprach aber nicht dem Wollen der EXPO als Auftraggeber, die Fotos so zu präsentieren. In diesen Jahren war der unmittelbare Kontakt zu KünstlerInnen, Fotografen, Schriftstellern und ZeichnerInnen wichtig. Mit dem Fotografen Werner Bachmeier arbeitete ich an der Reportage zum HBV-Buch, DASA und Ruhrfestspiele. Eine kommentierte Fotoreportage über Arbeitswelten veröffentlichten wir im Klartext Verlag Essen und zeigten die Fotoausstellungen in mehreren Städten. Es war manchmal nicht leicht, in einen Betrieb zu kommen und dann auch noch realistische Fotos zu machen, die nicht einer Beurteilung der Presseabteilung zum Opfer fielen. In der Folge sichtete ich Hunderte von Fotos von Klaus Rose über Arbeiten, Wohnen, Kämpfen und Leben im Ruhrgebiet in den 60er-80er Jahren. Geplant ist eine kleine Publikation über fotojournalistische Arbeit am Beispiel Rose.

Wenn man die Fotos betrachtet, vergisst man oft, wie viele Kilometer zurück gelegt werden mussten, um an den Ort des Geschehens zu kommen, den man fotografieren wollte. Kischs Einordnung als der „rasende Reporter" trifft ebenfalls als Bezeichnung auf Berufsfotografen zu – die „rasenden Fotoreporter". Obwohl gerade in der Fotografie durch die Digitalisierung die Möglichkeit für viele besteht, sich aktiv zu beteiligen, gibt es nur punktuell und selten Zusammenarbeit, z. B. mit den „Arbeiterfotografen".[140] Der Kontakt zu den professionellen FotografenInnen ist von den Redaktionen der Gewerkschaftszeitungen ist weitgehend aus Kostengründen, zu Lasten der Qualität, zurück genommen worden.

Aus der Geschichte lernen

Aus der Geschichte lernen war in den achtziger Jahren ein zentrales Motto in der Bildungsarbeit der IG Metall. In den Bildungsstätten wurden Seminare zur Geschichte der Arbeiterbewegung angeboten, im Funktionsträger-III-Seminar gab es einen eigenen kleinen Geschichtsteil, in vielen IG Metall Verwaltungsstellen entstanden Dokumentenbände zur Regionalgeschichte und nicht zuletzt feierte die IG Metall ihre 100-jäh-

140 Kontakt, wie z. B. eine finanzielle Unterstützung des Kongresses der Arbeiterfotografie, die ihren Sitz in Köln hat, durch die IG Metall Verwaltungsstelle Stuttgart in den achtziger Jahren, ist selten und zunehmend schwierig geworden. Schwierig, weil z. B. die von der Gruppe 'Arbeiterfotografie Köln vertretenen Verschwörungstheorien desorientierend wirken.

rige Geschichte. Ausgangspunkt war ein in der Schule vermitteltes Geschichtsbewusstsein, in dem die eigene Geschichte nur marginal vorkam. Otto Zonschitz von der Theatermanufaktur in Berlin brachte das in dem Vorspann zu der Revue 1848[141] prägnant zum Ausdruck:

Die Herrschenden schlagen zweimal ihre Opfer:
Mit Kartätschen und Bajonetten auf den Strassen
Und mit der Vernichtung des geschichtlichen
Bewusstseins der Geschlagenen,
mit Kanonen und Lügen.

Keiner unterdrückten Klasse,
keiner unterworfenen Kolonie
lässt man ihre Geschichte und die Geschichte
ihres Kampfes.
Sie verstummt mit dem Standrecht
und wird mit den Hütten verbrannt.

Dann setzen sich die Sieger auf die goldenen Stühle
Und schreiben die Geschichte.

Was wir dem entgegen setzen wollten, wird durch eine Karikatur aus dem Süddeutschen Postillion von 1900 deutlich. Dort wird eine gut gekleidete Frau dargestellt, die von einem Mädchen gefragt wird: „Du Mama, haben die armen Leute auch Ahnen?" Die Überschrift „Das Aristokratenkind" verweist darauf, wer hier überhaupt ein Geschichtsbewusstsein hat. Die ärmlich gekleidete Mutter im Hintergrund wird nicht von ihrem Kind nach den Ahnen gefragt.

Die Betrachtung der Geschichte ist nicht neutral. Es gab Diskussionen über Ziel, Inhalt und Methoden bei der Aufarbeitung der Geschichte.

---

141 Mit der Theatermanufaktur Berlin erweiterten wir die Revue 1848. Der Kampf um bürgerliche Freiheitrechte ist eine wichtige Etappe im demokratischen geschichtlichen Prozess, jedoch in den bürgerlichen Grenzen. Was nutzt einem Arbeitslosen das Recht auf Arbeit, wenn er keinen Arbeitsplatz findet und dieses Recht nur so interpretiert wird, dass mich niemand an der Arbeit hindern darf. Unternehmerische Freiheit als gesichertes Recht der freien Berufsausübung. Um den materiellen Anspruch des Rechts auf Arbeite darzustellen, entwickelten wir ein Stück im Stück. Bei der 48-Revue wurde Arbeitslosen (Schauspielern) auf dem Arbeitsamt vorgespielt. Wir nannten dann das Stück 1848 plus. Es wurde eine großformatige Mappe mit dem kompletten Text der Revue verlegt.

Nur einige Schlaglichter, um sich in die Zeit hinein zu versetzen. Als ich noch Lehrer in der IG Metall Bildungsstätte Lohr/Main war, zeigten wir einen Film über den Überfall auf die Sowjetunion. Lehrgangsteilnehmer, noch geprägt durch ihre Erlebnisse als Soldaten in Frankreich und der UdSSR, verdrängten Gräueltaten bzw. versuchten sie mit Schutzbehauptungen zu rechtfertigen. Da stehen nun zwei junge Lehrer, die mit ihnen über einen Zeitraum diskutieren, den sie selber allenfalls noch als Kleinkinder erlebt hatten. Erahnen lässt sich vielleicht die aufgeladene Diskussion, hin und her. „Meinst du vielleicht, ich bin freiwillig nach Russland gegangen", fragt ein Teilnehmer und verweist auf seine Beinprothese, die er seit dem Russlandfeldzug hat. „Wir haben nur unsere Pflicht getan. Wir waren keine Faschisten, die Wehrmacht hat keine Verbrechen begangen." Wir nahmen uns etwas zurück und räumten ein, dass man nicht sagen kann „die faschistische Wehrmacht", denn sicher gab es auch eine Minderheit, zunehmend nach Stalingrad, die dem Faschismus skeptisch gegenüber stand. Trotzdem ist es eine Tatsache, dass das die Wehrmacht der Faschisten war.

Auch diskutierten wir, zum Teil kontrovers, methodische Fragen. Ich wandte mich dagegen, dass man bei der Geschichtsbetrachtung immer von der Quelle zur Mündung gehen müsse. Die Anfänge der Arbeiterbewegung zu behandeln und über die verschiedenen Zeitabschnitte zu galoppieren enthält die Gefahr, dass aktuelle Probleme aus Zeitmangel nicht behandelt werden können. Gerade in der gewerkschaftlichen Bildungsarbeit muss deutlich werden, welche historischen Konsequenzen zu ziehen sind, ohne die Geschichtsbetrachtung zu instrumentalisieren.

Verbal wird Kritik bejaht, doch schnell geraten damit Kritiker selbst in die Schusslinie, dann geht es nicht mehr um die Sache, sondern um Personen, Organisationen und Legitimationsmuster. Um dem zu entgehen, schreibt schon Anatole France (1844–1924) in der Zurückweisung seiner Geschichte der Heiligen Johanna in der Insel der Pinguine (1908): Kritisch und selbstbewusst müssen wir unser Geschichte aufarbeiten, denn nicht „Die besten Historiker sind die, die bei anderen abschreiben, denn dann können sie sicher sein, dass diese ihr eigenen Gedanken darin wiedererkennen und sie deshalb loben." (A. France).

Die „Geschichtsdebatte", die um das Buch über die Geschichte der Gewerkschaften von Frank Deppe u. a. entbrannte, scheint mir symptomatisch für diese Art der Auseinandersetzung, dass man den Buchumschlag mit den alten Abzeichen des Deutschen Metallarbeiter-Verbandes gestaltete (die den Handschlag in einem Kranz zeigen, die auch in der DDR benutzt wurden), wurde als Beweis für die DDR-freundliche Tendenz des Deppe Buches angeführt. Die Diskussion tangierte unsere Arbeit in den Schulen allerdings wenig. Bei der vom DGB veranstalteten Geschichtstagung in München war von den ca. 80 pädagogischen Mitarbeitern der IG Metall kein einziger eingeladen.

Es war nicht immer eine gute und sachliche Diskussion, aber die Auseinandersetzung mit der Geschichte hatte, trotz tagtäglichem Arbeitsdruck, einen Stellenwert. Man diskutierte, stritt um geschichtliche Fragestellungen und Wertungen. Man kann sich heute dagegen des Eindrucks nicht erwehren, dass die Gewerkschaften tendenziell an Alzheimer leiden.

Ausgehend von der Ausstellung „Streiklichter" bei den Ruhrfestspielen beschäftigte mich das Thema und historische Beispiele besonderer Streiks über Jahrzehnte. So erschien ein kommentierter Nachdruck des Deutschen Textilarbeiterverbandes über den 22wöchigen Streik der Textilarbeiterinnen und -arbeiter in Crimmitschau für den 10-Stunden-Tag. Zum 100jährigen Jubiläum entwickelten wir eine Revue mit der Theatermanufaktur. Die Aufführung wurde mit einem entsprechenden Plakat und einer Buchveröffentlichung begleitet. In Verbindung mit dem Hafenarbeiterstreik 2004 und einer Erinnerung an die 16wöchigen Hafenarbeiterstreiks wurde die Serie fortgesetzt. Die Moabiter Streikunruhen, bei denen berittene Polizei mit Säbel bewaffnet auf die streikenden Transportarbeiter losging, einen Streikenden erschlug, die Frauen Möbel aus den Fenstern auf die Polizei warfen, wurden mit Thesen zum heutigen Verhalten der Polizei bei Arbeitskämpfen ergänzt. Ebenso wie in den Geschichten des Ladenschlusses und des freien Wochenendes geht es hier immer um die historische Einbettung von aktuellen Auseinandersetzungen. Das Spektrum reicht von Ausstellungen und Buchveröffentlichungen zum 50jährigen Jubiläum der Gewerkschaft Handel, Banken, Versicherungen, über den Zusammenschluss von IG Metall, Gewerkschaft Holz u. Kunststoff zu der Geschichte der betriebsnahen Tarifpolitik. Da mit den Veröffentlichungen möglichst viele 'normale' Mitglieder erreicht werden sollten, wurde auf Illustrationen und Gestaltung großen Wert gelegt.[142] Es sind Beiträge zur Kulturgeschichte, von der Emanuel Wurm im Volkslexikon von 1894 schreibt:

“Kulturgeschichte hat den Zusammenhang zwischen dem Wohnort eines Volkes, seinen wirtschaftlichen Verhältnissen und der daraus entspringenden geistigen wie wirtschaftlichen Entwicklung klarzulegen und bildet so das eigentliche, das Innere des Völkerlebens ergründende Geschichtswissenschaft, welche die Gesamtheit der Massen, nicht nur die Einzeltaten vermeintlicher Volksführer erfasst.“ [143]

Kultur kann die eigene Identität fördern und stabilisieren

In den siebziger Jahren versuchte ich einen Arbeiterchronometer antiquarisch zu ersteigern – leider vergebens. Acht Stunden Schlaf – Acht Stunden Arbeit – Acht Stunden Bildung – war auf der Taschenuhr zu lesen, um 1900 für Arbeiter ein wertvolles Teil, eine Anzeige im „Wahren Jacob“ preist es mit einem Akkordeon in Teilzahlungsraten an. Diskussion unter den Jugendbildungsreferenten und DGB Vorsitzenden in Hessen. Kurzum. Uhr beim Museum in Rüsselsheim ausleihen – Kredit bei der Stadtsparkasse aufnehmen – Werkzeug erstellen lassen – Uhr produzieren und lange warten. Die Rechnung ging auf. Bis heute gibt es Nachfragen, ob man nicht noch eine Uhr bekommen könnte. Es gibt offensichtlich ein Bedürfnis, sich mit der eigenen Geschichte zu identifizieren.

Wir fangen gleich an

Zum Zukunftskongress der Gewerkschaft Holz und Kunststoff in Hohenroda schrieb Dieter Süverkrüp ein Theaterstück. Der Spielanfang verzögerte sich, weil plötzlich zwei Penner auftauchten. Gleich standen zwei Kollegen auf und wollten sie raussetzen. Wir konnten sie zurückhalten ... und hinterher haben sie sich geschämt – es waren Schauspieler, die für einen realistischen Anfang sorgten.[144]

---

142 Einen relativ guten Überblick erhält man, wenn man in die Übersicht der Bücherei des Archiv der Sozialen Demokratie schaut: *library.fes.de/index.htm*

143 Volks-Lexikon: Nachschlagebuch für sämtliche Wissenszweige mit besonderer Berücksichtigung der Arbeiter-Gesetzgebung, Gesundheitspflege, Handelswissenschaften, Sozial-Politik / Unter Mitw. von Fachschriftstellern. Hrsg. von Emanuel Wurm, Nürnberg, Bd.1. – 1894, S.1445

144 Siehe S. 258

Zum Jahrestag der Gewerkschaftsgründung führten wir das Stück noch einmal in Aachen auf. Die Schauspieler blieben jedoch nach dem eigentlichen Stück auf der Bühne sitzen und unterhielten sich, unterstützt durch Bilder, die mittels Projektor an die Wand geworfen wurden, was wohl die Zuschauer meinten, wie es 1945 ausgesehen hat und was zu machen gewesen wäre.

Die eingangs zitierte Zeichnung, in der danach gefragt wird, ob wir auch Ahnen haben, bedarf einer Ergänzung. "Wo kämen wir hin - wenn alle sagen würden – wo kämen wir hin – und keiner ginge, um zu schauen, wohin wir kämen, wenn wir gingen." (Marti) Veränderungen brauchen Zeit und Geduld, was jedoch nicht ewig sein darf – darum zu guter Letzt:

"Das weiche Wasser bricht den Stein...", dem setzt der Düsseldorfer Fotograf und Stadtpoet Toni Tripp[145] ein Gedicht entgegen, in dem er sagt, dass wir nicht so viel Zeit haben.

(...) dass weiches Wasser
den harten Stein besiege
haben wir allzu gerne
als Wahlspruch und
als Hoffnungsheischendes
vernommen ...

dass es keineswegs das Wasser,
sondern die Zeit ist,
die das erreicht,
könnte uns zu spät aufgehen.[146]

Toni Tripp

145 Toni Tripp, Palette des Poeten. 1. Auflage, Windecken: Offizin de hripu, 1986

146 Ich widme diese Ausführungen den Lehrkräften die, als ich hier jugendlicher Teilnehmer an der Heimvolkshochschule Hustedt war, dort arbeiteten. Frau Witting, eine der damaligen Lehrerinnen beurteilte meine Arbeit „Inwieweit beeinflussen Meinungsumfragen die öffentliche Meinung" mit der Bemerkung: „Kluge Gedanken, nicht zu Ende gedacht. Rechtschreibung!" Ich hoffe, dazu gelernt zu haben und bin doch noch nicht am Ende.

Nachbemerkung der Herausgeber

Anstiftung zur Weiterarbeit

Mit dem Interesse an einer aktivierenden und ermutigenden politischen Kulturarbeit bewegen wir uns eher tastend und suchend auf eher unbekannten Wegen. Gleichermaßen benötigen wir Lernräume und Labore, vor allem aber praktisches Handeln und den Diskurs. Deshalb diese Nachbemerkung mit der Bitte, Aufforderung und Anstiftung, eigene kulturelle Wege zu gehen und aktiv in die politischen Auseinandersetzungen einzubringen!

Der vorliegende Band der „Hustedter Beiträge zur politischen Bildung" ist ein Baustein zur politisch kulturellen Theorie-Praxisentwicklung. Aber eben nur ein Baustein. Eine, wenn man so will, produktive und vielleicht anregende Textsammlung.

Der Bezugspunkt vieler Beiträge und Fundsachen bildet die Kultur und Entwicklung der Arbeiterbewegung. Historisch handelt es sich um ein einzigartigen Erfahrungsschatz, der in vielen gesellschaftlichen Auseinandersetzungen erkämpft werden musste – auch als Kampf um Teilhabe und Zugang zur bürgerlichen „Hochkultur" und als Kampf um Anerkennung der eigenen, gemeinschaftsbildenden kulturellen Ausdrucksformen.

Geschichte verläuft freilich nicht linear. Bruchstelle und Traditionsabbruch waren die große Katastrophe, die Zeit des Faschismus in Deutschland. Zäsuren der kulturellen Zeitgeschichte später der Aufbruch der 68er und – in einem anderen gesellschaftlichen Kontext – der Zusammenbruch der DDR und die neue gesamtdeutsche Berliner Republik mit ihrer Öffnung zu einer neuen Dimension der Individualisierung sowie der radikalen Marktorientierung und Globalisierung.

Heute boomen die Kulturwirtschaft und der staatlich geförderte Kulturbetrieb und produzieren eine noch nie dagewesene Vielfalt an Formaten, Produkten, Genres und Events. Dass zu dem auch alternative oder subkulturelle Ausdrucksformen in kürzester Zeit marktfähig werden, ja regelrecht vom Kulturbetrieb aufgesogen werden, verwundert heute nicht mehr. Politisch kulturelle Arbeit meint etwas anderes:

Singt, spielt, tanzt, schreibt, malt und druckt, was euch drückt!

Auf die Kultur der kleinen alternativen Festivals, aber auch der politischen Gewerkschaftsjugendtreffen wurde bereits verwiesen. Am Rande der Großdemonstrationen treffen wir sie wieder: engagiertes Impro-Theater, eigene Plakate, handgemachte Musik – ganz nah an den gesellschaftlichen Auseinandersetzungen! Sich durch Kunst und Kultur politisch ermutigen zu lassen, das ist etwas Wunderbares. Und das kann dann auch der Tanz in den 1. Mai sein oder engagiertes Kino, wie alljährlich beim Filmfest Emden, dem Publikumsfest im Nordwesten, mit der Verleihung des DGB Filmpreises.

Und wir müssen sprechen, Erfahrungen austauschen, nachdenken, neue Impulse aufnehmen. Wir wünschen uns einen weitergehenden Diskurs, einen kulturpolitischen Ratschlag. Mit jungen und alten Kolleginnen und Kollegen aus den Betrieben, mit Kreativen und Performern, mit Flüchtlingen und Hiesigen, mit engagierten Männern und Frauen – mit aktuellen Praxisbeispielen, so vielfältig und bunt wie vor Ort politische Kultur sein kann. Denn „Schwarz Rot Gold" ist eben nicht bunt genug. Wir nehmen die kulturelle Herausforderung durch die Rechtspopulisten an und treten für eine große, soziale, richtig verstanden, republikanische Demokratiebewegung ein.

Die Herausgeber

Harald Kolbe, Dietrich Burggraf und *Peter Straßer*

Celle, im August 2016

Die Autorinnen und Autoren

Ulrike Obermayr
Von 2008 – 2015 Leiterin des Funktionsbereichs Gewerkschaftlichen Bildungsarbeit beim Vorstand der IG Metall, seit 2015 2. Bevollmächtigte der IG Metall Geschäftsstelle Darmstadt

Stefan Krankenhagen
Prof. Dr. Stefan Krankenhagen arbeitet an der Stiftung Universität Hildesheim, Institut für Medien, Theater und Populäre Kultur

Kai Degenhardt
Politischer Liedermacher, Musikproduzent und Autor

Anneliese Fikentscher
Vorsitzende und Redaktionsmitglied des Verbands Arbeiterfotografie e. V.

Peter Straßer
Pädagogischer Mitarbeiter des Bildungszentrums Heimvolkshochschule Hustedt e. V.

Wolf-Dieter Krämer
Mitglied im „Archiv der Münchener Arbeiterbewegung". Einige Jahre Vorsitzender des Werkkreises und Sprecher der Werkstatt München

Vanessa-Isabelle Reinwand-Weiss
Professorin für Kulturelle Bildung am Institut für Kulturpolitik der Stiftung Universität Hildesheim, Direktorin der Bundesakademie für Kulturelle Bildung Wolfenbüttel

Udo Achten
Papiermacher, Sozialarbeiter, Diplom-Pädagoge, Autor. Unter anderem von 1970–1988 Lehrer an den IG Metall-Schulen Lohr und Schliersee und am IG Metall-Bildungszentrum Sprockhövel

II. Fundsachen, Basistexte, Beschlüsse

Im Folgenden werden wiederentdeckte Entschließungen und kulturpolitische Beiträge zusammengestellt – Fundsachen, Basistexte und Beschlüsse. Sie haben ihre Aktualität nicht verloren. Wir freuen uns wenn diese Sammlung anregt eigene Entdeckungen zu machen – gerne tragen wir weitere Materialien und Fundstücke zusammen und stellen sie für die Diskussion bereit.

Harald Kolbe

Sozialistische Politik, Jahrgang 1978

Hans Preiss/Erasmus Schöfer

Im Stadium des Experimentierens

Gespräch über die gewerkschaftliche Kulturarbeit

Der Werkkreis-Autor Erasmus Schöfer führte dieses Gespräch mit Hans Preiss, geschäftsführendes Vorstandsmitglied der IG Metall, nach dem letzten Gewerkschaftstag der IG Metall in Düsseldorf. Nachdruck aus „L 76" mit freundlicher Genehmigung der Industriegewerkschaft Metall.

Schöfer: Auf dem Gewerkschaftstag der IG Metall haben über tausend Anträge vorgelegen und 33 Entschließungen, die vom Vorstand zur Zusammenfassung des Inhalts der Anträge vorgelegt wurden. Ich habe in den Anträgen keinen entdeckt, der in irgendeiner Weise die Frage Kulturarbeit und Kulturpolitik der IG Metall zum Gegenstand hatte oder auch nur berührte. Auch in der Entschließung zur Bildungsarbeit fand ich das Wort Kultur in diesem Zusammenhang nicht aufgenommen. Ich habe das Wort nur einmal in einer anderen Entschließung zur Frage der Jugendbildungsarbeit gelesen. Dort war davon die Rede, daß kulturpolitische Aktivitäten verstärkt in die Bildungsarbeit der IG Metall eingehen sollten. Ist das ein Ausdruck der tatsächlichen Lage, was die Kulturarbeit in der IG Metall angeht

Preiss: Richtig ist, daß wir mit dem Begriff Kultur sparsam umgegangen sind. Die Entschließung zur Bildungsarbeit enthält jedoch den Auftrag, die geschichtlichen Erfahrungen der Arbeiterbewegung auf allen Ebenen des gewerkschaftlichen Handelns zu berücksichtigen. Wie soll diese Rückbesinnung möglich sein, ohne die Werke von Brecht, Tucholsky, Heartfield, Masereel oder Kollwitz einzubeziehen? Sie sind Teil des kulturellen Erbes der Arbeiterbewegung und spiegeln die Erfahrungen jahrzehntelanger Kämpfe. Daß die Fragen der Kultur auf dem Gewerkschaftstag keinen breiteren Raum eingenommen haben, war angesichts der schwierigen wirtschaftlichen und politischen Verhältnisse nicht überraschend, den Delegierten ging es in erster Linie um die Fragen der Arbeitslosigkeit, des Leistungsdrucks in den Betrieben usw. Mit der Ausstellung „Arbeiter in der Kunst", veranstaltet in Zusammenarbeit mit der „Neuen Münchner Galerie", haben wir den Versuch gemacht, unsere Kollegen mit der bildenden Kunst zu konfrontieren. Arbeiter und Arbeitswelt – diese Themen hat die IG Metall aufgenommen. Diese Themen hat man hingegen auf der Dokumenta in Kassel vergeblich gesucht, obwohl die Arbeitnehmer auch dazu ihre Steuergroschen geben dürfen. Wir fassen den Begriff der Kultur weit. Für uns umfaßt er die ganze Lebenswirklichkeit des Arbeiters.

Schöfer: Ich denke natürlich auch nicht, daß unter dem Begriff Kultur nur die Äußerungen der Künste im engeren Sinne zu verstehen sind. Kultur der Arbeiterschaft schließt so etwas wie die Arbeitsbedingungen und natürlich auch Fragen der Bildung, der gewerkschaftlichen Bildung ein. Das hat auch alles etwas mit einer Kultur der arbeitenden Bevölkerung zu tun. Aber die totale Abwesenheit einer Beschäftigung mit Kultur im engeren Sinne – das war es, was mich frappiert hat. Beobachter, die mit Kultur und Kunst selber zu tun haben und in ihr aktiv sind, erwarten, daß die Diskussion, wie sie jetzt in der Gewerkschaft Kunst begonnen wurde und sich in der Vorbereitung eines DGB-Kulturprogramms niederschlägt – nämlich welche kulturellen Aufgaben im engeren Sinnen haben auch die Gewerkschaften wahrzunehmen, daß diese Diskussion in die Mitgliedschaft hineingetragen wird. Da sagen Sie nun, das sei die offene Frage: Kommt da etwas von den Kollegen herauf durch eigene Erfahrungen, durch eigene Bedürfnisse, oder muß es von den Vorständen und Verantwortlichen an sie herangetragen werden? Gibt es denn da schon praktische Erfahrungen in der IG Metall?

Preiss: Ja, es gibt Erfahrungen. Anläßlich des 25. Jahrestages unserer Bildungsstätten in Dortmund und Lohr haben wir im Rahmen der Ausstellung „Arbeiter in der Kunst" eng mit Künstlern zusammengearbeitet. Wir haben die ausgestellten Werke zu einem Bestandteil unserer Bildungsarbeit gemacht. Hier wie übrigens auch bei Lesungen des Werkkreises hat sich gezeigt, daß ein Gemälde, ein Gedicht weit über die theoretische Einsicht hinaus Betroffenheit erzeugen, Gefühle zum Ausdruck bringen kann. Diese Erfahrungen zeigten, daß unsere Kollegen solchen Werken ein tiefes, oft verdrängtes Interesse entgegenbringen. Dabei müssen wir berücksichtigen: Unsere Mitglieder stehen vom Morgen bis zum Abend im Streß, rund ein

Viertel sind Schichtarbeiter. Das Gleichheitspostulat unserer Verfassung blieb für sie bisher ein Stück Papier. Musik, Theater, Literatur sind ihnen weitgehend verschlossen. Wer acht Stunden am Tag und länger ausgebeutet wird, der greift meist nicht mehr zum Buch; der konsumiert das Angebot, wie es sich aus der herrschenden Medienpolitik ergibt. Aber trotzdem stellen wir immer wieder ein durchaus eigenes, intensives Bedürfnis fest, sich anzueignen, was durch die Verhältnisse verwehrt wird.

Schöfer: Was kann denn für die Arbeitenden bedeutungsvoll werden? Sie sagen, sie werden abends, wenn sie müde sind, auf das Angebot zurückgreifen, das ihnen von den gegebenen Institutionen vermittelt wird. Aber wenn wir nun danach fragen, was macht die Gewerkschaft? Wo hat sie Möglichkeiten, dem entgegenzuwirken? Wir wissen, daß das, was von den Medien angeboten wird, im Schnitt gesehen, nicht den Interessen entspricht, die die Gewerkschaften vertreten. Also, wie müßte eine Kunst, auch inhaltlich, aussehen, die die Kollegen direkt ansprechen kann, die sie nicht nur ablenkt, sondern sie hinlenkt auf ihre Interessen, die sie innerhalb der Gewerkschaften vertreten, wenn sie sich dort im Tarifkampf, womöglich im Streik engagieren oder als Vertrauensleute im Betrieb ihre Interessen durchsetzen? Diese selben Interessen müßten doch berücksichtigt werden auch im Hinblick auf die kulturellen Möglichkeiten, die den Kollegen angeboten werden. Gibt es dazu Überlegungen innerhalb der Gewerkschaften, indem man nicht nur sagt, die Arbeiter müssen generell einen verbesserten Zugang zu den Leistungen unserer Kultur ganz allgemein haben, sondern sie sollten auch vorzüglich einen Zugang haben zu den Leistungen, wie sie zum Beispiel *nicht* auf der Dokumenta gezeigt wurden.

Preiss: Der Künstler steht in unserer Gesellschaft der Arbeitswelt fast durchweg fremd gegenüber. Entsprechend betrachten Arbeiter den Künstler und sein Werk zunächst als etwas Fremdes. Nun wäre es einfach zu sagen, Künstler und Gewerkschafter müssen näher zusammenrücken, müssen Verständnis füreinander aufbringen usw. Das wäre ein bloßer Appell. Auch vereinzelte Gastspiele in Gewerkschaftshäusern und -schulen helfen auf die Dauer nicht. Gewiß, wir haben große Erfolge mit Autorenlesungen und Filmabenden in unseren zentralen Bildungsstätten gehabt. Aber was wir brauchen, das ist eine grundsätzliche Klärung des Verhältnisses zwischen Arbeiter und Künstler. Oft haben wir auch bei fortschrittlichen Künstlern den Eindruck, sie schreiben über die Probleme und Auseinandersetzungen zwar mit Sympathie, aber doch so, als ginge es sie selbst letztlich nicht an. Viele schreiben über die Kämpfe der Arbeiter, aber nehmen sie auch an ihnen teil? Hier stehen wir noch ganz am Anfang. Die Klärung des Verhältnisses zwischen Künstler und Arbeiter muß im Betrieb beginnen. Warum sollte ein Künstler nicht die Gelegenheit bekommen, an der Vertrauensleuteversammlung eines Großbetriebes teilzunehmen. Mehr noch: er sollte die Gelegenheit bekommen, einige Zeit im Betrieb als Künstler mit den Kollegen zu arbeiten und zu diskutieren. Welche Fülle der Themen würde sich für den Bildhauer und Maler, für den Schriftsteller ergeben! Welche Form dieses wechselseitige Kennenlernen in der Praxis auch immer annimmt: nur so kann ein Verhältnis des Vertrauens und der schöpferischen Kritik entstehen.

Schöfer: Das ist natürlich ein interessanter Vorschlag. Ich frage mich, inwieweit der Vorschlag praktisch realisiert werden kann, wie weit Autoren die Möglichkeit haben könnten, in die Betriebe hineinzukommen und dort direkt mit den Kollegen zu arbeiten. Sie wissen, Wallraff ist das eine große Beispiel. Er hat versucht, mit den Kollegen zusammenzuarbeiten und seine Erfahrungen aufzuschreiben. Das ist sehr wirksam gewesen, aber zweifellos ein Beispiel, das nicht beliebig wiederholbar ist. Das auch von den wenigsten so realisiert werden könnte, denn die meisten Autoren sitzen zu Hause am Schreibtisch, gehen zwar auch raus und machen ihre Erfahrungen. Aber daß sie etwa nun wochenlang mit den Kollegen am Arbeitsplatz zusammen sind, das ist in den seltensten Fällen möglich, und ich frage mich auch, ob es notwendig ist, um die Probleme, die die Arbeitenden bewegen, wirklich erkennen zu können.

Preiss: Die Reportagen von Wallraff haben sicher manchen Blick hinter die Kulissen ermöglicht. Aber dieses anonyme, gleichsam „konspirative" Eindringen in einen Betrieb muß Einzelfall bleiben. Die Auswirkungen eines solchen Verfahrens dürfen nicht überschätzt werden. Wir wollen die offene Kontaktaufnahme eines bestimmten Künstlers mit Arbeitern in einem bestimmten Betrieb. Dieser Kontakt darf nicht nur vorübergehend sein. Vor allem darf er nicht die Alibifunktion eines „Besuchs an der Basis" haben. Das bringt uns – und auch den Künstler – nicht weiter. Der Künstler muß durch sein Werk und seine eigene gewerkschaftliche Arbeit zeigen, daß er bewußter Gewerkschafter ist.

Schöfer: Dieses Bekenntnis, das muß natürlich nicht unbedingt aus dem Werk sichtbar werden. Aber es müßte formuliert werden von einem Künstler, der meinetwegen nach Sprockhövel geht und mit den Kollegen redet. Er müßte sagen, warum er hierher kommt. Nicht um eine Dichterlesung zu machen, wie irgendwo anders, sondern weil es ihn interessiert, mit den Kollegen über sein Werk auch kritisch zu sprechen. Andererseits müßte man wahrscheinlich auch bei den Kollegen ein Verständnis dafür bewirken, daß ein Schriftsteller oder ein Maler auch diese Zurückgezogenheit an seinem Arbeitsplatz braucht. Aber noch eine konkrete Frage: Wenn Sie jetzt Autoren-Kollegen zur IG Metall einladen, haben Sie sich schon überlegt, wen laden wir ein? Das heißt von seinem Werk und der Frage her, ob es den Kollegen etwas zu sagen hat? Oder sind Sie einfach davon ausgegangen, wer ist berühmt in der BRD?

Preiss: Wenn wir Künstler einladen, so halten wir uns nicht an das zweifelhafte Kriterium der „Berühmtheit". Wir laden Künstler ein, zu denen wir auf Grund ihrer Arbeit Vertrauen haben. Das bedeutet keine Geheimniskrämerei, keine Selektion nach irgendwelchen Merkmalen und Mitgliedschaften. Aber Vertrauen ist in unserer Gewerkschaftsarbeit eine unabdingbare Voraussetzung. Gerade weil wir Kulturarbeit als Teil der Gewerkschaftsarbeit auffassen, deshalb gilt diese alte Erfahrung auch für das Verhältnis zu den Künstlern. Wir haben in den Anfängen unserer Kulturarbeit auch Enttäuschungen erlebt. Sie kennen die Arroganz, mit der manche Schriftsteller sich zum Oberlehrer machen. Dieses Verhalten hat in einzelnen Fällen viel geschadet. Inzwischen haben wir beobachten können, daß Künstler immer weniger als Belehrende, sondern als Lernende zu uns kommen. Ich denke an die Kolleginnen und Kollegen von der GdMK (Gewerkschaft Deutscher Musikerzieher und konzertierender Künstler), die im Bildungszentrum Sprockhövel mehrere Konzerte vorgesehen haben. Die Musiker im Orchester und die Metaller im Saal:

beide werden sich in der Begegnung ihrer Lage als abhängig Beschäftigte bewußter, lernen ihre gemeinsamen Interessen kennen. Ich denke an die Autoren des Werkkreises, die sich seit Jahren mit großem persönlichen Einsatz der Vermittlung von Literatur widmen.

Schöfer: Sie haben gesagt, Politik der offenen Tür. Es werden also Autoren-Kollegen eingeladen. Gibt es Auswirkungen dieser Initiativen in dem Sinne, daß sie festgeschrieben werden als kulturpolitische Aufgabenstellung der IG Metall, daß man so etwas direkt einbeziehen wird in die Bildungspläne? Mit der Begründung, daß das emotionale Ansprechen durch eine literarischen Text oder durch ein Bild die politische Bildungsarbeit erleichtert?

Preiss: Ein ausformuliertes kulturpolitisches Programm der IG Metall gibt es nicht. Wir befinden uns im Stadium des Experimentierens. Jetzt ein Programm niederzuschreiben, wäre verfrüht.

Schöfer: Wenn Sie sagen, es ist zu früh, so etwas festzuschreiben, dann würde mich interessieren: Worauf ist es zurückzuführen, daß erst jetzt solche Überlegungen überhaupt in Bewegung gekommen sind? Hat es etwas mit einer allgemeinen Entwicklung des gewerkschaftlichen Bewußtseins für diese Fragen zu tun oder ist das gesellschaftlich begründet? Oder kommen die Anstöße aus dem DGB?

Preiss: Ich habe eingangs auf den größeren Zusammenhang hingewiesen. Indem wir uns auf die geschichtlichen Erfahrungen der Arbeiterbewegung zurückbesinnen, eignen wir uns auch ihr kulturelles Erbe und darüber hinaus die ganze fortschrittliche Kultur an. Diese Bereitschaft zur Rückbesinnung ist eine unmittelbare Folge der tiefgreifenden wirtschaftlichen, politischen und – nicht zu vergessen – auch kulturellen Krise seit 1974. Je tiefer der bürgerliche Kulturbetrieb in die allgemeine Krise hineingerissen wird, umso geringer ist seine Anziehungskraft. Viele Gewerkschafter erinnern sich heute, daß es eine reiche Überlieferung gibt, die ihre Kultur sein könnte, wenn sie nur ergriffen und neuem Leben gebracht wird. Dabei dürfen wir den herrschenden Kulturbetrieb nicht mit der bürgerlichen

Kultur selbst verwechseln. Es ist ja geradezu ein Kennzeichen der Krise unseres Kulturbetriebs, daß er sich als unfähig erweist, die fortschrittlichen Elemente der bürgerlichen Kultur weiterzugeben. Wir Gewerkschafter stehen zunehmend vor der Aufgabe, dieses Erbe zu schützen – in ganz ähnlicher Weise, wie wir heute aufgerufen sind, die bürgerlichen Freiheitsrechte gegen ein reaktionär gewordenes Bürgertum in Schutz zu nehmen.

Schöfer: Würden Sie sagen, daß die Gewerkschaften also vor einer doppelten Aufgabe stehen: das kulturelle Erbe der Arbeiterbewegung aufzunehmen und weiterzuentwickeln und zugleich die fortschrittlichen Elemente der bürgerlichen Kultur zu verteidigen und unseren Kollegen zu vermitteln?

Preiss: Wir halten wenig davon, dem herrschenden Kulturbetrieb eine Art Anti-Kultur entgegenzusetzen, die in einer formalen Weise des Opponierens nur desto abhängiger von ihrem Feindbild ist. Wir Gewerkschafter wollen keine sektiererische Subkultur. Uns geht es um die Aneignung der ganzen fortschrittlichen Kunst und Literatur unserer Zeit. Uns geht es um das Bündnis mit allen fortschrittlichen Künstlern. Von daher verbietet es sich, unter dem Schlagwort der „Arbeiterkultur“ die Herkunft aus der Arbeiterschaft zum bestimmenden Kriterium zu machen. Es wäre nichts weiter, als ein Ausdruck elitärer Arroganz, unseren Kollegen die Fähigkeit abzusprechen, große Kunstwerke zu verstehen, und sie statt dessen an eine Art Arbeiterfolklore binden zu wollen. Dabei ist es eine andere Frage, daß die gesellschaftlichen Umstände ihres Lebens den Zugang zu diesen Werken erschweren. Dies wollen wir ändern. Wenn der 12. ordentliche Gewerkschaftstag die Forderung nach der 35-Stunden-Woche aufgenommen hat, dann kann uns nicht gleichgültig sein, was aus der hart erkämpften Freizeit wird. Wir Gewerkschafter werden zusammen mit allen fortschrittlichen Kräften bestrebt sein, dem Arbeitnehmer ein menschenwürdiges Leben am Arbeitsplatz und in seiner Freizeit zu ermöglichen. Unser Programm hat sich noch nie in der Sicherung einer einfachen Reproduktion der Arbeitskraft erschöpft, sondern stets der allseitigen Entfaltung des Menschen gegolten. Ist diese Entfaltung aber nicht gleichbedeutend mit Kultur?

Kultur Macht Politik, Studien zur Kultur und Bildung in der Moderne, BKJ (Hrsg.), Schriftenreihe der Bundesvereinigung Kulturelle Jugendbildung, Band 43, 1998

Max Fuchs

Kulturpolitik und die Gestaltung gesellschaftlicher Verhältnisse: sieben Ansatzpunkte

Im folgenden will ich in einigen wenigen Punkten andeuten, wie die angesprochene Kompetenz der Kulturpolitik und Kulturarbeit für die gesellschaftliche und industrielle Entwicklung eingebracht werden kann.

Ein Schlüsselwort, das sowohl Sozial- und Kulturpolitik verbindet, ist „Gestaltung". Gestaltung meint, daß Dinge und Prozesse nicht unhinterfragt hingenommen werden, sondern Gegenstand absichtsvollen eingreifenden Handelns werden können. Dieser Gestaltungsaspekt ist Grundlage eines Konzeptes kultureller Bildung, so wie es seit einigen Jahren entwickelt wurde und wie es heute theoretisch fundiert vorliegt (Fuchs 1994). Kulturelle Bildung ist Leben in „aufrechtem Gang" (E. Bloch). Eine wichtige Entmachtung des Einzelnen findet dort statt, wo man ihm einreden will, daß Dinge vorgegeben sind, quasi naturgesetzlich ablaufen und ein Eingreifen nicht möglich ist. Sie finden dies etwa im aktuellen wirtschaftspolitischen Diskurs, wenn die Standortkonkurrenz, der Sparzwang etc. als solche naturgesetzlich-außermenschliche Erscheinungen beschrieben werden. Ökonomie erhält hierbei den Charakter von Theologie, wobei auf dem Altar die Konvergenzkriterien von Maastricht liegen. Und hier macht selbst das Papier der Kirchen diese Theologisierung ökonomischer Faktur nicht mit, sondern beharrt auf der Notwendigkeit von bewußter Gestaltung. Es erinnert daran, daß nicht „die Wirtschaft" Selbstzweck ist, dem die Menschen oder der Staat zu dienen haben, sondern sie bloß Mittel zum Zweck ist. Und dieser Zweck ist der Mensch.

Dies scheint mir so wichtig zu sein, daß ich einen Hirtenbrief der US-amerikanischen Bischofskonferenz aus dem Jahre 1996 zitieren will, der dies sehr gut auf den Punkt bringt:

> *„Die Wirtschaft existiert, um dem Menschen zu dienen, und nicht umgekehrt. Das Wirtschaftsleben sollte durch moralische Prinzipien und ethi-*

sche Normen geformt sein. Wirtschaftliche Entscheidungen sollten daran gemessen werden, ob sie das menschliche Leben, die Menschenwürde und die Menschenrechte fördern oder bedrohen. Ein Grundanliegen muß die Unterstützung und das Wohlergehen der Kinder sein. Ein moralischer Maßstab jeder Wirtschaft ist die Frage nach den Schwächsten."

(FR vom 21.02.1997, S. 12.)

Ein zweites Grundprinzip, das unsere Gesellschaft charakterisiert, ist Pluralität. Wo Pluralität herrscht, ergibt sich stets die Notwendigkeit, Konflikte zu regeln, und in dieser Vielheit immer auch wieder Punkte der Einigkeit zu finden. Kultur als Gesamtheit von – symbolisch vermittelten – Wertvorstellungen ist in ihrem Kern ein Pluralitätsbegriff: es geht immer um Kulturen. Die kulturelle Vielfalt in unserer Gesellschaft ist daher ein gutes Übungsfeld, mit Pluralität zivilgesellschaftlich umzugehen. Wenn „Wohlfahrt" heißt, bei angemessenen gemeinsamen Lebensbedingungen je individuell tragfähige Lebensentwürfe, also eine ausdifferenzierte Pluralität zu realisieren, dann ist die kulturelle Kompetenz, mit Vielfalt umzugehen, ein wesentlicher Bestandteil unseres Wohlfahrtsstaates als Zivilgesellschaft.

Ein Leitbegriff der gesellschaftspolitischen Diskussion spätestens seit dem UNO-Brundtlandbericht „Unsere gemeinsame Zukunft" aus dem Jahre 1987 ist der Begriff des „sustainable development", was im Deutschen mit „nachhaltiger Entwicklung" oder mit „Zukunftsfähigkeit" übersetzt wird. Gemeint ist hiermit ein heutiger Umgang mit Ressourcen, der auch unseren Kindern und Enkeln noch eine Lebensgrundlage übrig läßt.

Dieses Konzept der Nachhaltigkeit wurde inzwischen bei der Umweltkonferenz in Rio im Jahre 1992 diskutiert. 170 Staaten haben das Abschlußdokument „Agenda 21" verabschiedet. Und 1994 wurde in Aalberg in Dänemark die „Lokale Agenda 21" für die europäischen Städte verabschiedet. In Deutschland hat der Deutsche Städtetag aus unerfindlichen Gründen diese Konzeptpapiere und Vereinbarungen auf ein bloß umweltpolitisches Programm reduziert und damit um die eigentlich entscheidende gesellschaftspolitische Dimension verkürzt (Deutscher Städtetag 1996).

Diese umfassende Sicht wird zur Zeit am vehementesten vom „Wuppertal Institut für Klima, Umwelt und Energie" vertreten, das auch die Studie „Zukunftsfähiges Deutschland" im Auftrag des BUND und von Misereor erstellt hat. Es verwundert daher nicht, daß sich auch das Kirchenpapier entscheidend auf diese Wuppertaler Studie bezieht. Insbesondere sind folgende Aspekte relevant:

Im programmatischen Teil arbeitet die Wuppertaler Studie mit „Leitbildern", also mit recht konkreten Visionen eines besseren Lebens. Von den acht Leitbildern sind hier besonders relevant die folgenden: „Gut leben statt viel haben", „Stadt als Lebensraum" und „Internationale Gerechtigkeit und globale Nachbarschaft".

Es wird sowohl in der Studie als auch im Kirchenpapier gesehen, daß die Basis für eine gesamtgesellschaftliche Durchsetzung von „Zukunftsfähigkeit" ein neues Verständnis von „gutem Leben" ist: Nicht mehr Wachstum um jeden Preis, nicht mehr Konsum um jeden Preis, sondern die Suche nach Sinnerfüllung auch außerhalb von Konsum oder Erwerbstätigkeit. Beiden Texten ist klar, daß man hiermit tief in die Mentalität des Menschen, tief in die vorhandenen Sinnstrukturen eingreift. Man predigt jedoch keine Kultur der Askese und des Verzichts, sondern formuliert die Überzeugung, daß man auf unterschiedlichen materiellen Niveaus Lebensglück realisieren kann.

Ich halte die Auseinandersetzung mit diesen Vorschlägen für ausgesprochen ergiebig und denke, daß viele von uns – mehr oder weniger konsequent – dieser Maxime des „gut lebens statt viel zu haben" bereits folgen.

Basis der Vision von Zukunftsfähigkeit ist die Vorstellung einer anderen Lebensweise. Aber geht dies überhaupt? So waghalsig das Unternehmen, eine neue Lebensweise zu fordern, auch klingen mag: Es wäre nicht das erste Mal in der Geschichte, daß ein derart gravierender Wandel geschehen wäre: Ein großer Teil des Lebenswerks von Max Weber gilt der Untersuchung dieser Frage, wie es nämlich dem Kapitalismus gelungen ist, quasi als angewandte Alltagspsychologie den genügsamen und am Genuß orientierten vorkapitalistischen Lebensstil hin zu der Ideologie des „Immer-Mehr" zu verändern: „Der Mensch", so Weber, „will von Natur aus nicht Geld und mehr Geld verdienen, sondern einfach leben, so leben, wie er zu leben gewohnt ist und so viel erwerben, wie dazu erforderlich ist." (nach Weizsäcker 1994, S. 306). Die sozialpsychologische Eigengesetzlichkeit des Kapitalismus, die schon für sich erfolgreich genug ist, wird zudem durch eine boomende Werbung, die geschickt die Herzen und Köpfe der

Menschen trifft, flankiert und unterstützt. Auch hierzu wieder ein Zitat aus der Studie „Zukunftsfähiges Deutschland“: „ Ein Sinnbild für die Maßlosigkeit des heutigen Konsumierens ist die gegenwärtige Werbepraxis. Ihr fällt die Aufgabe zu, den Menschen einzureden, daß das, was sie haben, nicht genug ist: ihr Aussehen, ihre Ausstrahlung, ihr Auto, ihre Wohnung, ihre Art, sich zu ernähren und vieles andere mehr. Wo immer mehr Menschen in den wirklichen Dingen des Lebens zu kurz kommen, da fallen die subtilen Botschaften der Verführer auf fruchtbaren Boden. „Wo soziale Bindungen, Religion, Verbände und Vereine an Bedeutung verlieren“, so unlängst ein entwaffnend ehrlicher Werbemanager, „da muß der Markenartikel das Vakuum ausfüllen und neue, dynamische Identitäten anbieten. Hohe Markentreue ermöglicht dann schnelle Produktzyklen.“ Hat man den identitätsschwachen Menschen erst einmal richtig konditioniert, dann läßt er sich von einer Modewelle in die nächste treiben.“ (Misereor/BUND 1996, S. 172 f.).

Es liegt auf der Hand, daß hier ganz entscheidend kulturelle Prozesse der Wertbildung und der (symbolischen) Kommunikation über Lebensvorstellungen angesprochen sind. Es handelt sich daher entsprechend unserer Aufgabenbestimmung von Kulturpolitik als „Politik des Kulturellen mit den Mitteln des Ästhetischen“ um genuin kulturpolitische Fragen, die eine sich als Gesellschaftspolitik verstehende Kulturpolitik ohnehin nicht vernachlässigen darf. Sie bringt in diese Auseinandersetzung, in diesen symbolischen Kampf um die Hegemonie von Leitbildern zum einen ihre Professionalität im Umgang mit Symbolen mit. Sie bringt jedoch auch ihre Erfahrung mit kommerziellen, kulturindustriellen Sinndeutungsangeboten mit, da der gesamtgesellschaftliche Kampf um die Köpfe und Herzen der Menschen seit langem mit besonderer Heftigkeit im kulturellen Bereich geführt wird.

Auch bei aktuellen Vorschlägen zum Umbau – nicht: Abbau – des Sozialstaates ist man auf bestimmte Mentalitäten, vielleicht sogar auf die Veränderung von Mentalitäten angewiesen. In Deutschland gibt es eine fast paradoxe Entwicklung: Der Sozialstaat hat seit Bismarck eine etatistische Tradition, die sehr stark den Staat in die Pflicht nimmt. Gleichzeitig gibt es – in den Artikeln 8 und 9 des Grundgesetzes hochrangig abgesichert – eine breite Struktur Freier Träger, also kirchlicher, gewerblicher und privater

Initiativen, die durch eine bestimmte Interpretation von Subsidiarität zumindest in der Sozial- und Jugendhilfe sogar Vorrang vor öffentlichen Trägern erhalten sollen. Dies ist der Bereich des Dritten Sektors zwischen Staat und Markt, der die Pluralität an Wertorientierungen sicherstellen und das private Engagement für soziale und kulturelle Fragen und Probleme organisieren und fördern soll.

In diesem Wohlfahrtsmix, also einer Mischstruktur von öffentlichen, gewerblichen und frei-gemeinnützigen Trägern und Angeboten sieht man in der aktuellen sozialpolitischen Diskussion eine gute Chance zum Umbau des Sozialstaates. Die Kommunitaristen betonen dabei das Segment freiwilliger gegenseitiger Hilfe besonders stark. Und auch in der Sozialphilosophie von Jürgen Habermas spielt dieser Bereich als Teil der Lebenswelt in der Vision einer Zivilgesellschaft eine entscheidende Rolle. Selbstkritisch müssen jedoch hier die freien Träger ihre eigenen Tendenzen zur Bürokratisierung und zu Großorganisationen bedenken. Denn für den Hilfsbedürftigen ist es gleichgültig, ob das unverständliche Formblatt bei einem kirchlichen Träger oder im kommunalen Sozialamt eingereicht werden muß. Damit dieser Bereich freiwilliger Solidarität funktioniert, muß – auch hier eine Gemeinsamkeit von Sozial- und Kulturpolitik – die Logik der bloßen Selbsterhaltung von großen und etablierten Einrichtungen gesprengt werden.

Auch bei dem vielleicht brennendsten aktuellen Problem, der Arbeitslosigkeit, wird man ohne Veränderung von Lebenseinstellungen keine Erfolge haben. Experten sind sich alle einig, daß eine Vollbeschäftigung früherer Jahre durch ökonomisches Wachstum alleine nicht mehr erreicht werden kann. Unter den Vorschlägen finden sich stets folgende:

- die vorhandene Erwerbstätigkeit muß anders verteilt werden,
- es wird Verschiebungen von der industriellen Produktion in den Dienstleistungsbereich geben (müssen),
- andere Tätigkeitsformen als die Erwerbsarbeit müssen gesellschaftliche Anerkennung finden.

Dies alles natürlich auf der Grundlage, daß soziale Gerechtigkeit gewahrt bleibt und nicht weiterhin Umverteilungen von unten nach oben stattfinden.

Kulturelle und soziale Arbeit sind geeignete Felder einer solchen Tätigkeitsgesellschaft. Sie sind auch Übungsfelder für andere Formen der Sinnfindung – immer allerdings unter der Voraussetzung, daß die finanzielle Basis derer, die auf Einkommen aus diesen Tätigkeiten angewiesen sind, sichergestellt ist. Dann ist die Grundlage dafür gegeben, die Ansätze eines erneuten „Bürgerschaftlichen Engagements" in die Praxis umzusetzen.

Doch wo kommt das Geld für diese Umstellung her? Nur unvollständig hierzu einige Hinweise:

Auch das Kirchenpapier weist auf einige Ungereimtheiten bei dem Eintreiben von Steuern hin: Blühende Großbetriebe wie Siemens zahlen gar keine Steuern, die höchsten Einkommenssteuersätze zahlen mittlere Verdiener, es gibt zu viele Lücken, zu wenig Betriebsprüfungen. Berechnungen zeigen, daß bei korrekter Steuerzahlung auch ohne gesetzliche Neuregelung der Bundesfinanzminister dreistellige Milliardenbeträge mehr in der Kasse hätte und damit alle offenen Finanzlücken geschlossen wären ohne Neuverschuldung. Problematisch wird zunehmend, daß auch industrielle Großunternehmen ihre Gewinne lieber durch Finanzspekulationen als durch Produktion erzielen. Es gibt zudem quer durch alle Parteien Vorschläge für eine ökologische Steuerreform, bei der die Nutzung von Ressourcen besteuert wird und nicht die Arbeit und ihre Ergebnisse. Es gibt Initiativen, die sowohl bei einer volkswirtschaftlichen Gesamtrechnung als auch bei der Bilanzierung von Einzelbetrieben in ökologischer Perspektive ein angemesseneres Bild unseres Wirtschaftslebens zeichnen und daher auch ein geeigneteres Orientierungswissen zur Verfügung stellen. Es geht hierbei also um ein anderes Verständnis von Ökonomie und um eine Realisierung des ökonomischen Denkens insgesamt. In einem Bericht an den Club of Rome formulieren E. U. von Weizsäcker und seine Kollegen dies so: Märkte können einiges unschlagbar gut, insbesondere knappe Ressourcen über einen begrenzten Zeitraum verteilen. Aber: „Man darf Märkte nicht für das verwenden, was sie überhaupt nicht können." Und kritisch: „Märkte lassen uns alle sieben Todsünden feiern – außer der Faulheit, denn die ist schlecht für den Umsatz." Und weiter: „Die Ökonomie sagt nichts über die Ziele des menschlichen Daseins jenseits von Bedürfnisbefriedigung, Gier und Neid. Wenn sich die Ökonomie mit einer eher instrumentellen Rolle in einer selbstbewußten und der äußeren Grenzen bewußten Zivilisation bescheiden würde, statt die Menschen zu bevormunden und zu Raffgier und Unersättlichkeit zu erziehen, dann würde sie ohne weiteres wieder in eine Harmonie mit der Natur kommen."

Neben der wichtigen Frage der Finanzierung stellt sich natürlich auch die Frage nach einer Politik, die dieses Programm umsetzen will. Und hierbei scheint sich im Moment – fast klammheimlich – ein gravierender Pradigmenwechsel zu vollziehen, so wie es ihn bereits einmal am Ende der sechziger Jahre gegeben hat. Und interessant an diesem Wechsel ist, daß sich der konservative Bundespräsident an die Spitze dieser Bewegung setzt:

Als zentrales Mittel der politischen Umsetzung wird von ganz unterschiedlichen Autoren und Akteuren eine Wiedergewinnung des Politischen durch die Gesellschaft selbst gesehen. Das heißt zweierlei: Politische und soziale Bewegungen zu gesellschaftlich relevanten Fragen werden auf einer allgemeineren Ebene gefordert, und „Assoziationen" und Vereine sollen auf lokaler Ebene installiert werden.

Es ist daran zu erinnern, daß Deutschland in seiner Geschichte beide Entwicklungsstränge hat, den Etatismus und eine starke (örtliche) gesellschaftliche Organisation von Interessen, die immerhin soweit geht, daß die Gründung solcher Zusammenschlüsse in den Artikeln 8 und 9 des GG hochrangig abgesichert ist.

Die Tradition solcher lokaler Zusammenschlüsse, die also konkret, personenbezogen und von emotionalem Engagement getragen werden, reicht von Überlegungen von K. Marx zu „Assoziationen" über das Genossenschaftswesen, über den Kommunitaristen Amitai Etzioni, der solche Strukturen zu Hauptträgern von gesellschaftlicher Solidarität machen will, bis zu dem englischen Star-Soziologen Anthony Giddens, Nachfolger von Ralf Dahrendorf als Leiter der London School of Economics und enger Vertrauter und Berater von Tony Blair.

Und wenn unser Bundespräsident – wie es jetzt aktuell geschieht – seine aufrüttelnde „Berliner Rede" zum Reformstau in der Politik sehr breit bei gesellschaftlichen Kräften streut und sich nicht auf die Verfahrensweisen der organisierten Politik verläßt, dann praktiziert er genau diese Wiedergewinnung des Politischen durch die Gesellschaft und sieht dies offenbar als einzige Möglichkeit, Bewegung in die erstarrte Selbstzufriedenheit in den Parteien zu bringen.

Mit Kulturarbeit hat diese Entwicklungsvorstellung von Gesellschaftlichkeit insofern zu tun, als Kulturarbeit sehr gut in Kategorien solcher Assoziationen beschrieben werden kann und sie ein hervorragendes soziales Bindemittel für diese Form gesellschaftlicher Integration ist. Kulturarbeit ist daher hier – in politisch relevanter Perspektive – nicht nebensächlicher Luxus, sondern ein Politikum ersten Ranges, ist integraler Bestandteil einer gesellschaftlichen Entwicklung, in der „die Individuen in die Gesellschaft zurückkehren", so wie Ulrich Beck (1993) dies als „Subpolitik" in seinen Überlegungen zur „Erfindung des Politischen" beschreibt. Für die Kulturarbeit, die in Theorien der Postmoderne oft genug als Austragungsplatz eines Abgesanges an Moderne, Gesellschaft, Subjektivität etc. dienen muß, eröffnet sich hier eine ganz neue (und doch sehr alte) politische Perspektive in einer „reflexiven Moderne".

Literaturverzeichnis

Beck, U.: Die Erfindung des Politischen. Zu einer Theorie reflexiver Modernisierung. Frankfurt/M.: Suhrkamp 1993.

Bloch, E.: Das Prinzip Hoffnung. 3 Bde. Frankfurt/M.: Suhrkamp 1979 (zuerst 1938/1947).

BUND/MISEREOR (Hg.): Zukunftsfähiges Deutschland. Ein Beitrag zu einer global nachhaltigen Entwicklung. Studie des Wuppertal Instituts für Klima, Umwelt, Energie. Basel: Birkhäuser 1996.

Deutscher Städtetag: Lokale Agenda 21. Köln 1995.

Fuchs, M.: Kultur lernen. Eine Einführung in die Allgemeine Kulturpädagogik. Schriftenreihe der Bundesvereinigung Kulturelle Jugendbildung (BKJ). Remscheid: BKJ 1994.

Weizsäcker, E.U. (Hg.): Umweltstandort Deutschland. Argumente gegen die ökologische Phantasielosigkeit. Berlin usw.: Birkhäuser 1994

Weizäcker, E.U./Lovius, A.B./Lovius, L.H.: Faktor Vier. Doppelter Wohlstand – halbierter Naturverbrauch. Der neue Bericht an den Club of Rome. München: Droemer-Knaur 1995.

Gewerkschaftliche Monatshefte 6–7/1998

Wiebke Buchholz-Will, stellv. Vorsitzende DGB Landesbezirk Niedersachsen-Bremen,

Dietrich Burggraf, Direktor der VHS Emden

Mit Pauken und Trompeten – Auf dem Weg zu einer neuen Kultur für Arbeit und soziale Gerechtigkeit

Die Neuorganisation und Reform der Gewerkschaften und des DGB sollte die Chance eröffnen, über organisationspolitische Fragen hinaus eine neue Kultur der Arbeit und der sozialen Gerechtigkeit zu fördern und zu entfalten. Nicht zuletzt ist die Zukunftsfähigkeit der Gewerkschaften auch davon abhängig, ob sie sich den neuen kulturellen Interessen stellen. Für den DGB muß es darum gehen, kulturpolitische Kompetenz in vielen Bereichen zu entwickeln. Dies ist ein Plädoyer dafür, den Anspruch auf gewerkschaftliche Gestaltung auch im kulturellen Bereich einzufordern, so wie er zum Beispiel in der Wirtschafts-, Beschäftigungs- und Sozialpolitik selbstverständlich gestellt wird.

Kultur und Kulturpolitik haben in den letzten Jahrzehnten in der Bundesrepublik entscheidend an Bedeutung gewonnen. Die politisch-kulturellen Auseinandersetzungen der sechziger und siebziger Jahre öffneten die restaurative Hochkultur der Nachkriegszeit und bahnten den Weg für neue Kulturszenen, kulturelle Milieus und soziale Begegnungen. „Das neue Interesse an der Kultur" führte dann in den achtziger Jahren zu einem einzigartigen Boom und zum Ausbau der kulturellen Infrastruktur und der Kulturindustrie. Heute arbeiten rund 120 000 Beschäftigte allein in Niedersachsen in den öffentlichen und privatwirtschaftlichen Kultursektoren.[147]

Trotz Massenarbeitslosigkeit und stagnierender Reallöhne, trotz öffentlicher Armut und Kürzung der Kulturetats steht die Kultur heute jedoch allem Anschein nach nicht vor dem großen Kahlschlag. Nach wie vor erleben wir ein breites kulturelles Interesse und eine große Vielfalt an kulturellen Ausdrucksformen, Dienstleistungen und Produktionen.

147 Zur wirtschaftlichen Bedeutung des Kultursektors in Niedersachsen: Forschungsberichte des NIW, Dezember 1993

Im Mittelpunkt stehen dabei weniger die ambitionierten Projekte einer Erlebnisgesellschaft, die sich nur wenige leisten können, sondern der selbstverständliche Umgang mit kulturellen Angeboten durch große Arbeitnehmer- und Bevölkerungsgruppen.

Diese kulturelle Dynamik ist freilich kein gewerkschaftliches Thema. Der DGB und die Gewerkschaften haben ein anderes kulturpolitisches Profil. Die zuständigen Einzelgewerkschaften organisieren die Beschäftigten im Kulturbereich – Konturen einer gewerkschaftlichen Kulturpolitik sind schwer aufzufinden.

Gewerkschaftliche Kulturarbeit zeigt sich vereinzelt durch öffentliche Initiativen, mit der Ausgestaltung der Maifeiern und des Internationalen Frauentages, in musikalische- oder multikulturellen Begegnungen.[148] Demgegenüber haben Vorzeigeprojekte wie die Ruhrfestspiele, die Büchergilde Gutenberg oder die örtlichen Volksbühnen, soweit es sie denn noch gibt, ihren ursprünglichen Charakter bereits seit langem verloren. Kultur ist ein, so scheint es, privates, gewerkschaftlich aber nebensächliches Thema.

Diese Randstellung der gewerkschaftlichen Kulturarbeit und der Kulturpolitik insgesamt hat Gründe: Der Umgang mit Kultur ist gerade für politisch engagierte Kolleginnen und Kollegen zwiespältig. Denn Kultur entwickelt nicht nur schöpferische Kräfte, sinnliche Erfahrungen und neue Visionen, sondern sie ist immer auch ein Luxusgut, die „Kultur der anderen", die „Kultur der besseren Leute", ein Instrument der Ausgrenzung und Herrschaft. Nicht von ungefähr formulierte der IG Metall Gewerkschaftstag 1986: „Unsere Vorstellung von Kultur heißt, dass sie sich sowohl die herrschende Kultur erobert als auch Gegenkultur sein muß. Gewerkschaftliche Kulturarbeit ist nicht nur persönliche Entfaltung, nicht nur Mittel im Kampf, sondern sie ist selbst Kampf. Sie muß Teil gewerkschaftlicher Alltagspraxis werden."

In der Geschichte der Arbeiterbewegung spielte der Gedanke der Emanzipation durch Bildung und Kultur eine zentrale Rolle. Heute scheint dieses Grundmotiv in der Forderung nach kultureller Vielfalt abgeschliffen. Die einst so einflußreiche sozialdemokratische Idee einer Kulturpolitik für die Arbeiter und kleinen Leute hat ihre dynamische Kraft verloren: Das

148 Vgl. Geschäftsbericht 1994–1997. Für Arbeit und soziale Gerechtigkeit, hrsg. vom DGB-Landesbezirk Niedersachsen/Bremen, Hannover 1997

DGB-Grundsatzprogramm von 1996 fordert nur noch ein vielfältiges kulturelles Angebot und eine kulturelle Lebensqualität, die nicht das Privileg allein von Wohlhabenden und Bildungseliten sein dürfen. Die elektronischen Medien sollen dem Leitbild einer sozialen und demokratischen Informationsgesellschaft verpflichtet werden. Die Gewerkschaften unterstützen, so das DGB-Grundsatzprogramm, die Vielfalt unserer Kultur- und Medienlandschaft und wenden sich gegen die Konzentration bei privatkommerziellen Medien.[149]

Ein auf diese Grundsätze reduziertes kulturpolitisches Programm ist gewiß auf seine Weise wirksam, aber anders als beabsichtigt. Die inhaltliche Orientierung, das Ziel der Anstrengung bleiben beliebig. Es zählt zu den „Paradoxien der Kulturpolitik" (Gerhard Schultze), wenn kulturelle Demokratisierung letztlich zur Stabilisierung von Eliten führt. Statt betroffen zu sein, amüsiert sich das Publikum bestens. Großzügig unterstützte künstlerische Experimente geraten zu effektbemühtem Avantgarde-Gestus. Rieseninvestitionen in aufwendige Produktionen folgen mittelmäßige Inszenierungen[150]. Und einstmals bedeutenden Leitsätzen fehlt die Vitalität, das das Skandalon, alle Beteiligten zu irritieren und neue Horizonte zu erschließen. Der Erlebniswert dieses Grundsatzprogramms ist für das breite Publikum gering und gibt den kulturpolitisch Interessierten keine Orientierungshilfen.

Gewerkschaftliche Kulturpolitik kann sich demgegenüber heute produktiv nur entlang der sozialen Milieus der Mitglieder und deren vielfältiger kultureller Interessen entfalten. Denn die Landkarte der sozialen Milieus hat sich grundlegend verändert: stark geschrumpft ist das traditionelle Facharbeitermilieu. Die arbeitnehmerische Mitte mit ihren kulturellen Interessen und Ausdrucksformen wächst. Keineswegs alle haben dabei die typische Ellenbogen- und Strebermentalität von Aufsteigern erworben. Viele haben solidarische Muster ihrer sozialen Herkunft beibehalten. Besonders bezeichnend ist derzeit die „Erosion der konservativen Mitte". Denn durch die gewaltigen sozialen Unsicherheiten und durch offene moderne Lebensstile werden nun auch jüngere Angestellte und Arbeiter zur arbeitnehmerischen Mitte. Und für sie ist Kunst und Kultur ein ein-

149 Vgl. Grundsatzprogramm des Deutschen Gewerkschaftsbundes (1996), S. 30f

150 Vgl. Vester u.a., Soziale Milieus im gesellschaftlichen Strukturwandel, Köln 1993, S. 30

zigartiger Stoff aus Überlieferung und Phantasie, aus Ästhetik und Kultur, aus Sinn- und Orientierungspotential, aus Lebensfreude und alltäglich gelebten. nicht immer bewußten Werthaltungen. Das ist eine bunte, freie, aber nicht wertfreie Kultur – vital und offen für neue Entwicklungen. Mit abgestuften Teilhabemöglichkeiten, mit einer Kunst, die sich für nichts und niemanden instrumentalisieren läßt, es sei denn für sich selbst, und mit einem positiven Verhältnis zur Freizeit- und Kulturwirtschaft.

In der Erlebnisgesellschaft setzen sich nur diejenigen durch, die lohnend erscheinende Erlebnisse anbieten. Die Zeit ist reif, Zeichen zu setzen: kein multipädagogischer Beitrag zur Organisationsentwicklung (so hilfreich das wäre), nicht die Frage der Kulturverwaltungsreform (so nötig sie ist), nicht die Diskussion um Public-Private-Partnership (so wichtig dies ist), sondern der innovative Blick nach vorn auf ein gelungenes Zusammenleben, auf erfüllte Arbeitsbeziehungen und eine gesicherte, nachhaltige Zukunft. Das sind die Bausteine einer neuen Kulturpolitik. Es geht dabei nicht um eine „Gartenlaubenidylle" in Zeiten der Globalisierung oder um einen postmodernen Rückzug auf bloße Marktbeziehungen, in denen der Traum von einer solidarischen Gesellschuft verlorengeht. Kulturpolitik kann freilich die Logik des Erlebnismarktes nicht unterlaufen[151]: Kultur braucht ihre Bühnen und Inszenierungen. Sie lebt von Verständigungsprozessen. erstaunlichen Entwicklungen und künstlerischen Überraschungen, Und sie wird von begeisterten Menschen getragen, die ihre Geschichten und Träume, ihre Wurzeln und Visionen wiederentdecken und weiterentwickeln. Das hat auf dem Hintergrund alltäglicher Bedrohungen und Unsicherheiten einen besonderen sinnstiftenden Erlebniswert.

Der DGB-Landesbezirk Niedersachsen fördert mit dem DGB-Filmpreis 1998 erstmals das kritische, engagierte – durchaus auch unterhaltsame – Kino. Im Rahmen des Internationalen Film-Festes Emden, dem publikumsstärksten Filmfestival im Nordwesten, vergibt eine DGB-Jury diesen Filmpreis an den Regisseur, die Regisseurin des besten gesellschaftlich engagierten Kinofilms. Es geht um die Profilierung eines Genres, das es in Deutschland schwer hat: Eingezwängt zwischen der amerikanischen Bilderflut und Massenware und der Dominanz des Fernsehens auf der

151 Vgl. Gerhard Schulze, Die Erlebnisgesellschaft, Kultursoziologie der Gegenwart, Frankfurt a.M./ New York 1992, S. 502

einen Seite und dem deutschen Komödienboom der neunziger Jahre auf der anderen Seite kennen wir heute nur wenige gesellschaftskritische Produktionen. Erschwerend wirkt sich die deutsche Tradition des Programmkinos oder des ambitionierten Autorenfilms aus. Der „gute Film" oder das Prädikat „Besonders wertvoll" sind in der Erinnerung und Wahrnehmung vieler zur Belehrung verkommen. Das war das Gute der Komödienwelle: Aktuelles, großes Kino benötigt keinen moralisierenden Zeigefinger. Unterhaltende Stoffe – großartig. Aber, qualitativ hochwertige Produktionen erweitern auch den gesellschaftlichen Horizont. Das ist das Ziel dieser Initiative. Ein kleines Zeichen, ein kleiner Baustein für ein neues Interesse an der Kultur.

Im strukturschwachen Nordwesten hat sich aus der offenen Kulturarbeit der örtlichen Volkshochschule[152] ein profiliertes Highlight entwickelt: Internationales Film-Fest-Emden – großes Kino und Raritäten, Gespräche und Begegnungen und ein interessiertes, begeisterungsfähiges Publikum. Dieses Festival ist ein echtes Publikumsfest.

Die Menschen, sie sind wirklich da – fast 15 000 beim Festival im Mai 1997. Hier geht es weder um die Popularisierung der Hochkultur noch um die Aufwertung des Volkstümlichen. Filmkunst und Kinokultur haben eine eigene Qualität. Neben dem neuen DGB-Filmpreis sind es zwei große Wettbewerbsreihen um den Preis des Emder Filmpublikums (Kurzfilm/ Langfilm), die dieses Festival prägen, Die alljährliche Attraktion ist dabei die Präsentation neuester, vor allem britischer Filme, ein unübersehbar positives und produktives Filmschaffen, das jeweils von den Filmmachern und Regisseurinnen, von den Schauspielerinnen und Schauspielern persönlich vorgestellt wird (The Britisch are coming).

Und dabei läßt sich zuweilen Erstaunliches entdecken:

„Brassed off", der erfolgreichste Film auf dem Emder Festival, „Ausgeblasen" oder in der deutschen Fassung „Mit Pauken und Trompeten" (OB 1996, 107 Minuten, Regie Mark Hermann), zeigt die Geschichte der Bergarbeiter und ihrer Familien im Thatcher-England: der Kampf um die eigenen Arbeitsplätze in Yorkshire, verwoben in die Geschichte ihrer Bergmannskapelle. Im musikalischen Wettbewerb um nationale Ehren

152 Dietrich Burggraf (1994): Offene Kulturarbeit. Ein Praxisbericht, hrsg. vom Landesverband der Volkshochschulen Niedersachsen, Hannover

gewinnen die Kumpel – und verlieren ihre Arbeitsplätze in der neoliberalen Brutalität eines entfesselten Kapitalismus. Kein Happy-End; nur die Musik hält alles zusammen; den Lebenswillen; den Mut zu Gegenwehr; den Ruf nach Gerechtigkeit; Blechbläserei vom Feinsten; der Kampf um die Zukunft; ein trauriges Epos, großes Kino; standing ovations. Im Milieu der englischen Miners finden sich ostfriesische Werftarbeiter wieder. Die örtlichen Gewerkschaften, eine mit 16 Prozent Arbeitslosigkeit vom Strukturwandel geprägte Region, eine ganze Stadt entdeckt ihren Film. Für den Wettbewerb der Berlinale 1997 wurde dieser Film leider nicht zugelassen.

Hier geht es nicht um nostalgische Arbeitertümelei mit Pauken und Trompeten. In unserer Rossini-Republik wäre dafür gar kein Platz. Acht Stunden sind tatsächlich kein Tag. Rote Erde, Kuhle Wampe – das sind vielleicht liebgewordene Traditionen und doch Erinnerungen an eine verlorene Zeit. Hier geht es vielmehr um den Versuch, die gesellschaftlichen Entwicklungen der Individualisierung, Pluralisierung und Entsolidarisierung aufzunehmen und positiv zu wenden. Dazu zählt, wie hier am Beispiel von Filmkunst und Kinokultur, den unabgegoltenen Teil der Geschichte, die konkrete Utopie eines gelungenen, solidarischen Lebenszusammenhanges mit einem anderen Geschlechterverhältnis und einer gesicherten eigenständigen Zukunft immer wieder neu zu buchstabieren.

Das traditionelle Arbeitermilieu und lebensweltlich verwandte Gruppen haben heute differenzierte kulturelle Interessen. Ganz besonders gilt dies für das neue Arbeitnehmermilieu in den Schrittmacher-Industrien und modernen Dienstleistungsberufen. Dabei ist ein ausgeprägtes politisches Lagebewußtsein für viele durchaus vereinbar mit einem bewußten Umgang mit unterschiedlichen Lebensstilen und kulturellen, künstlerisch-kreativen Angeboten. Deshalb können neue kulturelle Ausdrucksformen und Akzente eine Politik vorbereiten und kritisch begleiten, die das Interesse an ausreichender und befriedigender Erwerbsarbeit, an neu verteilter Reproduktionsarbeit ebenso realisiert wie das Interesse an gesellschaftlicher Teilhabe.

Eine solche Politik kommt ohne kulturelle Impulse nicht aus. Sie wird getragen und korrigiert, wenn sie publikumswirksam von den Arbeitnehmerinnen und Arbeitnehmern als ein Stück der eigenen Kultur erlebt wird. Eine neue Kultur der Arbeit und der sozialen Gerechtigkeit entsteht nicht im kulturpolitischen Diskurs. Eine solche Kultur entsteht mit Hilfe von massenhaften Phantasieproduktionen dort, wo sich Bürgersinn und Interessen von Arbeiterinnen und Arbeitern politisch wirksam verbinden. Zusammenzuhalten uns sich die Hände zu reichen, ist auf Plakaten und Veranstaltungen zum 1. Mai ein beliebtes Motiv und gilt seit langem für den Internationalen Frauentag. Der neue DGB-Filmpreis 1998, das Preissymbol stellt fünf Finger der Hand, fünf Figuren als die fünf Sinne dar: mit allen Sinnen erleben, gestalten, träumen, kämpfen. Diese Botschaft hat nicht zu unterschätzende Sprengkraft. Die Großdemonstration von 500 000 gegen die Sparpolitik der Bundesregierung 1996 zeigte dies und mobilisierte in einzigartiger Weise neue politisch-kreative Kräfte. Das wirkt bis heute nach.

Arbeit und Leben Niedersachsen (Hg.)

Susanne Hesch, Karsten Meier, **Bildung kommt von Bild, Hannover 1990**

Zur kulturbildenden Funktion der Arbeit

„Die Arbeit ist zunächst ein Prozeß zwischen Mensch und Natur, ein Prozeß, worin der Mensch seinen Stoffwechsel mit der Natur durch seine eigne Tat vermittelt, regelt und kontrolliert. Er tritt dem Naturstoff selbst als eine Naturmacht gegenüber. Die seiner Leiblichkeit angehörigen Naturkräfte, Arme, Beine, Kopf und Hand, setzt er in Bewegung, um sich den Naturstoff in einer für sein Leben brauchbaren Form anzueignen. Indem er durch diese Bewegung auf die Natur außer ihm wirkt und sie verändert, verändert er zugleich seine eigne Natur: Er entwickelt die in ihr schlummernden Potenzen und unterwirft das Spiel ihrer Kräfte seiner eigenen Botmäßigkeit. (...) Eine Spinne verrichtet Operationen, die denen des Webers ähneln, und eine Biene beschämt durch den Bau ihrer Wachszellen manchen menschlichen Baumeister. Was aber von vornherein den schlechtesten Baumeister vor der besten Biene auszeichnet, ist, daß er die Zelle in seinem Kopf gebaut hat, bevor er sie in Wachs baut. Am Ende des Arbeitsprozesses kommt ein Resultat heraus, das beim Beginn desselben schon in der Vorstellung des Arbeiters, also schon ideell vorhanden war.“[153]

Karl Marx

Die Herauslösung des Menschen aus dem allein instinktmäßigen Verhältnis zur Natur hat sich nur in und durch die bewußte Handlung vollzogen. Die Quelle allen kulturellen Reichtums ist die Natur, die Arbeit jedoch ist der Akt, in dem wir uns diesen Reichtum erst erschließen.[154] In der Arbeit entwickeln sich das Verhältnis von Mensch/Natur und die Verhältnisse der Menschen untereinander.

Indem der Mensch nach seinen Bedürfnissen und Fähigkeiten produziert, vergegenständlicht er sich selbst, d. h. aus den Produkten sind die menschlichen Bedürfnisse und Fähigkeiten ablesbar. Mit den entstehenden

153 Marx, Das Kapital, MEW 23, Berlin (DDR) 1973, S.192

154 Marx, Kritik des Gothaer Programms, Berlin (DDR) 1969, S. 17

Produkten entwickelt sich der Mensch weiter; seine Fähigkeiten, seine Bedürfnisse wachsen und differenzieren sich, so daß man sagen kann: der Mensch selbst wird Gegenstand seiner Arbeit. „Der Mensch ist Subjekt und Resultat zugleich." (Metscher)

„Erst durch den gegenständlich entfalteten Reichtum des menschlichen Wesens wird der Reichtum der subjektiven menschlichen Sinnlichkeit, wird ein menschliches Ohr, ein Auge für die Schönheit der Form, kurz, werden erst menschlicher Genüsse fähige Sinne, welche als menschliche Wesenskräfte sich bestätigen, teils erst ausgebildet, teils erst erzeugt (...). Der menschliche Sinn, die Menschlichkeit der Sinne, wird erst durch das Dasein seines Gegenstandes, durch die vermenschlichte Natur."[155] Der Mensch ist nicht nur ein biologisches Wesen, sondern ein kulturelles. Sein Wesen entsteht aus der ‚Arbeit der ganzen Weltgeschichte' (Marx).

Für die ‚gattungsmäßige' Entwicklung des Menschen hat die Arbeit also kulturbildende Funktion. Betrachter, wir die Formen der Arbeit jedoch im Konkreten, erweisen sie sich als widersprüchlich.

„Die Arbeit produziert Wunderwerke für die Reichen, aber sie produziert Entblößung für den Arbeiter. Sie produziert Paläste, aber Höhlen für den Arbeiter. Sie produziert Schönheit, aber Verkrüppelung für den Arbeiter. Sie ersetzt die Arbeit durch Maschinen, aber sie wirft einen Teil der Arbeiter zu einer barbarischen Arbeit zurück und macht den andren Teil zur Maschine. Sie produziert Geist, aber sie produziert Blödsinn, Kretinismus für den Arbeiter."[156]

„Die Entfremdung existiert, seit zwischen der gattungsmäßigen Entwicklung und der Entwicklungsmöglichkeit des einzelnen Menschen, zwischen der gattungsmäßigen Produktion und der bewußten Teilnahme des Einzelnen daran eine Kluft entstanden ist."[157] Unter diesen Bedingungen entwickelt sich Arbeit zur Last und nicht zur Lust. Arbeit erscheint nur als notwendiges Mittel, um das ‚wirkliche' Leben finanzieren zu können.

„Was die Worte unserer Umgangssprache verraten: Feierabend! Alleine der täglichen Fron entronnen zu sein, ist eine Feier. Denn niemand wird ja ernsthaft behaupten wollen, es würde immer und überall abends

155 Marx, Das Kapital, S. 119

156 Marx, Ökonomisch-philosophische Manuskripte, zitiert in: Metscher, Thomas, Kunst, Kultur, Humanität, Fischerhude 1982, S. 19

157 Heller, Agnes, Alltag und Geschichte, Neuwied 1970, S. 40

gefeiert. Nein, dem fremdbestimmten Leben zu entkommen, ist alleine schon die Feier. Nur das Wissen, daß anderntags und jeden Tag die Fortsetzung der Scheiße folgt, trübt das Glückgefühl, das ich habe, wenn ich die Firma verlasse."[158]

Unter entfremdenden Bedingungen hat Arbeit für die Arbeitenden keine kulturbildende Funktion. Marx hat festgestellt, daß Arbeit den Doppelcharakter besitzt, zugleich notwendig und frei zu sein. Notwendig (Not wendend), um das Überleben zu sichern (das betrifft auch das Überleben historisch gewachsener Bedürfnisse) – frei, um ein reicheres Leben, reich an sinnlichen Entdeckungen und Genüssen zu schaffen. Frei ist Arbeit dann, wenn ihre Zwecke nicht mehr nur notwendig, von außen oktroyiert, sondern von (gesellschaftlichen) Individuen selbst gesetzt sind.

„Wirklich freie Arbeiten, zum Beispiel Komponieren ist grade zugleich verdammtester Ernst, intensivste Anstrengung. Die Arbeit der materiellen Produktion kann diesen Charakter nur erhalten, dadurch daß 1) ihr gesellschaftlicher Charakter gesetzt ist, 2) daß sie wissenschaftlichen Charakters, zugleich allgemeine Arbeit ist, nicht Anstrengung des Menschen als bestimmt dressierter Naturkraft, sondern als Subjekt, das in dem Produktionsprozeß nicht in bloß natürlicher, naturwüchsiger Form, sondern als alle Naturkräfte regelnde Tätigkeit erscheint."[159]

„Der Bereich materieller Produktion gehört nur insofern unmittelbar zur Kultur, als Arbeit Medium der Bildung und Selbstverwirklichung der Individuen ist ... Der Arbeitsprozeß (ist) als abstrakte Arbeit (Tauschwertproduktion) so wenig Kulturprozeß, wie er es in seiner unmittelbaren Form als konkrete Arbeit (Gebrauchswertproduktion) ist. Er ist Kulturprozeß in seinem Charakter als ‚allgemeine' bzw. ‚freie' Arbeit: als Produktionsprozeß kultureller Werte."[160]

Erst in dem freien Charakter der Arbeit liegt die Möglichkeit zu kultureller Höherentwicklung, wird möglich, daß der Mensch sich allseitig entwickelt im Prozeß der Geschichte. Damit erhält der Kulturbegriff seine gerichtete und wertende Komponente.

---

158 Droege, Tagesabläufe, in: Kurz-Scherf, Ingrid/ Breil, Gisela, Wem gehört die Zeit, Hamburg 1987, S. 96

159 Marx, Grundrisse der Kritik der politischen Ökonomie, Berlin (DDR) 1974, S. 505

160 Metscher, S. 49

Der Kampf um Hegemonie

Der Kulturentwicklungsprozeß ist im Historisch-Konkreten immer widersprüchlich. „Es ist niemals ein Dokument der Kultur, ohne zugleich ein solches der Barbarei zu sein." (Walter Benjamin) Viele ‚Errungenschaften' des Kapitalismus stellen sich heute als barbarisch heraus, als Fessel des menschlichen Kulturentwicklungsprozesses, weil sie dem, was an gesellschaftlichen Werten bereits entwickelt ist und als Möglichkeit existiert, im Wege stehen: Konzentrationslager, Hunger und Abhängigkeit in der ‚Dritten Welt', Atombomben, entfremdende Arbeitsbedingungen ...

Trotzdem hat der Kapitalismus auch kulturelle Fortschritte gebracht: von der Befreiung aus Leibeigenschaft bis zur raschen Entwicklung von Technik und Wissenschaft, der Anhebung des materiellen Lebensstandards und dem Aufbau demokratischer Strukturen. In ‚Brüderlichkeit' gingen alle unterdrückten gesellschaftlichen Gruppen als ‚Gleiche' auf die Straße und stürmten um der ‚Freiheit' willen die Paläste der Aristokratie. Die Freiheit des Individuums war ein neuer Wert. „Dieser Wertzuwachs war wirklich und objektiv, selbst wenn er für die gewaltige Mehrheit der Individuen nur abstrakte Möglichkeit blieb."[161] Was im Laufe des Kulturentwicklungsprozesses einmal an Werten herausgebildet wurde, bleibt im ‚Gedächtnis' der Menschen und aufgehoben im Neuen. Der höchste Wert für die griechische Antike war die Glückseligkeit, für das Bürgertum die Freiheit des Individuums, für die sich organisierende Arbeiterklasse die Solidarität. „Solange die Menschheit eine gewisse Stufe nicht erreicht hat, existiert der zu dieser Stufe gehörende Wertzuwachs nicht. Wenn er in einer gegebenen Sphäre, Beziehung, von dieser Stufe zurücksinkt, existiert er bloß seiner Möglichkeit nach, ganz wird er aber nicht zunichte."[162] Werte sind Richtungsweiser, die es uns – trotz des ‚weiten' Kulturbegriffs – möglich machen, unter gegebenen politischen, sozialen und ökonomischen Verhältnissen eine kulturelle Orientierung zu finden. An ihnen wird ablesbar, daß Kultur sich fortschreitend entwickelt.

Die Widersprüchlichkeit im Kulturprozeß faßte Lenin in der These von den zwei Kulturen: „In jeder nationalen Kultur gibt es – seien es auch unentwickelte – Elemente einer demokratischen und sozialistischen

---

161 Heller, S. 11

162 Ebd., S. 131

Kultur, denn in jeder Nation gibt es eine werktätige und ausgebeutete Masse, deren Lebensbedingungen unvermeidlich eine demokratische und sozialistische Ideologie erzeugen. In jeder Nation gibt es aber auch eine bürgerliche (und in den meisten Fällen noch dazu eine erzreaktionäre und klerikale) Kultur, und zwar nicht nur in Form von Elementen, sondern als herrschende Kultur: Deshalb ist die Kultur schlechthin die Kultur der Gutsbesitzer, der Pfaffen, der Bourgeoisie."[163]

Um ein gesellschaftliches System, wie zum Beispiel den Kapitalismus, durchzusetzen und aufrechtzuerhalten, verfügen die Herrschenden zum einen über Mittel direkter Machtausübung: Staatsapparat, Militär, Polizei, Justiz. Gramsci bezeichnet diesen Bereich mit dem Begriff societa politica. Zum anderen aber besitzen sie die kulturelle Vorherrschaft oder Hegemonie im Bereich der societa civile[164].

Kulturelle Hegemonie haben diejenigen, die Normen und Werte bestimmen können, denen es gelingt, eine geistige und moralische Führung durchzusetzen, indem entsprechende gesellschaftliche Institutionen und Organisationsformen entwickelt und gefördert werden. Kulturelle Vorherrschaft realisiert sich erst durch ein enges Wechselverhältnis von Ideologien, Werten, Normen und den alltäglichen Lebensformen, die Bewußtseinsformen produzieren und reproduzieren. Kulturelle Hegemonie sichert den ‚freiwilligen' Konsens der Bevölkerung mit einem System.

„Die Hauptagenturen der Transmission einer herrschenden Kultur sind gewöhnlich die Bildungsinstitutionen, mit ihren wirtschaftlichen wie mit ihren kulturellen Aktivitäten. Darüber hinaus gibt es auf der philosophischen Ebene, der Ebene der Theorie und der der Geschichte verschiedener Praktiken einen Prozeß, den ich die selektive Tradition nennen möchte, in dem das, was innerhalb einer herrschenden Kultur existiert, als ‚Tradition', als ‚das signifikante Erbe' weitergegeben wird. Das Entscheidende

163 Lenin, Materialismus und Empiriokritizismus, Berlin (DDR) 1980, S. 8

164 ‚Societa Civile' wird auch mit ‚bürgerliche Gesellschaft' übersetzt, kann aber leicht zu Mißverständnissen führen. Gramsci: „Man muß (den Begriff) bürgerliche Gesellschaft in dem Sinne begreifen, wie Hegel ihn versteht und wie er häufig in diesen Aufzeichnungen verwendet wird (nämlich im Sinne von politischer und kultureller Hegemonie einer gesellschaftlichen Gruppe auf die gesamte Gesellschaft, als der ethische Inhalt des Staates)." (zitiert in: Zamis, Guido, Antonio Gramsci, Gedanken zur Kultur, Leipzig 1987, S. 292) Nicht gemeint ist der Marxsche Begriff der ‚bürgerlichen Gesellschaft' als Gesamtheit der materiellen Produktions- und Verkehrsmittel dieser Gesellschaft.

dabei ist aber das selektive Prinzip, die Frage, wie aus einem möglichen Bereich von Vergangenheit und Gegenwart bestimmte Bedeutungen und Praktiken ausgewählt und hervorgehoben werden, andere vernachlässigt und ausgeschlossen bleiben; wie einige dieser Bedeutungen und Praktiken neu interpretiert, d. h. derart aufgelöst oder umgeformt werden, daß andere Elemente der herrschenden Kultur bestärkt werden bzw. ihnen doch zumindest nicht widersprochen wird. Der Ausbildungsprozeß; das viel umfassendere soziale Training innerhalb von Institutionen wie der Familie; die Definitionen und die Organisation von Arbeit; die selektive Tradition auf der intellektuellen und theoretischen Ebene: alle diese Kräfte aktivieren und reaktivieren fortgesetzt die herrschende Kultur. Durch sie, die Bestandteil unseres Lebens und erfahrbar sind, erhält die Kultur ihre Realität. Wenn das, was wir lernen, nur eine aufgesetzte Ideologie, lediglich isolierbare Bedeutungen und Praktiken der herrschenden Klasse wären, die unser Denken nur obenhin tangieren würden, dann ließen sie sich, und darüber könnte man nur froh sein, wahrhaftig leichter überwinden.“[165]

Raymond Williams

165 Williams, Raymond (1983): Innovationen. Über den Prozesscharakter von Literatur und Kultur, Frankfurt/M., S. 35

Gewerkschaftliche Monatshefte 77 / 1988

Walter Köpping

Thesen zur Arbeiterkultur

Walter Köpping, geb. 1923, ab 1947 Bergmann in Herne, von 1951 bis 1953 Besuch der Akademie für Gemeinwirtschaft in Hamburg, seit 1954 Sekretär bei der IG Bergbau und Energie, zuletzt Leiter der Bildungsabteilung.

1. „Arbeiterkultur" ist kein wissenschaftlich abgesicherter Begriff. Diese Bezeichnung ist vielmehr umstritten. Einige behaupten, daß es überhaupt keine Arbeiterkultur gebe. Andere verstehen die Arbeiterkultur nicht als vollwertigen Teil der Gesamtkultur, sondern als eine Kultur minderen Ranges, eine Subkultur. Auch der Begriff „Kultur" ist in unserer Gesellschaft nicht eindeutig definiert. Ein verengter und elitärer Kultur-Begriff erkennt lediglich wissenschaftliche, künstlerische und religiöse Elemente an (dieser „Hochkultur" wird dann meist die „Zivilisation" gegenübergestellt). Ein erweiterer Kultur-Begriff bezieht alle menschlichen Werke und Leistungen ein. Der Ursprung des Begriffs „Kultur" liegt im lateinischen Wort „colere", was pflegen, hegen bedeutet. Damit war die Urbarmachung des Bodens gemeint. Die Arbeit ist also die Grundlage aller Kultur.

2. Die Arbeiterkultur läßt sich in unserer Gesellschaft nicht isolieren, nicht herausfiltern. Man kann Arbeiterkultur nicht abschotten gegenüber der bürgerlichen Kultur. Es bestehen Wechselbeziehungen zwischen der Arbeiterkultur und den anderen Kulturbereichen. Die Arbeiterbewegung entstand zwar im Gegensatz zum Bürgertum, doch sie orientierte sich an bestimmten Formen des bürgerlichen Lebens. So wurde beispielsweise das Vereinsleben übernommen und zu proletarischen Veranstaltungen und Massenversammlungen ausgestaltet. Die Bildung der Arbeiterchöre wurde von den bereits bestehenden bürgerlichen Chören beeinflußt. Das aber bedeutete nicht die Übernahme bürgerlichen Gedankengutes (so wurden etwa die von wohlmeinenden Vertretern des Bürgertums gegründeten Arbeitervereine von den in ihnen tätigen Arbeitern politisiert). Dieter Dowe stellt fest, daß die

Orientierung an bürgerlichen Mustern keine „Verbürgerlichung" zur Folge hatte: „Hatte doch das aufsteigende Bürgertum seinerseits in gleicher Weise einen großen Teil der feudalen' Kultur übernommen."[166]

3. Der Kulturbegriff des Bürgertums ist durch folgende Merkmale gekennzeichnet:

   - „Kultur" wird rein *geistig* und intellektuell verstanden (Überbewertung von Ausbildungsabschlüssen und von Teilhabe an Kulturveranstaltungen wie Theater, Konzerte, Museen).
   - „Kultur" ist auf den *Einzelmenschen* bezogen (es wird ignoriert, daß der Mensch ein soziales Wesen ist).
   - „Kultur" bezieht die *Arbeit*, den Beruf nicht mit ein (der Raum einer so verstandenen Kultur ist die Freizeit, das Privatleben der Menschen).
   - Aus so verstandener „Kultur" ist *Politik ausgeklammert.*
   - Diese „Kultur" dient in erster Linie der *Zerstreuung*, der Unterhaltung, der Ablenkung (bis hin zur Weltflucht).

   Die „Arbeiterkultur" steht im Gegensatz zu diesem Kulturverständnis. Dir geht es um den ganzen Menschen, nicht allein oder vorrangig um dessen intellektuelle Fähigkeiten. Im Mittelpunkt stehen die Beziehungen von Mensch zu Mensch, die Gestaltung des gesellschaftlichen Zusammenlebens (Solidarität als Gegenbegriff zum bürgerlichen Individualismus). Die Arbeiterkultur bezieht die Arbeitswelt mit ein. Auch die Politik gehört dazu. Arbeiterkultur dient der Sammlung, nicht der Zerstreuung. Sie zielt nicht auf Ablenkung, sondern auf Hinlenkung auf die sozialen und politischen Probleme.

4. Menschen unterscheiden sich hinsichtlich der Lebensziele und der Lebensstile. Anhand dieser Kriterien lassen sich Menschen speziellen Kulturgruppen zuordnen. Wesentliche Fragen sind dabei: Wie lebt ein Mensch? Welchen Beruf übt er aus? Ist seine Existenz gesichert? Welche Freunde hat er? Welche Bücher liest er? Was strebt er an?

   Drei Typen kristallisieren sich heraus:

   - Menschen, die ohne Ziel und Perspektive in den Tag hineinleben,

166 Dieter Dowe (1979): In: „Arbeiterkultur", hrsg. von Gerhard A. Ritter, Königstein/T., S. 140.

die sich treiben lassen (bis hin zum Alkoholismus und zum Drogenmißbrauch).

- Menschen, denen Karriere alles bedeutet, die ihre Ellenbogen gebrauchen, die bereit sind, des eigenen Vorteils wegen anderen zu schaden („Jeder ist sich selbst der Nächste" – „Haste was, biste was").
- Menschen, die danach streben, die Arbeitswelt und die Politik humaner zu machen, für mehr Gerechtigkeit zu sorgen. Diese Menschen üben Solidarität, sie engagieren sich zum Beispiel in Gewerkschaften, Parteien, Bürgerinitiativen.

Die Lebensgewohnheiten, der Konsum, die Urlaubsgestaltung haben sich quer durch die Gesellschaft weitgehend angeglichen. Heute erkennt man einen Arbeiter auf der Straße nicht mehr an seiner Kleidung. Dennoch gibt es Unterschiede: Da ist der Arbeiter, der an Mai-Kundgebungen teilnimmt, bei Demonstrationen mitmacht, beim Arbeitskampf Streikposten bezieht, am Wochenende ein DGB-Seminar besucht. Ein solcher Arbeiter liest ganz bestimmte Zeitungen und Bücher. Und am Familientisch und in der Arbeiterkneipe wird gewiß nicht nur vom Wetter und vom Fußball gesprochen. Deutlich unterscheidet sich heute ein junger Arbeiter von einem jungen Manager. Eine Arbeiterfamilie in der Zechensiedlung lebt ganz anders als eine Anwaltsfamilie im Prominentenviertel der gleichen Stadt.[167]

5. Es kommt nicht nur darauf an zu fragen: „Welche Bücher liest ein Arbeiter?", sondern auch zu fragen: „Unter welchen Bedingungen arbeitet ein Arbeiter?" Und ernster noch: „Bietet die Gesellschaft diesem Arbeiter überhaupt einen Arbeitsplatz an?"

167 Aufschlußreich ist, was Pastor Gerhard Wegner in Celle ermittelt hat. In seinem Buch „Kommunikationsbarrieren" beleuchtet er Unterschiede im Freizeitverhalten: „Im Arbeitermilieu verläuft privater Frohsinn so:

Die Gäste sitzen um einen Tisch herum. Das Essen sowie die Getränke sammeln sich auf diesem Tisch. Über den Tisch hinweg entspinnen sich diverse Gespräche, und es ist wichtig, daß es lustig und mit Sprüchen und Frotzeleien zugeht. Harmonie ist nicht nötig, solch eine Feier kann auch im Streit enden. Es wird gerne und viel gegessen und getrunken." Ganz anders geht es laut Wegner bei „gutbürgerlichen" Festlichkeiten zu: „Zu diesen Feiern kann schriftlich eingeladen werden. Nach kurzer Anstandspause wird Sekt gereicht, später dann zu einem Imbiß gebeten. Auffallend ist, daß man in der Regel nicht um einen Tisch herum sitzt, sondern der Eindruck entstehen kann, als würden die Gäste wie Einrichtungsgegenstände im Haus plaziert. Alles muß ohne Mißtöne ablaufen." (nach Vorwärts, Nr. 3/1988, S. 18).

6. Zur Kultur gehört, daß wir wissen, woher wir kommen, daß wir wissen, was früher war, daß wir wissen, was sich seit den Zeiten des Frühkapitalismus geändert hat. Wir müssen wissen, was gestern war, um zu begreifen, was heute ist.

7. Eine große und oft übersehene Kulturleistung der Arbeiterbewegung hegt darin, daß sie die Proletarier organisierte. Sie führte notleidende und oft verzweifelte Menschen zusammen und gab ihnen durch diesen Zusammenschluß neue Lebenshoffnung. Die Arbeiterbewegung machte aus dem „Pöbel" das „Proletariat". Durch die Solidarität wurden den Arbeitern Ziele und Aufgaben gegeben, und es wurde Hoffnung auf sie übertragen. Dadurch erhielt das proletarische Schicksal eine Perspektive, eine Vision.

8. Die Arbeiterbewegung verstand sich von Anfang an als eine Kulturbewegung. Die politischen Konsequenzen, die daraus abgeleitet wurden, waren unterschiedlich und manchmal widersprüchlich:

   - Ein Teil der Arbeiterschaft (die Minderheit) wollte eine proletarische, eine revolutionäre Kultur schaffen. Diese Gegenkultur verlangte nach einer klaren Trennung von der bürgerlichen Kultur.

   - Manche Arbeiterführer wollten, daß die Arbeiterschaft in die europäische Hochkultur hineinwachsen solle. „Die Hochkultur" – so sah es die sozialistische Kulturprogrammatik vor – „sollte Besitz der Arbeiterschaft werden. Diese Besitznahme dachte man sich zwar als gestaltenden Eingriff, doch zugleich auch als ein Emporsteigen aus den, kulturarmen Niederungen'."[168]

   - Eine andere Gruppe sah in der Arbeit die Quelle der Kultur. Ein Beispiel für diese Einstellung liefert die große Rede von Wilhelm Liebknecht vor dem Dresdner Arbeiterbildungsverein 1872 „Wissen ist Macht – Macht ist Wissen". Liebknecht sagte, daß die Arbeiterschaft die Ideale aufgenommen hat, die das Bürgertum aufgegeben hatte. Die Arbeiterklasse sei die „Trägerin der modernen Kultur".

   Interessant ist in diesem Zusammenhang, daß die Einrichtung des

---

168 Dieter Langewiesche in: Ritter (Hrsg.), Arbeiterkultur, S. 42

1. Mai (auf dem Arbeiterkongreß zu Paris 1889) unter Bezug auf die Französische Revolution beschlossen wurde.

9. In der Zeit des Frühkapitalismus waren die Bedingungen für eine Entwicklung des Kulturlebens im Proletariat schlecht. Clara Zetkin stellte fest: „Die Lebensbedingungen, welche die kapitalistische Gesellschaftsordnung ihren Lohnsklaven schafft, sind kunstfeindlich, ja kunstmörderisch. Kunstgenießen und noch mehr Kunstschaffen hat zur Voraussetzung einen Spielraum materieller und kultureller Bewegungsfreiheit, einen Überschuß materieller Güter, leiblicher, geistiger und sittlicher Kräfte über das Notwendige hinaus. Aber materielle Not und damit auch Kulturarmut ist das Geschick der Ausgebeuteten und Beherrschten gewesen, seitdem Klassengegensätze die Gesellschaft zerklüften."[169]

10. Eine große Leistung der Arbeiterbewegung war der Aufbau eines weitverzweigten Vereinslebens. Hervorzuheben sind die Arbeitersportbewegung und die Arbeiterchöre. Über diese Arbeitervereine wurde vielen Arbeitern der Eintritt ins politische Leben ermöglicht. „Insbesondere die Funktion der Gasthäuser, die häufig die Vereinslokale der Arbeiterorganisationen waren und deren Wirte vor allem bis 1890 eine oft führende Rolle in der lokalen Arbeiterbewegung spielten, ist kaum zu überschätzen. Nach einer Äußerung Karl Kautskys von 1891 konnten die niederen Volksklassen nur im Wirtshaus, frei zusammenkommen und ihre gemeinsamen Angelegenheiten besprechen. Ohne Wirtshaus gibt es für den deutschen Proletarier nicht bloß kein geselliges, sondern auch kein politisches Leben.'"[170]

11. Die Verkürzung der Arbeitszeit, von den Gewerkschaften ertrotzt, ist eine kulturelle Leistung ersten Ranges. Einst verzehrte sich das Leben der Arbeiter/Arbeiterinnen in Arbeit. Ein früher Tod war die Regel; einen Lebensabend im heutigen Sinne kannten diese Menschen nicht. Das Streben nach dem 8-Stunden-Tag erfüllte die arbeitenden Menschen mit der Hoffnung, daß die Zweiteilung ihres Lebens in Arbeit–Schlaf/Regeneration abgelöst werden wird durch die Dreiteilung

169 Zit. nach Dowe, in: Arbeiterkultur, S. 124

170 Gerhard A. Ritter in: Arbeiterkultur, S. 21

Arbeit–Schlaf–freie Zeit. Die Verkürzung der Arbeitszeit bewirkte eine Verlängerung der Lebenszeit. Begrenzte Arbeitszeit sichert die freie Verfügung über einen wachsenden Teil dieser Lebenszeit. Dadurch gewinnen Arbeitnehmer ein Stück Souveränität. Die Vorbedingung für diesen kulturellen Fortschritt war die gesteigerte Produktivkraft der Wirtschaft. Doch dieser Umstand schmälert nicht die Leistung der Gewerkschaften. Arbeitszeitverkürzungen ergeben sich nicht im Selbstlauf, sie sind keine zwingende Konsequenz der hochtechnisierten Produktion. Im Gegenteil: Alle Arbeitszeitverkürzungen mußten gegen starke Widerstände durchgesetzt werden.

12. Die Arbeiterkultur hatte sich vor 1933 vielfältig entwickelt. Es gab unzählige kulturelle Einrichtungen und Aktivitäten der Arbeiter. Vor einer Idealisierung dieser Epoche ist allerdings zu warnen. In der Frühzeit der Arbeiterbewegung standen viele Arbeiter außerhalb der Bewegung. Nicht viel besser war es während der Weimarer Republik. Und manches, was wir in der Rückschau als „Arbeiterkultur" einstufen, war ganz und gar unpolitisch. Viele Veranstaltungen von Arbeitervereinen Hefen als bloßes Unterhaltungsprogramm ab. Die Ausleihlisten der Arbeiterbibliotheken zeigen, daß politische Bücher wenig gefragt waren. Die Volksbühnenbewegung sank auf das Niveau der Operette. Die Arbeiterchöre sangen, neben Kampfliedern, auch Lieder, die zu bürgerlichen Chören paßten. 1891 erschien als offizielles Gesangbuch der SPD Max Kegels „Sozialdemokratisches Liederbuch". Dieter Dowe hat nachgewiesen, daß „viele der von Kegel abgedruckten Lieder der bürgerlichen Freiheitsdichtung des Vormärz" entstammten. „Nur etwa die Hälfte sind parteiliche Arbeiterlieder."171 Dowe kommt zu dem Schluß, „daß ‚Arbeiterkultur' ein Ideal ist, das zumindest im Kaiserreich nicht realisiert werden konnte."[172]

13. Der Nationalsozialismus zerstörte 1933 die deutsche Arbeiterbewegung und mit ihr die Arbeiterkultur. Eine Tradition riß ab. Viele Repräsentanten der Arbeiterkultur der Weimarer Republik gingen ins Ausland oder fanden sich im KZ wieder. Nach 1945 blieb es viele Jahre still.

171 Dieter Dowe in: Arbeiterkultur, S. 135

172 Ebenda, S. 123

Einer der Gründe dafür war, daß nach dem furchtbaren Krieg die Gewerkschaften zunächst vor anderen und schwereren Problemen standen: Aufbau der Fabriken und Wohnungen, Kampf gegen Demontage, Überwindung des Hungers, Eingliederung der Flüchtlinge, Beseitigung der Arbeitslosigkeit, Die Unterdrückung der Arbeiterkultur durch die Nazis und der schamlose Mißbrauch des Liedgutes der Arbeiterbewegung hatten verheerende Folgen. Nach solchen Erfahrungen war nicht mit dem Entstehen neuer Arbeiterlieder zu rechnen.

Ende der sechziger Jahre sang Franz Josef Degenhardt: „Tot sind unsre Lieder, / unsre alten Lieder, / Lehrer haben sie zerbissen, / Kurzbehoste sie verklampft, / braune Horden totgeschrien, / Stiefel in den Dreck gestampft."

Der wirtschaftliche Aufschwung, die sozialen Fortschritte in den Nachkriegsjahren und besonders der Einfluß der Massenmedien ließen keine Wiederbelebung alter Formen und Organisationen der Arbeiterkulturbewegung zu. Erst die Verschlechterung der gesellschaftlichen Verhältnisse, der Angriff auf Gewerkschaftsrechte und die wachsende Zahl von Demonstrationen und Streiks gaben der Arbeiterkultur neue Chancen. 1961 kam es zur Gründung der Dortmunder Gruppe 61. Ab 1970 bildeten sich die Werkkreise Literatur der Arbeitswelt. Aus den Werkkreisen erwuchsen Graphische Werkstätten. Songgruppen formierten sich, neue Lieder entstanden. Gewerkschaftliche Laienspielgruppen traten hervor. Die Ruhrfestspiele entwickelten mit ihrem Rahmenprogramm eine neue Dimension.

14. Die Arbeiterbewegung leistet auf zweifache Weise Kulturarbeit:
    - durch eigene kulturelle Einrichtungen und Veranstaltungen: z. B. Arbeiterbildungsvereine, Gewerkschaftsschulen, Volksbühnen, Volksbüchereien, Chöre und Songgruppen, Arbeitersportvereine, Verlage, Ruhrfestspiele;
    - durch Tarifarbeit der Gewerkschaften und Reformpolitik der Parteien. In langwierigen Kämpfen wurden so durchgesetzt: 8-Stunden-Tag, bezahlter Urlaub, Mindestlöhne, Kündigungsschutz, Lohnfortzahlung, Mitsprache und Mitbestimmungsrechte (wie

in der Montanwirtschaft). Das sind kulturelle Großtaten. Damit wurde für Millionen von Menschen die Voraussetzung für ein menschenwürdiges Leben geschaffen.

15. „Unser Kulturbetrieb ist der Selbstbedienungsladen einer Mittelschicht, finanziert von allen. Die Arbeitswelt der Unterschicht hat dort keinen festen Platz."[173] Es wäre zu prüfen, in welchem Umfang Kommunalpolitiker Gelder für die Kulturarbeit in den Stadtteilen mit den „guten Adressen" und für die Kulturarbeit in den Arbeitervororten ausgeben. In der Stadt Essen zum Beispiel wird mit einem Aufwand von etwa 130 Millionen DM ein großes Theater gebaut; zur gleichen Zeit werden die Mittel zur Unterhaltung des Kulturzentrums „Zeche Carl" im Arbeitervorort Altenessen gekürzt.

16. Die bürgerliche Gesellschaft ließ den Lohnarbeiter nicht als Menschen gelten. Der Arbeiter hatte zu arbeiten – ansonsten sollte er still sein und keine Ansprüche stellen. Bildung war den Mittel- und Oberschichten vorbehalten. Die Schulen disziplinierten, statt die geistigen Anlagen zu entwickeln. 1849 sagte der damalige preußische Kultusminister von Raumer: „Das Volk darf nicht weiter unterrichtet werden, als es zu seiner Arbeit paßt." Dagegen hat sich die Arbeiterbewegung erhoben. Sie schuf eigene Bildungseinrichtungen (Gewerkschaftsschulen, Büchergilde Gutenberg, Volksbühnen), und sie forderte vom Staat die Verbesserung des Schulwesens und des Bildungssystems. Die Forderung nach einem bezahlten Bildungsurlaub kommt aus der Arbeiterbewegung. Der DGB und die Einzelgewerkschaften haben zu lange kulturelle Enthaltsamkeit geübt. Die Ruhrfestspiele waren lange Zeit so etwas wie ein Alibi für die kulturpolitischen Versäumnisse der Gewerkschaften auf fast allen anderen Gebieten. Jetzt gibt es ein kulturpolitisches Programm des DGB. Es wird Mühe machen und einige Zeit erfordern, bis dieses Programm realisiert sein wird.

17. Die Kulturarbeit der Gewerkschaften sollte man nicht überschätzen. Der Künstler allein wird wenig bewirken. Der Künstler kann nicht an die Stelle des Politikers treten. Die Ruhrfestspiele machen Tarifpoli-

173 Konrad Franke, Kommentar „Die wachsende Entfernung der Arbeitswelt von der Literatur", Bayrischer Rundfunk, 8. 2.1978

tik nicht überflüssig. Die Kulturarbeit der Gewerkschaften ist aber auch nicht zu unterschätzen. Die praktische Arbeit, die Tagesarbeit der Gewerkschaften brauchen eine geistige Fundierung. Kulturarbeit dient unter anderem der Bewußtseinsbildung, der Bewußtseinsschärfung. Kulturarbeit stärkt die Solidarität. Künstler, die etwas bewegen, bewirken wollen, brauchen politischen Verstärker. Da bietet sich ein Bündnis mit den Gewerkschaften an.

18. Wenn Arbeiter einen hohen Lebensstandard erreichen, wenn sie sich mehr leisten können, werden sie dadurch nicht automatisch zu Kleinbürgern oder gar Spießbürgern. Ob ein Mensch Kultur hat oder nicht, das hängt nicht von der Höhe seines Einkommens, seinem Schulabschluß oder seinem Beruf ab. Auch Arbeiter können Kulturträger sein, sie vermögen sich schöpferisch zu betätigen. Spießer finden wir in den Spielsälen von Baden-Baden ebenso wie an der Theke einer Arbeiterkneipe.

19. Künstler sind kompromißlos. Die Politik der Gewerkschaften (insbesondere die Tarifpolitik) ist auf Kompromisse angelegt. Künstler orientieren sich nicht an der Beschlußlage der Gewerkschaften. Diese Umstände führen zu Spannungen im Verhältnis zwischen Gewerkschaften und Künstlern. Mit Konflikten ist zu rechnen, wenn Künstler als Mitglieder oder Funktionäre in die Gewerkschaften eingebunden sind, was zum Beispiel auf die meisten Arbeiterschriftsteller zutrifft. Solche Spannungen und Konflikte bedeuten keine Gefahr für die Gewerkschaften, sie sollten nicht unterdrückt werden. Von ihnen kann eine belebende Wirkung ausgehen.

20. „Traditionelle Arbeiterkultur beziehungsweise Arbeiterbewegungskultur wiederherstellen zu wollen ... ist Romantik."[174] Dem ist zuzustimmen. Die Tradition erhalten – das bedeutet nicht Fortsetzung des Bestehenden, nicht Bewahrung alter Formen, sondern die Entwicklung neuer Formen und neuer Aktivitäten. Die gesellschaftlichen Bedingungen haben sich verändert, und sie werden sich weiter verändern. Arbeitnehmer verfügen heute über erheblich mehr freie

174 Bernd Faulenbach in Heft 6 (1987) des Forschungsinstituts für Arbeiterbildung Recklinghausen, S. 38

> Zeit als Arbeiter des 19. Jahrhunderts. Dieser Umstand verbessert die Chancen für gewerkschaftliche Bildungs- und Kulturarbeit. Die alte Arbeiterbewegungs-Kultur war von Optimismus und Gläubigkeit durchdrungen, die künstlerischen Ausdrucksformen waren vorwiegend allegorisch und pathetisch. Daran kann heute nicht angeknüpft werden. Gewerkschaftliche Songgruppen unterscheiden sich von den früheren Arbeiterchören. Die Arbeiterliteratur von heute unterscheidet sich von der Arbeiterdichtung des 19. und des frühen 20. Jahrhunderts.

So ergibt sich als Fazit: Die gewerkschaftlichen Songgruppen, kritische Arbeiterschriftsteller, Veranstaltungen der Ruhrfestspiele im Depot sind der Arbeiterkultur zuzurechnen. Das gilt auch für die Geschichtswerkstätten, die Veranstaltungen mit ausländischen Arbeitnehmern und alle kulturellen Bemühungen, die im Alltag der Arbeitnehmer ansetzen. Es gibt auch heute noch Arbeiterkultur, wenn auch in abgeschwächter Form und mit veränderten Gestaltungsmitteln.

DGB Bundesvorstand (Hg.), Düsseldorf 1981

Vorstellungen des DGB zur Kulturpolitik und Kulturarbeit

Aus dem Vorwort

Heute wird überall festgestellt, dass das Interesse breiter Bevölkerungsgruppen an kultureller Betätigung, an einer Entfaltung kreativer Aktivitäten gewachsen ist. … Mit den „Vorstellungen des DGB zur Kulturpolitik und Kulturarbeit" will der Deutsche Gewerkschaftsbund zur Förderung einer an demokratischen Prinzipien orientierten Kulturarbeit beitragen. … Ihre Überlegungen und Forderungen zu verschiedenen Bereichen sehen die Gewerkschaften immer bewußt als Teil der Gesamtaufgaben; ihre Politik bezieht sich auf den ganzen Menschen, wie er lebt und arbeitet. … Gewerkschaftliche Kulturpolitik will beitragen zur Demokratisierung aller Lebensbereiche, zur Verwirklichung von Chancengleichheit, zu einer Verbesserung der kulturellen Infrastruktur unseres Landes und zur beruflichen Entfaltung und Existenzsicherung der Künstler.

Grundsätze zur Kulturpolitik und Kulturarbeit

Kultur ist die Gesamtheit der durch menschliche Arbeit geschaffenen materiellen und geistigen Werte und durchdringt alle Lebensbereiche. Die menschliche Arbeit mit allen Fertigkeiten und Fähigkeiten, die sie ausbildet und voraussetzt, ist selber grundlegende kulturelle Leistung. Sie ist die Grundlage, auf der alle jemals gedachten, entdeckten und erforschten, erkämpften und geschaffenen Annehmlichkeiten des menschlichen Lebens aufbauen und auf der sich die Künste und kulturellen Ausdrucksformen erst entwickeln und entfalten konnten und können. Die Künste in ihren vielfältigen Ausdrucks- und Unterhaltungsformen, das Schul- und Bildungswesen, das Informationswesen bilden die kulturellen Kernbereiche.

Kulturpolitik ist für die Gewerkschaften Teil einer Gesellschaftspolitik, die darauf gerichtet ist, der Würde des arbeitenden Menschen Achtung zu verschaffen, seinen gerechten Anteil am Ertrag der Arbeit durchzusetzen, ihn zu schützen und sozial zu sichern und eine Gesellschaftsordnung zu erkämpfen, die allen die freie Entfaltung ihrer Persönlichkeit ermöglicht.

Die Kulturpolitik der Gewerkschaften dient dem Ziel, kulturelle Initiativen der Arbeitnehmer zu fördern und ihnen die Teilnahme am kulturellen Leben zu ermöglichen.

Kunst und Kultur müssen sich in einem Klima geistiger Freiheit und unbeeinträchtigt von staatlicher Bevormundung und jeder Form von Zensur entfalten können.

Kunst und Kultur dienen der schöpferischen Entfaltung der Menschen und dürfen nicht einer Minderheit vorbehalten bleiben.

Die Gewerkschaften treten allen Versuchen entgegen, die Kultur einem Rentabilitätsdenken zu unterwerfen. Die bestehenden kulturellen Einrichtungen sind zu erhalten und so auszubauen, daß sie ihren Aufgaben gerecht werden können. Darüber hinaus sind neben den etablierten kulturellen Einrichtungen Ansätze alternativer Kultur zu unterstützen. Dabei sind insbesondere solche Maßnahmen zu fördern, die das Ziel haben, Arbeitnehmer kulturell zu aktivieren und an deren Bedürfnissen anzuknüpfen. Es ist dafür Sorge zu tragen. daß bisher benachteiligte Gruppen Gelegenheit erhalten, am kulturellen Leben teilzunehmen. In allen Kultureinrichtungen ist eine Mitbestimmung der Beschäftigten und ihrer Gewerkschaften durchzusetzen.

Die Gewerkschaften treten für die soziale Sicherheit aller Künstler ein. Sie fordern eine durchgreifende Umgestaltung der Künstlerausbildung. Die Künstler sollen nicht nur beruflich qualifiziert, sondern auch in die Lage versetzt werden, ihre gesellschaftliche Stellung zu erkennen und die sich daraus ergebenden Aufgaben zu erfüllen. Einrichtungen der Künstlerweiterbildung sind zu fördern.

Der internationale Kulturaustausch ist zu fördern. Internationale Kulturpolitik ist ein wesentlicher Bestandteil jeder Außenpolitik, die der Verständigung der Völker untereinander und der Sicherung des Friedens dient.

Von besonderer Bedeutung und Dringlichkeit sind dabei die kulturpolitischen Aufgaben, die sich aus der Einigung Europas und einer partnerschaftlichen Zusammenarbeit mit den Menschen der Entwicklungsländer ergeben.

Die Prinzipien der internationalen Kulturpolitik haben sich an diesen Aufgaben zu bewähren. In Solidarität und Mitverantwortung, die eine Mitwirkung in den internationalen Institutionen bedingen, tragen die Gewerkschaften ihren Teil zur Erfüllung dieser Aufgaben bei. Sie wollen damit der Emanzipation aller Menschen dienen.

Der Sport muß heute als ein gewichtiger gesellschaftlicher Faktor angesehen und gefördert werden. Sportliche Betätigung in ihrer Vielfalt der Aktionsmöglichkeiten und differenzierten Zielsetzung ist heute zu einem wichtigen Lebensfaktor für viele Menschen geworden.

Der Sport muß sich insbesondere daran messen lassen, inwieweit er seine sozialen und gesellschaftlichen Aufgaben erfüllt. Er soll auf breiter Basis Ausgleich schaffen zu der oft einseitigen Belastung im Berufs- und Arbeitsleben und so zum körperlichen, geistigen und sozialen Wohlbefinden des Menschen beitragen. Sport in Gruppen und Vereinen kann und soll soziale Kommunikation und solidarisches Verhalten fördern. So gesehen kann Sport in einem umfassenden Sinne auch zur Lebenshilfe werden.

Allgemeine kulturpolitische Zielsetzungen

Auf der Grundlage seiner kulturpolitischen Grundsätze fordert der DGB eine Kulturpolitik als Gesellschaftspolitik, die der schöpferischen Entfaltung des Menschen dient. Die Voraussetzungen für die kulturelle Entfaltung und Selbstverwirklichung aller müssen bereits für Kinder in der Schule gegeben sein und in allen Lebensbereichen wirksam werden. Der DGB kann nicht länger hinnehmen, daß die Arbeitnehmer auch im kulturellen Bereich benachteiligt sind.

Kultur und Bildung

Die Forderungen der Gewerkschaften zur allgemeinen und beruflichen Bildung orientieren sich an den Interessen der Arbeitnehmer, allgemeine und berufliche Qualifikationen zu erwerben, langfristig zu erhalten und damit den Wert ihrer Arbeitskraft auf Dauer zu sichern. Bildung verschafft den Arbeitnehmern die Qualifikation für ihre persönliche und berufliche Entfaltung, die aktive Teilnahme am kulturellen Leben und für die Mitwirkung an der demokratischen Gestaltung von Wirtschaft und Gesellschaft. Gesellschaftliches Wirken und die Fähigkeit zur solidarischen Interessenvertretung setzen Wissen über die wirtschaftlichen, sozialen und politischen Zusammenhänge voraus. Bildung ist daher ein wesentlicher Faktor für die wirtschaftliche Entwicklung, den sozialen Fortschritt und die Gestaltung einer demokratischen Gesellschaft.

Das derzeitige Bildungssystem wird diesen Anforderungen nicht gerecht. Es ist noch immer ein Mittel zur Verteilung ungleicher Lebenschancen, zur Verteidigung von Privilegien und zur Erhaltung bestehender gesellschaftlicher Verhältnisse.

Das Recht auf Bildung schließt das Recht auf Weiterbildung ein. Die Entwicklungen und Veränderungen in Wirtschaft und Gesellschaft verlangen eine ständige Weiterbildung, die dazu verhilft, soziale und kulturelle Erfahrungen kritisch zu verarbeiten, berufliche Qualifikationen zu erwerben und in ihrer gesellschaftlichen Bedeutung zu bewerten sowie Mitbestimmung im beruflichen und öffentlichen Leben wahrzunehmen.

Die Gewerkschaften treten für die Freiheit von Wissenschaft, Forschung und Lehre ein. Diese müssen der allseitigen Entfaltung des Menschen und der Verbesserung der Arbeits- und Lebensbedingungen dienen. Dies ist nur möglich, wenn Wissenschaft und Forschung unabhängig von den Interessen der Unternehmer ihrer gesellschaftlichen Verantwortung gerecht werden können. Hier liegt die besondere Aufgabe staatlicher Wissenschaftsförderung. Die Kooperation zwischen Hochschulen und Gewerkschaften ist auszubauen.

Bildungspolitik ist wesentlicher Teil der Kulturpolitik. Deshalb ist es erforderlich, die bisherige räumliche und inhaltliche Isolierung der kulturellen Einrichtungen aufzuheben und neue Formen der Zusammenarbeit zwischen Bildungseinrichtungen und kulturellen Einrichtungen zu entwickeln. Ästhetische Erziehung, kulturelle Bildung, ist ebenso Aufgabe der Schule wie der außerschulischen kulturellen Einrichtungen.

Wahrnehmungsfähigkeit und Sensibilität, Kommunikation und Fähigkeit zur eigenen kulturellen Betätigung sowie zur kritischen Verarbeitung kultureller Informationen und Erfahrungen gehören ebenso zum Bildungsauftrag der Schulen wie das Lernen von Fremdsprachen, naturwissenschaftliche Disziplinen und das Vermitteln von Fähigkeiten, politische und wirtschaftliche Zusammenhänge zu erkennen und entsprechend zu handeln.

Der DGB fordert daher, daß Bildungsangebote im ästhetischen Bereich in der Schule gesichert und ausgebaut werden. Pädagogische Aufgaben sollen in Schulen, Bildungs- und Kultureinrichtungen auch in Zusammenarbeit mit Künstlern wahrgenommen werden.

Kultur und Freizeit

Freizeit muß im gesellschaftlichen Zusammenhang gesehen werden. Die Qualität der freien Zeit wird wesentlich von den Arbeitsbedingungen bestimmt.

Die Arbeitnehmer haben das Recht auf eine menschenwürdige Arbeit. Die Arbeitsbedingungen haben diesem Grundrecht der Arbeit gerecht zu werden. Die Bedingungen der Arbeit prägen nicht nur die Persönlichkeit, die berufliche und soziale Lage der Menschen, sie beeinflussen auch das Familienleben, die Freizeit, die Wahrnehmung der Bildungschancen und die Teilnahme am gesellschaftlichen Leben.

Die Wirtschaft muß der freien und verantwortlichen Entfaltung der Persönlichkeit innerhalb der menschlichen Gemeinschaft dienen. Die Arbeitnehmer müssen im Rahmen ihrer Verpflichtungen gegenüber der Gesellschaft ihr Leben selbst gestalten können.

Die Ausweitung der freien Zeit hat zwar die kulturellen Bedürfnisse vergrößert und verändert, aber trotz vermehrter Freizeit lassen die Arbeits- und Lebensbedingungen den Arbeitnehmern immer noch nicht genügend Möglichkeiten, Zeit und Muße, einen ihrem Bedürfnis entsprechenden Anteil an Kunst und an kulturellen Aktivitäten zu nehmen.

Eine zukunftsorientierte Freizeit- und Kulturpolitik muß dem Prozeß des Anwachsens kultureller Bedürfnisse durch Ausweitung und Förderung kultureller Angebote Rechnung tragen. Wichtige

Voraussetzung dafür ist die Schaffung vielfältiger und erreichbarer räumlicher Angebote im Wohnbereich oder in den jeweiligen Siedlungszentren. Öffentliche Kulturarbeit muß als kulturelle Breitenarbeit wirksam werden, die den einzelnen einbezieht und zu eigener Aktivität auffordert.

Die Arbeitnehmer brauchen ortsnahe Freizeit- und Kommunikationszentren, Theater, Museen, Konzerträume, Kinos ebenso wie Erholungsgebiete, öffentliche Anlagen, Sportstätten und eine Umweltgestaltung, die mehr Lebensqualität ermöglicht.

Kulturelle Infrastruktur

Das Interesse an kultureller Betätigung ist gewachsen. Die kulturelle Infrastruktur (Kunst und Kultureinrichtungen und deren Erreichbarkeit) ist jedoch nicht in dem entsprechenden Maße verbessert worden.

Die Gemeinden haben vielfältige kulturpolitische Aufgaben zu lösen, zumal kulturelle Aktivitäten bürgernah organisiert werden müssen. Eine durchgreifende Verbesserung der kulturellen Infrastruktur läßt sich aber nur erreichen, wenn insbesondere die sozialen und kulturellen Ziele der Kommunalpolitik gegenüber einer überwiegend wirtschaftlichen Motivation gestärkt werden. Darin liegt keine Absage an die ökonomischen Grundlagen unserer Existenz. Die wirtschaftlichen Belange können und sollen nicht verdrängt werden. Die Aufgabe besteht darin, beide Ziele gleichermaßen als wichtig zu betrachten und zu verwirklichen, damit die soziale, geistige und kulturelle Entfaltung des Menschen nicht nur ermöglicht, sondern verstärkt gefördert wird.

Durch die zunehmenden finanziellen Anforderungen an die Gemeinden ist allerdings nicht nur die Schaffung einer ausreichenden kulturellen Infrastruktur erheblich erschwert, sondern darüber hinaus der Bestand vorhandener Kultureinrichtungen gefährdet.

Die Kulturausgaben der Gemeinden sind den gestiegenen und veränderten Kulturbedürfnissen anzupassen. Durch entsprechende Etatgestaltung sind die erforderlichen Mittel sicherzustellen. Reichen die kommunalen Mittel nicht aus, ist Hilfe durch die Länder, aber auch durch den Bund zu leisten.

Die Finanzierung und Weiterentwicklung der kulturellen Infrastruktur, die Einbeziehung der Kulturarbeit in den Bildungssektor und in die Umwelt- und Freizeitgestaltung, die Förderung der überlieferten wie der neuen Kulturformen, müssen zu Pflichtaufgaben der öffentlichen Hand, zum Teil auch als Gemeinschaftsaufgaben von Gemeinden, Ländern und Bund, werden.

Kunst und kulturelle Aktivitäten müssen allen zugänglich sein. Sie sind daher in den bisher vernachlässigten Gebieten, vor allem im ländlichen Raum, zu erweitern. Insbesondere Gemeinden mit schwacher Wirtschaftsstruktur sind auf die Hilfe von Bund und Ländern angewiesen, auch und gerade in der Kulturpolitik.

Kunst- und Kulturförderung muß eine Verbreiterung des Angebots, eine Einbeziehung der Bevölkerung in kreative, soziale Prozesse bewirken. Kulturelle Breitenarbeit und künstlerische Betätigung von Laien ist stärker als bisher von öffentlicher Kulturpolitik zu fördern. Dazu ist die

Schaffung von Kommunikationsmöglichkeiten aller Art erforderlich, die auch gezielt Anregungen zum Austausch gemeinsamer Erfahrungen und zum Erkennen gemeinsamer Probleme bieten. Gerade in der kulturellen Breitenarbeit kann es zu einer sinnvollen Kooperation zwischen kommunaler Kulturpolitik und den Gewerkschaften kommen.

Die Verstärkung kultureller Breitenarbeit kann auch zu einer Verbesserung der Lage der Künstler durch Erweiterung ihrer Wirkungsmöglichkeiten beitragen. Die künstlerische und kulturelle Tätigkeit von freien Künstlergruppen und Künstlern ist durch die öffentliche Kulturförderung zu unterstützen und in die Arbeit der öffentlichen Kultureinrichtungen einzubeziehen.

Die eigenständige Kultur der ausländischen Arbeitnehmer in der Bundesrepublik und ihre kulturellen Aktivitäten sind ebenso zu fördern wie ihre Einbeziehung in künstlerische und kulturelle Prozesse und Aktivitäten unseres Landes. Die gewünschte Integration der ausländischen Arbeitnehmer in alle Bereiche des gesellschaftlichen Lebens darf nicht dazu führen, die spezifischen künstlerischen und kulturellen Ausdrucksformen der verschiedenen Völker zurückzudrängen.

Mitbestimmung

Der gesellschaftspolitische Auftrag von Kunst- und Kulturförderung, der sozialen und individuellen Selbstverwirklichung aller zu dienen, ist nur erfüllbar, wenn auch innerhalb der kulturellen Einrichtungen ein Prozeß der Demokratisierung fortgesetzt wird. Die rechtlichen und politischen Voraussetzungen für einen wirksamen Demokratisierungsprozeß gerade auch in den kulturellen Einrichtungen sind heute jedoch noch keineswegs gegeben; sie müssen in weiten Bereichen erst geschaffen werden.

Die Mitbestimmung in den Betrieben und Verwaltungen im Bereich des öffentlichen Dienstes und der öffentlichrechtlichen sowie konfessionellen, karitativen, erzieherischen, wissenschaftlichen und kulturellen Einrichtungen ist zu verwirklichen. Die Vertreter der Beschäftigten müssen dabei gleichberechtigt und gleichgewichtig an den Entscheidungen beteiligt werden. Die Rechte der politischen Organe bleiben davon unberührt. Die bestehenden Tendenzschutzbestimmungen müssen aufgehoben werden.

Auf den kulturpolitischen Ebenen vor allem der Länder und Kommunen sind die Gewerkschaften und ihre Kulturverbände durch geeignete

Mitwirkungsverfahren bzw. durch eine Einbeziehung in existierende und zu schaffende Gremien (Kunstbeiräte, Kulturbeiräte, Theaterbeiräte usw.) zu beteiligen.

Soziale und berufliche Situation der Künstler

Kunst und Kultur können sich nur in einem Klima geistiger Freiheit und auf der Grundlage sozialer und beruflicher Sicherung der Künstler (Künstler, Schriftsteller und Publizisten) entfalten und entwickeln. Viele Künstler leben jedoch unter sozial und wirtschaftlich untragbaren Umständen und sind im Alter, bei Krankheit oder in Notsituationen vielfach nicht geschützt.

Eine Verbesserung der sozialen und beruflichen Lage der Künstler ist nur über eine Vielzahl von Einzelmaßnahmen in verschiedenen Teilbereichen erreichbar. Der „Künstlerbericht" der Bundesregierung hat die Dringlichkeit der seit langem von den gewerkschaftlichen Kulturverbänden geforderten sozialen und beruflichen Sicherung der Künstler deutlich gemacht.

Die Sozialversicherung für alle Künstler ist dringend notwendig. Künstler müssen für den Fall der Krankheit, der Invalidität und im Alter gesichert sein.

Der DGB fordert eine Reform der Aus- und Weiterbildung der Künstler, die auch eine Berufsfelderweiterung bewirken soll, und unterstützt entsprechende Modellversuche. Für Künstler stellen sich heute auch kulturpädagogische Aufgaben im Bildungs- und Freizeitbereich. Das erfordert eine entsprechende qualifizierte und breitgefächerte Ausbildung, um die Künstler zur Bewältigung erweiterter beruflicher Anforderungen zu befähigen. Der gesetzliche Anspruch auf Weiterbildung ohne berufliche Nachteile ist auch für Künstler und andere Beschäftigte in den Kultureinrichtungen zu realisieren.

In allen künstlerischen Bereichen muß eine wirkungsvolle Nachwuchsförderung gesichert werden. Besonders junge und noch nicht bekannte Künstler sind gezielt zu fördern, u. a. durch die Gewährung von Arbeitsstipendien.

Alle Schutzbestimmungen des im Arbeitsleben üblichen Arbeitsrechts müssen auch für Künstler und andere Beschäftigte in den Kultureinrichtungen Geltung erlangen. Bisher übliche kettenarbeitsvertragsähnliche Zeitverträge sind durch normale Arbeitsverträge zu ersetzen.

Das Tarifvertragsrecht insbesondere für freischaffende Künstler muß durch gesetzliche Maßnahmen verbessert werden.

Das Urheberrechtsgesetz muß so novelliert werden, daß den Künstlern kein materieller Verlust entsteht.

Der DGB fordert eine Künstlerförderung, die durch Bereitstellung räumlicher und finanzieller Möglichkeiten die Voraussetzungen für eine Verbreiterung der künstlerischen Betätigung auf vielfältigen Gebieten schafft.

Es folgen

Kulturpolitische Forderungen zu Einzelbereichen (Darstellende Künste, Musik, Bildende Kunst, Museen, Öffentliche Bibliotheken/Archive, Literatur, Film, Hörfunk und Fernsehen)

sowie ein Kapitel mit 10 Thesen zu

Konsequenzen für die gewerkschaftliche Kulturpolitik und Kulturarbeit

1. Gewerkschaftliche Kulturarbeit ist Teil der Gewerkschaftsarbeit
2. Inhalt der gewerkschaftlichen Kulturarbeit sind die gesellschaftlichen, wirtschaftlichen, sozialen und kulturellen Interessen der Arbeitnehmer.
3. Ziel der Gewerkschaftlichen Kulturarbeit ist es, zur allseitigen Entfaltung der geistigen und sinnlichen Fähigkeiten der Arbeitnehmer beizutragen.
4. Gewerkschaftliche Kulturarbeit beschränkt sich nicht nur auf die Gewerkschaftsmitglieder, sondern bezieht deren Familien mit ein. Besonders beneachteiligte Gruppen sind besonders zu fördern.
5. Aufgabe gewerkschaftlicher Kulturarbeit ist es auch, die Durchsetzung gewerkschaftlicher Ziele zu unterstützen.
6. Gewerkschaftliche Kulturarbeit umfaßt alle künstlerischen Ausdrucksformen, die geeignet sind, im Rahmen der gewerkschaftlichen Organisation, der Bildungsarbeit und einzelner Aktivitäten politisches

und gewerkschaftliches Bewußtsein zu schaffen und zu stärken, die Erlebnisfähigkeit zu steigern und demokratisches Engagement zu fördern.

7. Gewerkschaftliche Kulturarbeit steht in unmittelbarem Zusammenhang mit der gewerkschaftlichen Bildungsarbeit. Sie trägt dazu bei, die Lehrinhalte mit künstlerischen Mitteln zu veranschaulichen, über die theoretische Einsicht hinaus Betroffenheit zu erzeugen, die emotionale Bindung an die Organisation zu stärken und neue Formen solidarischer Aktion zu entwickeln.

8. Besonderer Wirkungsbereich gewerkschaftlicher Kulturarbeit ist die örtliche Organisationsebene. Kulturarbeit ist Bestandteil der gewerkschaftlichen Veranstaltungen und Aktionen.

9. Kulturarbeit in Betrieben und Verwaltungen unterstützen die gewerkschaftliche Betriebsarbeit, indem sie gewerkschaftliche Forderungen und Ziele veranschaulicht. Die Gestaltung betrieblicher Kulturarbeit liegt bei den Vertrauenskörpern, Betriebs. Bzw. Personalräten und Jugendvertretungen.

10. Künstler, Schriftsteller und Publizisten stärken die gewerkschaftliche Kulturarbeit durch ihr künstlerisches und gewerkschaftliches Engagement. Ihr Schaffen setzt sich mit der gesellschaftlichen Realität auseinander und kann damit einen Beitrag zu ihrer Veränderung leisten.

Aus den DGB-Grundsatzprogrammen

Gewerkschaften und Kulturpolitik

Gewerkschaftliche Kulturpolitik will die geistigen und sittlichen Kräfte unserer Gesellschaft fördern, die demokratisches Bewußtsein und Gemeinsinn zu bilden vermögen und die Verwirklichung des sozialen Gedankens in der Demokratie verbürgen.

Mit ihrem kulturpolitischen Auftrag erfüllen die Gewerkschaften die Forderung unserer Zeit. Die gesellschaftlichen Aufgaben, die aus den Erkenntnissen der Wissenschaften und der Anwendung ihrer Ergebnisse erwachsen, sind nur durch eine intensive Kulturpolitik zu bewältigen. Unsere Gesellschaft bedarf zu ihrem Bestehen und ihrer gedeihlichen Entwicklung einer besseren Bildung für alle.

Kunst

Die menschliche Gesellschaft bedarf der Kunst zu ihrer kulturellen Existenz und Entwicklung. Dies gilt mit besonderer Dringlichkeit für die Industriegesellschaft unserer Zeit, die sonst im Technischen geistig erstarren und im Materiellen verflachen würde.

Kunst muß frei sein. Sie darf nichteiner Minderheit vorbehalten bleiben. Dem sozialen Auftrag der Gewerkschaften entspricht die Forderung, künstlerische Werke aus Vergangenheit und Gegenwart allen zugänglich zu machen.

Gesellschaft und Staat sind verpflichtet, die Künste ideell und materiell zu fördern. Die Einrichtungen der Kunstpflege, wie Akademien, Museen Theater und Orchester sind ein traditionell begründeter, wertvoller Kulturbesitz unseres Volkes. Sie müssen erhalten und ausgebaut werden.

Presse, Hörfunk, Fernsehen

Jeder Staatsbürger hat ein Anrecht darauf, daß er wahrheitsgemäß und umfassend informiert wird. (…)

Die Einrichtungen von Hörfunk und Fernsehen sind in der Bundesrepublik Deutschland Anstalten des öffentlichen Rechtes. Die Verfügung über sie darf nicht in die Hände privater Interessenten gelegt werden. (…)

Ihre demokratischen Kontrollinstanzen haben in angemessenem Verhältnis aus Repräsentanten aller bedeutenden gesellschaftlichen Gruppen zu bestehen. (…)

In ihrer Programmgestaltung haben die Hörfunk- und Fernsehanstalten wegen ihrer besonderen Verantwortung ein hohes Maß von Sachlichkeit und inhaltlicher Ausgewogenheit zu üben. Information, Unterhaltung, Bildung und Erbauung sind gleichmäßig zu pflegen. Die Anstalten für Hörfunk und Fernsehen haben die Verpflichtung, in ihren Programmen die kulturellen und sozialen Bedürfnisse der arbeitenden Bevölkerung zu berücksichtigen.

DGB Grundsatzprogramm, 1963

Kunst und Kultur

Die Kulturpolitik der Gewerkschaften dient dem Ziel, kulturelle Initiativen der Arbeitnehmer zu fördern du ihnen die Teilnahme am kulturellen Leben zu ermöglichen.

Kunst und Kultur müssen in einem Klimageistiger Freiheit und unbeeinträchtigt von staatlicher Bevormundung und jeder Form von Zensur entfalten können.

Kunst und Kultur dienen der schöpferischen Entfaltung der Menschen und dürfen nicht einer Minderheit vorbehalten bleiben.

Die Gewerkschaften treten allen Versuchen entgegen, die Kultur einem Rentabilitätsdenken zu unterwerfen. Die bestehenden kulturellen Einrichtungen sind zu erhalten und so auszubauen, daß sie ihren Aufgaben gerecht werden können. Darüber hinaus sind neben den etablierten kulturellen Einrichtungen Ansätze alternativer Kultur zu unterstützen. Dabei sind insbesondere solche Maßnahmen zu fördern, die das Ziel haben, Arbeitnehmer kulturell zu aktivieren und an deren Bedürfnissen anzuknüpfen. Es ist dafür Sorge zu tragen, daß bisher benachteiligte Gruppen Gelegenheit erhalten, am kulturellen Leben teilzunehmen. In allen Kultureinrichtungen ist eine Mitbestimmung der Beschäftigten und ihrer Gewerkschaften durchzusetzen.

Die Gewerkschaften treten für die soziale Sicherheit aller Künstler ein. Sie fordern eine durchgreifende Umgestaltung der Künstlerausbildung. Die Künstler sollen nicht nur beruflich qualifiziert, sondern auch in die

Lage versetzt werden, ihre gesellschaftliche Stellung zu erkennen und die sich daraus ergebenden Aufgaben zu erfüllen. Einrichtungen der Künstlerweiterbildung sind zu fördern.

Presse, Funk und Fernsehen

Jeder Bürger hat ein Anrecht darauf, daß er wahrheitsgemäß und umfassend informiert wird. (…)

Presse, Funk und Fernsehen haben sich für die im Grundgesetz verankerten Grund- und Menschenrechte, für Demokratie und für die Sicherung des Friedens einzusetzen

Presse, Funk und Fernsehen sind zur objektiven Berichterstattung verpflichtet. (…)

Die Einrichtungen von Hörfunk und Fernsehen sind in der Bundesrepublik Deutschland Anstalten des öffentlichen Rechtes. Die Verfügung über diese Einrichtungen darf nicht in die Hände privater Interessenten gelegt werden. (…)

Ihre demokratischen Kontrollinstanzen müssen sich in angemessenem Verhältnis aller bedeutenden gesellschaftlichen Gruppen zusammensetzen. (…)

In ihrer Programmgestaltung haben die Hörfunk- und Fernsehanstalten wegen ihrer besonderen Verantwortung ein hohes Maß von Sachlichkeit und inhaltlicher Vielfalt und Ausgewogenheit zu üben. Information, Unterhaltung und Bildung sind gleichmäßig zu pflegen. Die Anstalten für Hörfunk und Fernsehen haben die Verpflichtung, in ihren Programmen die kulturellen und sozialen Bedürfnisse der arbeitenden Bevölkerung zu berücksichtigen.

DGB Grundsatzprogramm, 1981

Kulturelle Vielfalt und demokratische Medien fördern

Demokratie lebt von kultureller Vielfalt sowie von der Möglichkeit, selbstbestimmt Entscheidungen zu treffen. Kulturelle Angebote wahrzunehmen und sich aktiv dem Lebensumfeld zu widmen sind Voraussetzungen, die menschlichen Bedürfnisse und Fähigkeiten zu entwickeln. Nur so ist es möglich, kreative Potentiale zu entfalten und das Leben phantasievoll zu gestalten. Das gilt auch für die Arbeitswelt.

Investitionen in die Künste und Kultur sind für eine demokratische Gesellschaft unverzichtbar. Die künstlerische Freiheit muß dabei gewahrt bleiben. Die öffentliche Kulturförderung muß ein vielfältiges kulturelles Angebot ermöglichen. Kulturelle Lebensqualität darf nicht das Privileg allein von Wohlhabenden und Bildungseliten sein.

Die prägende Wirkung der elektronischen Medien und der Telekommunikation – des Fernsehens, des Computers und des Telefons – auf unsere Lebens- und Arbeitsweise wird sich durch die Entwicklung und Verbreitung multimedialer Anwendungen noch verstärken. Die gegenseitige Durchdringung der Techniken und Märkte von Telekommunikations- und Computerindustrie, Unterhaltungselektronik sowie den klassischen Medien wird die Kultur grundlegend ändern. Traditionell getrennte Felder wie die Medien- und Telekommunikationspolitik müssen angesichts dieser Prozesse integrativ zusammengedacht und zu einer multimedialen Kommunikationspolitik fortentwickelt werden, die sich dem Leitbild einer sozialen und demokratischen „Informationsgesellschaft" verpflichtet weiß.

Die Wahrnehmung der Realität wird zunehmend über Medien vermittelt. Politische Debatten und gesellschaftliche Diskussionen werden wesentlich durch die Medien beeinflußt. Die demokratische Verfassung und Kultur unserer Gesellschaft hängen entscheidend davon ab, wie demokratisch ihre Medien, deren Inhalte, und die Kommunikationsstrukturen sind. Information, Bildung und Unterhaltung müssen zur Weiterentwicklung der Demokratie beitragen sowie die kulturelle Vielfalt widerspiegeln und fördern. Die innere Presse- und Rundfunkfreiheit ist für die Funktionsfähigkeit der Medien unerläßlich. Alle Medien stehen in der Verantwortung, gegen die Verherrlichung von Gewalt, auch sexueller Gewalt, gegen Fremdenfeindlichkeit und für die Menschenwürde einzutreten.

Die Gewerkschaften unterstützen die Vielfalt unserer Medienlandschaft. Diese Vielfalt ist allerdings durch die Konzentration bei privatkommerziellen Medien gefährdet. Die neuen Formen der Kommunikation und Information können zu einer größeren Vielfalt beitragen. Voraussetzung ist, daß alle Bürgerinnen und Bürger gleichberechtigten Zugang zu elektronischen Netzen haben, ihre Persönlichkeits- und Datenschutzrechte wahrnehmen und selbstbestimmt Informationen empfangen und verbreiten können. Die Politik hat für die entsprechenden Rahmenbedingungen, insbesondere durch die Festlegung hochwertiger Universaldienste, zu sorgen.

Dem öffentlich-rechtlichen Rundfunk kommt nach Auffassung der Gewerkschaften bei der Meinungsbildung eine besondere Bedeutung zu. Er ist Garant einer pluralistischen Medienordnung. Er hat die Grundversorgung mit Angeboten an Information und Meinungen, Kultur und Unterhaltung zu gewährleisten. Dazu muß er mit den Zielen reformiert werden, die Programmqualität und Vielfalt zu erhöhen. Doch auch die privatrechtlichen Medien, gleich ob Rundfunk oder Presse, sind dem

Demokratiegebot verpflichtet. Sie müssen ebenfalls politische Informationen und kulturelle Bildung qualitativ und quantitativ ausreichend anbieten.

Meinungsfreiheit und Informationsvielfalt erfordern eine konsequente Kontrolle und Begrenzung von Medienmacht durch wirksame Antikonzentrationsregelungen. Diese dürfen angesichts des Machtpotentials transnationaler Medienkonzerne und der mit ihnen verflochtenen Industrien nicht auf die Bundesrepublik beschränkt sein.

DGB Grundsatzprogramm, 1996

IG Metall Gewerkschaftstag 1986, Entschließung 20

Kulturarbeit

Die Verschärfung der Krise hat die Gewerkschaften vor große Aufgaben gestellt. Die Kämpfe für die 35-Stunden-Woche, gegen Sozialabbau und gegen die Veränderung des Paragraphen 116 AFG haben die gewerkschaftliche Kulturarbeit neu belebt.

Viele Mitglieder, ehrenamtliche und hauptamtliche Funktionäre haben gewerkschaftlichen Kampf und Kulturarbeit als sichtbare, hörbare und erfahrbare Einheit erlebt. Kultur ist untrennbarer Bestandteil aller Lebensbereiche. Kultur – dazu gehört, was und wie der Mensch arbeitet, lernt, wie er sich ernährt, wie er wohnt, wie er sich kleidet; dazu gehört, wie er seine körperlichen und geistigen Fähigkeiten entwickeln kann. Kultur – dazu gehört, welche Informationen und Meinungen ihm durch Presse, Rundfunk, Fernsehen und andere Medien angeboten werden, wie er seine Freizeit gestaltet, wie er seine Beziehungen zu anderen Menschen entwickelt.

Unsere Vorstellung von Kultur heißt, daß sie sich sowohl die herrschende Kultur erobern, als auch Gegenkultur sein muß. Gewerkschaftliche Kulturarbeit ist nicht nur persönliche Entfaltung, nicht nur Mittel im Kampf, sondern sie ist selbst Kampf. Sie muß Teil gewerkschaftlicher Alltagspraxis werden.

Gewerkschaftliche Monatshefte, Zeitschrift für soziale Theorie und Praxis, Herausgegeben vom Bundesvorstand des Deutschen Gewerkschaftsbundes, 1. Jahrgang, Juli 1950, Heft 7

Walther Pahl

Die Arbeiterschaft und die Kultur der Gegenwart

Ein europäisches Gespräch

Es waren vornehmlich Intellektuelle, die das Gespräch bestritten, das vom 4. bis zum 6. Juli im Rahmen der Ruhr-Festspiele in Recklinghausen auf Einladung des Deutschen Gewerkschaftsbundes stattfand. Aber Intellektuelle der Aktion, keine Theoretiker, die in eitler Selbstgefälligkeit ihre Augen vor der Wirklichkeit verschließen. Die begriffliche Analyse diente ihnen nur dazu, die Wirklichkeit in den Griff zu bekommen, die Wirklichkeit in ihrer Vielfalt und in ihrer Bedrohlichkeit.

Die Intellektuellen (oder sagen wir: die Akademiker) standen bei den gewerkschaftlich organisierten Arbeitern in den letzten Jahrzehnten in keinem guten Ruf. Eben deswegen, weil sie verlernt hatten, ihre Begriffe aus den Handgriffen zu entwickeln, um ein Wort von Eugen Kogon zu variieren. Den Akademikern bzw. den Intellektuellen begegnete die Arbeiterschaft mit größtem Mißtrauen. Kein Wunder! Sie hatten sie meist als Syndizi, als Sachwalter der Produktionsmittelbesitzer kennengelernt. Das Mißtrauen versteifte sich, weil man oft genug erlebt hatte, daß begabte Arbeitersöhne, denen es durch ungeheuerliche Opfer ihrer Eltern gelang, das Bildungsmonopol zu durchbrechen, oft wieder nur Syndizi von Arbeitgeberverbänden wurden und sich in gesellschaftlicher und politischer Hinsicht der Arbeiterschaft und ihren Anliegen entfremdeten.

In Recklinghausen haben die Intellektuellen, die Akademiker, die Professoren wieder bewiesen, daß sie – mögen sie auch „bürgerlicher“ Herkunft sein – die Sache der Arbeiterschaft zu ihrer eigenen gemacht haben. An erster Stelle ist der 82jährige Professor Alfred Weber zu nennen, der sich von den Jüngsten an geistiger Wachheit nicht übertreffen läßt, der Lehrer zahlloser Männer und Frauen, die heute im öffentlichen Leben eine hervorragende Rolle spielen, der Lehrer auch unseres unvergeßlichen Dr. Theodor Haubach. Neben Prof. Dr. Alfred Weber saß in

Recklinghausen Dr. Eugen Kogon, der katholische Publizist, der Verfasser des Buches „Der SS-Staat“ und Herausgeber der „Frankfurter Hefte“. Er sieht heute eine seiner wesentlichsten Aufgaben darin, „die Ergebnisse der Wissenschaft in Worte zu übersetzen, die vom Hirn zum Herzen auch des einfachen Mannes dringen“, im Bunde mit seinem Freund Walter Dirks, der schon im Jahre 1931 in der Gewerkschaftszeitschrift „Die Arbeit“ erklärte: „Nur in einer breiten sozialistischen Bewegung ... kann ... die latente soziale Unruhe der bedrohten, katholischen Schichten politisch auf die Zukunft hin fruchtbar gemacht werden.“[175]

Der Verlauf des europäischen Gesprächs in Recklinghausen darf uns hoffen lassen, daß die Arbeiterschaft mit den Intellektuellen wieder ein ähnliches Bündnis eingeht wie es im 19. Jahrhundert zu der Zeit Kautskys und Ferdinand Lassalles bestand, zu der Zeit, als Lassalle den Arbeitern zurief: „Euch ziemen nicht mehr die Laster der Unterdrückten noch die müßigen Zerstreuungen der Gedankenlosen. Ihr seid der Fels, auf den die Kirche der Zukunft gebaut wird.“

Unsere Aufgabe ist heute gewiß nicht mehr so einfach wie im 19. Jahrhundert. Eugen Kogon und andere haben das in Recklinghausen sehr deutlich ausgesprochen. In einem Zustand gesellschaftlicher Auflösung und allgemeiner Umgliederung müssen die ethischen Grundlagen neu gelegt und die geschichtlichen Vorgänge mit den Mitteln der produktiven Vernunft bewältigt werden. In. dieser Zeit der äußersten Gefährdung können wir nicht hart und streng genug gegen uns selbst sein. Wir müssen das Schlagwort durch die selbstkritische Analyse ablösen. Nur dann wird es uns gelingen, das Problem der Massendemokratie zu bewältigen.

Es kam in Recklinghausen nicht darauf an, Rezepte auszuarbeiten. Und diejenigen, die solche Rezepte erwarteten, müssen von dem Ergebnis des europäischen Gesprächs enttäuscht sein. Das Problem, um das es ging, versperrte sich jeder Patentlösung! Es kam darauf an, in aufrichtiger Zusammenarbeit zwischen den Theoretikern und den Praktikern Gänge zu schlagen, die den Fortbestand und die Erneuerung unserer Kultur sichern können (Kogon).

Die Partner des Gesprächs sind dem dringenden Anruf Eugen Kogons gefolgt. Sie haben sich nicht in abseitigen Diskussionen verloren, sondern den Problemkreis Arbeiterschaft und Kultur zielkräftig angepackt.

---

175 Siehe „Die Arbeit“, Berlin 1931, S. 209.

An den Gesprächen nahmen neben einer großen Anzahl von Zuhörern teil: Prof. A. E. Brinkmann (Köln), Louis Coppée (Paris-Berlin), Walter Dirks (Frankfurt), Hans Gottfurcht (Brüssel), Gunnar Hirdman (Stockholm), Prof. T. H. Marshall (London), Präsident Curt Oertel (Wiesbaden), Dr. Karl Pempelfort (Köln), Theodor Plievier (Konstanz), Ernst Rowohlt (Hamburg)[176], Dr. Ernst von Schenck (Basel), Prof. v. d. Ven (Utrecht), Dr. Willem Verkade (Arnheim-Düsseldorf), Prof. Alfred Weber (Heidelberg).

Das Gespräch in Recklinghausen gliederte sich in vier Arbeitssitzungen. Es handelte sich nicht um einen der üblichen Kongresse mit wohl vorbereiteten Referaten, die auf rauschenden Beifall zielten. Es war wirklich ein Gespräch, bei dem der jeweilige Sprecher darauf wartete, von dem nächsten eines Besseren belehrt zu werden. Es ging um die Analyse unserer kulturellen Situation und es ging um die Konsequenzen, die aus dieser Situation zu ziehen sind. Als aufmerksamer Zuhörer möchte ich die Ergebnisse des europäischen Gesprächs in Recklinghausen über die Beziehungen zwischen Arbeiterschaft und Kultur, gestützt auf das am Schluß der Arbeitssitzungen bekanntgegebene Resümee, wie folgt zusammenfassen:

1. Diejenigen Arbeiter haben Kultur, die Kultur leben. Der kulturelle Standard der Arbeiterschaft darf nicht an ihrer Aufnahmefähigkeit für die sogenannten kulturellen Werke gemessen werden, die Werke von Kunst, Literatur und Wissenschaft, deren Wert zum Teil heute sehr fragwürdig geworden ist. Kultur ist vor allem eine Frage des Beitrags des Einzelnen und der Gruppen zu der gesellschaftlichen Gesamtleistung. Die Arbeiter in den Fabriken leisten wahrhaftig nicht weniger für die Kultur als die Künstler, die Maler, Musiker, Richter usw. Sie müssen sich nur dessen bewußt werden!

176 Der Verleger Ernst Rowohlt hat nur einen Tag lang an dem europäischen Gespräch teilgenommen, das im Zeichen der Freiheit des Geistes stand. Er brachte es fertig, sich zwei Tage später als einziger westdeutscher Verleger auf dem sowjetischen Schriftsteller-Kongreß in Ostberlin zu zeigen, der im Zeichen eines Wutausbruchs der sowjethörigen Intellektuellen gegen das „antibolschewistische Gesindel“ stand, eben jene westlichen Schriftsteller, die wenige Tage zuvor in Berlin Zeugnis abgelegt hatten für ihre Bereitschaft, die kulturelle Freiheit mit allen Mitteln zu verteidigen.

Theodor Plievier nahm an diesem Kongreß teil und gab in Recklinghausen vor den Arbeitern der Zeche König Ludwig ein erschütterndes Bekenntnis für die Freiheit und gegen die Sowjetpolitik der Sklaverei ab. Hier der Schriftsteller Theodor Plievier, der das Sowjetsystem wirklich aus langjähriger Erfahrung kennt und es um der kulturellen Freiheit willen verdammt – dort der Verleger Ernst Rowohlt, dem offenbar das Ro-Ro-Ro-Interesse mehr bedeutet als der Charakter.

Die Redaktion

2. Kultur ist aber nicht nur äußerer geschaffener Wert, sondern vornehmlich die innere subjektive Kraft, das Leben in Treue zu meistern. Die seelisch-geistige Haltung ist kulturell belangreich (Alfred Weber). Walter Dirks zitierte in diesem Zusammenhang das Wort Goethes: „Nicht das Verdienst allein, auch die Treue sichert die Person".

   Arbeiter, die die Brosamen aufnehmen, die von den Tischen einer starr gewordenen Kultur fallen (etwa die sogenannte bürgerliche „Wohnkultur" einfach nachahmen), sind der Kultur ferner als diejenigen, die mit Frau und Kind an den Sonntagen in den Wäldern zu wandern verstehen.

3. Gewiß, wir müssen all denjenigen danken, die einen Weg finden, um auch der schlecht entlohnten Arbeiterschaft die Möglichkeit zu geben, heute z. B. Bücher zu kaufen. Dennoch: es kommt nicht so sehr darauf an, die Konsumtion von sogenannten Kulturgütern zu ermöglichen, als vielmehr darauf, die Arbeiterschaft selber kulturell produktiv zu machen.

   Wir leben in einem Übergangszustand, in dem die überlieferte Kultur im höchsten Maße fragwürdig und eine neue Kultur noch nicht gestaltende Kraft geworden ist. Die alte bürgerliche Schicht hat die Fähigkeit verloren, die Kultur zu tragen. Auf der anderen Seite aber haben die Arbeiter die Chance, zur kulturtragenden Schicht aufzusteigen, noch nicht nutzen können.

4. Auf welchem Wege kann der überall erkennbare Kulturwille der Arbeiterschaft konkrete Gestalt gewinnen? Es gab in den geschichtlichen Perioden der westlichen Kultur jeweils führende Schichten, die besondere für ihre Zeit typische Leitbilder entwickelten T. H. Marshall zeigte in Recklinghausen auf, wie der englische Adel das Vorbild des „Gentleman" hervorbrachte, das bis auf den heutigen Tag nachwirkt, obwohl der Adel in England längst nicht mehr die kulturtragende Schicht ist. Das Bürgertum hat die sogenannte „Unternehmerpersönlichkeit" hervorgebracht. Es zeigt sich heute, daß auch dieser Typus nicht mehr imstande ist, der modernen differenzierten Verhältnisse Herr zu werden. Es ist Aufgabe der Arbeiterschaft geworden, aus sich heraus einen neuen Typus zu prägen, der die besonderen Gefahren des technischen Zeitalters zu meistern vermag.

5. Ist die Arbeiterschaft dazu fähig? Hat sie eine Chance für eine kulturschöpferische Entfaltung? Ja! sagten in Recklinghausen vor allem Eugen Kogon und Walter Dirks. Sie gründen ihre Hoffnung auf die kulturschöpferische Kraft der für die moderne Arbeiterschaft typischen Solidarität, worunter objektiv das Aufeinander-Angewiesen-Sein aller Arbeitenden zu verstehen ist, das in der Bildung der Gewerkschaften institutionellen Ausdruck gefunden hat. Aus diesem Solidaritätsbewußtsein der Arbeiter müssen die Kräfte erwachsen, die die Kultur des Abendlandes aus der Gefahrenzone wieder herausführen.

6. Da die Solidarität sich aus dem Arbeitstag des Arbeiters entwickelt hat, heißt das aber auch: Die Mobilisierung des Kulturwillens der Arbeiterschaft ist nicht so sehr eine Frage der sogenannten „Freizeitgestaltung", sondern muß dort ansetzen, wo der Arbeiter ist, wo er seine eigentlichen Kräfte entfaltet, wo er Solidarität täglich übt: im Betrieb. Mit den Bemühungen um eine sinnvolle Freizeitgestaltung ist das Problem Arbeiter und Kultur keineswegs erschöpft, ja, die Freizeit kann auf die Dauer überhaupt nicht produktiv erfüllt werden, wenn die Arbeit leer bleibt (Dirks).

7. Ist denn aber die zunehmende Seelenlosigkeit der Arbeit nicht ein unaufhaltsamer Prozeß? Muß sich daraus nicht eine immer stärkere Distanzierung des Arbeiters zu der Arbeit ergeben, die Bemühung, das Gewicht der eigenen Existenz aus der eigentlichen Arbeitssphäre in die Freizeit zu transponieren? (Alfred Weber).

   Ist die Forderung der Arbeiterschaft auf weitere Verkürzung der Arbeitszeit nicht schon ein eindeutiger Ausdruck für die vollzogene Distanzierung? Dirks und Kogon wid ersprachen. So gewiß die zunehmende Technisierung und Funktionalisierung aller Arbeitsprozesse zu ihrer Entmenschlichung und Entseelung geführt haben, so ist doch der entscheidende Grund für die Distanzierungsbemühungen auf Seiten der Arbeiterschaft nicht so sehr in der Seeleniosigkeit der Arbeit, als vielmehr in der Tatsache zu suchen, daß die Arbeit in dem gesellschaftlichen Zustand der Abhängigkeit, der konkret-personalen Abhängigkeit von den Produktionsmittelbesitzern bzw. den Managern verrichtet werden muß. Die seelenlosen Bestandteile der Arbeit dürfen nicht verdrängt, sie müssen akzeptiert werden. Die Arbeiterschaft ist nicht maschinenstürmerisch (Dirks), sie bejaht in ihrer Mehrheit die Arbeit in ihrem So-sein, mag sie auch noch so seelenlos sein, sie verneint sie aber in ihrer gegenwärtigen politischen Gestalt. Man darf die Arbeit nicht passiv erleiden und ihr entmutigt auswelchen, man muß sie sich „aneignen“ und aus dem Ja zur Arbeit die Kräfte für die Verwirklichung einer neuen freien Arbeitsverfassung entwickeln, in der die Arbeit wieder „mit williger Hand, rüstigem Geist und fröhlichem Herzen“ verrichtet werden kann (Karl Marx).

8. Der letzte Satz des Resümees, in dem die Ergebnisse des europäischen Gesprächs zusammengefaßt wurden, lautet: „Nur die tiefste, nachhaltigste und allmählich führende Anteilnahme der Arbeiterschaft kann die Kultur der westlichen Welt erhalten und weiterentwickeln.”

   Diese Anteilnahme ist aber in erster Linie eine Frage der Schaffung einer neuen Arbeitsordnung, die die Arbeit aus dem Abhängigkeitsverhältnis befreit, in das sie heute gestellt ist. Das wiederum kann aber nur durch die volle Verwirklichung des Mitbestimmungsrechts geschehen. In dieser Erkenntnis scheint mir das wichtigste Ergebnis des europäischen Gesprächs in Reckinghausen zu liegen. Die Forderung auf Mitbestimmung rechtfertigt sich nicht nur durch ökonomisch-soziale Notwendigkeiten. Wenn man die Frage Kultur und Arbeiterschaft endlich dort ansetzt, wo sie hingehört, nämlich in der Arbeitswelt, in dein Betrieb, dann ist die Verwirklichung des Mitbestimmungsrechts eine kulturelle Forderung ersten Ranges. Der wichtigste eigenständige Beitrag der Arbeiterschaft zu einer neuen Kultur kann durch die Befreiung der Arbeit aus ihrer Umklammerung durch die drückenden Abhängigkeitsbeziehungen geleistet werden. Es kommt nicht so sehr darauf an, den Verbrauch der vorhandenen Kulturgüter zu ermöglichen, um die Beziehungen zwischen Arbeiter und Kultur zu verdichten, entscheidend ist es, von der Arbeit her zu einer neuen sozialen Ordnung durchzustoßen. Mit dem Verlangen auf Mitbestimmung beweist die Arbeiterschaft recht eigentlich ihren Kulturwillen, ihren Willen, den gefährlichen Kulturbruch unserer Zelt produktiv zu überwinden.

   Es geht bei der Mitbestimmung nicht bloß um die Gleichberechtigung von Kapital und Arbeit. Es geht darum, durch die Verwirklichung der Mitbestimmung die Kulturwerte, die wir bewahren und allgemeingültig machen wollen, in ihren Voraussetzungen: der Sittlichkeit, der Würde und der Freiheit der menschlichen Person, zu sichern.

9. Es wäre indessen verhängnisvolle Blindheit, wollte man übersehen, daß die Arbeiter ihre Aufgaben im Rahmen der Mitbestimmung in den Betrieben und überbetrieblichen Organen nur dann kraftvoll und selbstbewußt erfüllen können, wenn sie die entsprechende Vorbildung, die notwendigen Kenntnisse besitzen. „Niemand unterschätze die unabdingbare Notwendigkeit solcher Vorbildung! Es wäre ein Unding, zu glauben, daß die Arbeiter heute an der Werkbank stehen und morgen vor Verwaltungsakten sitzen können.“[177]

In Recklinghausen ist denn auch (insbesondere von Hans Gottfurcht und Heinz Küppers), die Notwendigkeit der Brechung jeglichen Bildungsmonopols, auf welcher Stufe auch immer, kräftig unterstrichen worden. Unser gesamtes Bildungswesen bedarf einer kritischen Überprüfung. Wir brauchen ein System der Erziehung für alle, das nicht nach der gesellschaftlichen Position, sondern lediglich nach den Fähigkeiten differenziert (T. H. Marshall). Nur dadurch wird eine Einheit der Kultur möglich.

Die Wissenschaft muß eine echte Beziehung mit den lebendigen Kräften der Arbeiterschaft eingehen. Es gibt immer noch Leute, die meinen, daß ein Professor, der für die Arbeiterschaft verständliche Bücher schreibt, ein schlechter Professor sein müsse.

Darüber hinaus ist die Aufnahmefähigkeit der einzelnen Schichten und Typen der Arbeiterschaft für die überlieferten Kulturwerte zu untersuchen und durch Aktualisierung des Traditionsgutes – bei Wahrung seiner eigentlichen Substanz – entsprechend zu fördern. Wenn dieser Prozeß nicht vollzogen wird, dann besteht die Gefahr, daß die Arbeiterschaft in überkommene, aber leer gewordene „Bildungsschalen“ gerät, die leicht wie „Panzer“ und damit für die Entfaltung des eigenen Kulturbeitrags höchst hinderlich wirken können (Eugen Kogon).

177 Siehe Egon Tuchtfeldt, Wirtschaftsdemokratie und Demokratisierung des Bildungswesens, Gewerkschaftliche Monatshefte, Heft 5, S. 227.

Mancherlei Erfahrungen (nicht nur in Deutschland!) scheinen anzudeuten, daß auch in der Arbeiterschaft ein gewisser Ermüdungszustand eingetreten ist, der sich darin äußert, daß die Arbeiter von den schon jetzt gebotenen Bildungsmöglichkeiten nicht immer Gebrauch machen. Dies dürfte einmal auf die starke Verbürgerlichung des gesamten aus dem 19. Jahrhundert stammenden Bildungssystems zurückzuführen sein, das noch keine echte Beziehung zu den besonderen Bedingungen der industriellen Arbeitswert gefunden hat. Dann haben aber auch die schweren wirtschaftlichen, politischen und kulturellen Zusammenbrüche der letzten Jahrzehnte in der Arbeiterschaft tiefe Enttäuschungen und neue Ängste ausgelöst. Aber wie früher die Arbeiterschaft gerade aus der Existenznot heraus schöpferische Kräfte entfaltete, so müssen aus der Not der Zeit auch heute wieder – individuell, betrieblich und gewerkschaftlich – neue Initiativen entwickelt werden. Das Gespräch in Recklinghausen hat aufgezeigt, in welcher Richtung das geschehen kann.

10. Es war ein europäisches Gespräch. Ihre Partner waren sich in jedem Augenblick bewußt, daß es um die Kultur des Abendlandes geht. Die Gewerkschaften können ihre kulturellen Aufgaben nur erfüllen, wenn sie das Bewußtsein der europäischen Solidarität systematisch entwickeln. Es genügt heute nicht mehr, im nationalen Rahmen solidarisch zu sein. Wenn der Kampf gegen den östlichen Totalitarismus erfolgreich sein soll, muß die Sicherung der kulturellen Freiheit zu einer Arbeitsaufgabe ganz Europas werden. Zu einer Arbeitsaufgabe! Bloße Parolen genügen nicht mehr. Die Sicherung der Freiheit muß fundiert werden, d. h. vor allem: in der Arbeitsweit. Die politische Demokratie ist auf die Dauer nur dann gesichert, wenn sie in einer wirtschaftlichen Demokratie verankert wird. Das ist aber längst nicht mehr eine nationale, das ist eine europäische Aufgabe. Und die Gewerkschaften dürfen nicht auf Europa warten, sie müssen selbst nach Europa gehen. Nur dann werden sie ihre Aufgaben heute erfüllen Können. Und das wurde in Recklinghausen deutlich ausgesprochen: Ohne die Arbeiter wäre die Integrierung der europäischen Kräfte schief und falsch. Amt der anderen Seite: Wer Kultur und Arbeiterschaft zusammenbringen will, muß die Integrierung der kulturellen Kräfte des Abendlandes fordern.

11. Kultur und Politik können nicht getrennt werden (Dirks). Das Bekenntnis zur parteipolitischen Neutralität darf die Gewerkschaften nicht daran hindern, zu erkennen, daß sie ihre kulturellen Aufgaben nur erfüllen können, wenn die Politik entsprechenden Beistand leistet. Die Gewerkschalten müssen also, um ihre Kulturaufgabe zu sichern, darüber wachen, daß von der Politik her ihre Erneuerungsarbeit nicht gestört wird. Die Arbeiterschaft muß sich dessen bewußt werden, daß sie notfalls die westliche Kultur, weil es ihre Kultur ist – im Ruhrgebiet, in Europa und in der Welt – mit Zähnen und Klauen verteidigt. In der akuten und äußersten Gefährdung der Kultur durch die mögliche politischen Entwicklungen werden nur jene Schichten der europäischen Völker die notwendigen Widerstandskräfte aufbringen, denen unsere Kulturwerte Eigenbesitz geworden sind, Besitz, dem sie selbst ihre besonderen Merkmale aufgeprägt haben.

12. Eine umfassende Kulturarbeit der Gewerkschaften, die in der Veranstaltung der Ruhr-Festspiele in Recklinghausen einen so überzeugenden Ausdruck gefunden hat, ist notwendig, um die europäische Kultur gegen den Ansturm des östlichen Totalitarismus zu sichern. Diese Kulturpolitik der Gewerkschaften wird aber nur möglich sein, wenn sie auf Toleranz aufgebaut ist, d. h. auf die Bereitschaft, Andersartigkeiten zu ertragen (Kogon – Dirks).

    Was in der Wurzelzone allen gemeinsam ist: den Christen, den Marxisten, den Humanisten, das ist unsere menschliche Existenz und unser „In-einem-Boot-sitzen" inmitten der äußersten Gefahr. Das verlangt – bei aller Verschiedenheit der weltanschaulichen Interpretation – die Entwicklung einer gemeinsamen Sprache, die Andersartigkeiten nicht nur negativ duldet, sondern positiv respektiert.

III. In eigener Sache

Das Bildungszentrum HVHS Hustedt – Wer wir sind

Das Bildungszentrum HVHS Hustedt e. V. ist eine anerkannte Einrichtung der Jugend- und Erwachsenenbildung – ein Zentrum für politische Bildung mit der lernintensiven und prägenden Atmosphäre einer Heimvolkshochschule: „Leben und Lernen unter einem Dach".

Seit der Gründung des Bildungszentrums im Jahre 1948 arbeiten wir, parteipolitisch und weltanschaulich unabhängig, in der Tradition der Arbeiterbewegung und der Aufklärung – praxisnah, kritisch-emanzipatorisch und offen für alle Interessierten.

Unser Haus befindet sich in der reizvollen Heide- und Waldregion ca. 15 km nördlich von Celle. Ein historisches Ensemble mit Bauernhäusern, einer ländlichen Jugendstilvilla sowie modernen Tagungshäusern, Hallenschwimmbad und Sauna prägt das weitläufige Parkgelände – ein idealer Ort für Gespräche, Begegnungen und neue Impulse.

Als Zentrum für politische Bildung öffnen wir uns auch der Region und der regionalen Bildungslandschaft und bieten Tagungsräume für eigene Seminare.

Hustedter Beiträge zur politischen Bildung

Seit 2014 veröffentlicht das Bildungszentrum in loser Folge *Hustedter Beiträge zur politischen Bildung*, um in der Fachöffentlichkeit und mit allen Interessierten die Theorie-Praxis-Diskussion anzuregen und weiterzuentwickeln. Bisher erschienen sind:

Band 1

50 Jahre Soziologische Phantasie und Exemplarisches Lernen – Tagungsband

Mit einem Vorwort von Dietrich Burggraf und Harald Kolbe sowie einer Einleitung von Christine Zeuner. Beiträge von Adolf Brock, Christine Zeuner, Daniela Holzer, Katja Petersen, Guido Brombach, Elke Gruber, Bettina Lösch und Oskar Negt,

148 Seiten, ISBN 978-3-735-75852-1

Band 2

Wirkungen politischer Erwachsenenbildung verstehen – eine Machbarkeitsstudie

Von Peter Straßer und Isabell Petter mit einem Vorwort von Dietrich Burggraf,

122 Seiten, ISBN 978-3-7347-5280-3

Band 3

Erinnern statt vergessen! – Der Todesmarsch vom KZ-Außenlager Kleinbodungen über Hustedt nach Bergen-Belsen

Von Björn Allmendinger, Harald Kolbe, Horst Stehr,

32 Seiten, ISBN 9-783-638-141

Band 4

Von der Arbeiterkultur zur Kultur der Arbeit?
Das kulturelle Erbe der Arbeiterbewegung und politische Kulturarbeit heute

Harald Kolbe, Dietrich Burggraf, Peter Straßer (Hrg.),

208 Seiten, ISBN 9-783-741-294-129

Band 5

Vier Reden über den Sinn von Bildung

Zur Verabschiedung von Dietrich Burggraf

Mit Beiträgen von Harald Kolbe, Dirk U. Mende, Hartmut Meine, Vanessa I. Reinwand-Weiss, mit einem Vorwort von Heinz H. Witte.

36 Seiten, ISBN 9-783842-343689

Bezug aller Bände über den Buchhandel und im Bildungszentrum.
Nähere Informationen unter *www.hvhs-hustedt.de*.

Unser Archiv

Fast sieben Jahrzehnte lang wurden alte Akten, Seminarunterlagen, Briefwechsel und andere Dokumente auf einem Dachboden des Bildungszentrums gelagert – ungeordnet, verstaubt, vergilbt und weitgehend unzugänglich.

Diese Unterlagen wurden von Carl-Bertil Schwabe, Leiter des Bildungszentrums von 1977 bis 1993, und dem Archivpfleger Bernd Niesel in zweijähriger Arbeit sorgfältig durchgesehen und geordnet: Über 60 Jahre politische Erwachsenenbildung werden nun in 200 Archivkartons mit über 30.000 Dokumentenseiten aufbewahrt. Dieses Archiv ist mehr als das Archiv eines Bildungszentrums.

Im Findbuch werden die archivierten Dokumente nachgewiesen – von der Gründung der HVHS Jägerei Hustedt (1948) und den frühen Jahren mit Paul Steinmetz, Heiner Lotze, Adolf Heidorn, Gabriele Witting, Hans Tietgens und Hansgeorg Conert, Olaf Sund, Marlies Jörgensen und vielen anderen ebenso wie alle langen, mehrwöchigen Grund- und Aufbaukurse zur Politischen Bildung.

Die Teilnehmerlisten dieser Kurse lesen sich wie ein „Who is who": Von Horst Schmitthenner bis Bernd Osterloh, von Hermann Rappe bis Michael Vassiliadis, von Horst Morich bis Inge Hamm – stellvertretend für mehr als drei Generationen engagierter Gewerkschafterinnen und Gewerkschafter, die – in Hustedt geprägt – besondere Verantwortung in den Betrieben, in der Politik und in den Gewerkschaften übernommen haben.

Für alle Interessierten – für wissenschaftliche Forschung und praktische Bildungsarbeit – steht dieses Archiv nun zur Verfügung. Und es wird weitergeführt, als überschaubare Sammlung praktischer, auch widerständiger Erfahrungen, dass es nicht ein höheres Wesen, Wikipedia oder „soziale Netze" sind, sondern immer noch die Menschen selbst, die die Geschichte machen.

Das Hustedt Archiv ist nach Bedarf zugänglich. Ansprechpartner ist Harald Kolbe, Geschäftsführer des Bildungszentrums, Tel. 05086 9897-12, E-Mail: info@hvhs-hustedt.de, Internet: www.hvhs-hustedt.de.